高等学校
商 科教育
应用系列教材

财务管理专业
综合实训教程

姚 旭 主编

荣红霞 王 磊 副主编

U0360384

清华大学出版社
北京

内 容 简 介

　　本书分为三部分,共包括 7 章内容。第一部分是财务管理专业综合实训基础篇,包含财务部职能、结构与财务管理流程一章内容;第二部分是财务核算与纳税综合实训篇,包含企业财务核算综合实训、财务报表分析综合实训、企业纳税实务综合实训三章内容。第三部分是财务预算管理综合实训篇,包含财务预算管理综合实训、投资管理综合实训、筹资管理综合实训三章内容。通过本课程的学习,使学生能在整体认识企业组织架构、财务制度和业务流程的基础上,进行企业财务核算、财务分析、涉税业务和财务管理的综合实训,从而提升学生财务管理专业方面的综合能力。

　　本书可供应用型本科的财务管理、会计、审计等专业的学生使用,也可供高职高专层次的相关专业学生选用,还可以作为社会企事业单位相关岗位人员的业务参考资料。

图书在版编目(CIP)数据

　　财务管理专业综合实训教程/姚旭主编.—北京:清华大学出版社,2017(2023.1重印)
　　(高等学校商科教育应用系列教材)
　　ISBN 978-7-302-48328-1

　　Ⅰ.①财… Ⅱ.①姚… Ⅲ.①财务管理－高等学校－教材 Ⅳ.①F275

　　中国版本图书馆 CIP 数据核字(2017)第 216458 号

责任编辑：刘士平
封面设计：常雪影
责任校对：赵琳爽
责任印制：朱雨萌

出版发行：清华大学出版社
　　　网　　　址：http://www.tup.com.cn,http://www.wqbook.com
　　　地　　　址：北京清华大学学研大厦 A 座　　　　　　　邮　　编：100084
　　　社 总 机：010-83470000　　　　　　　　　　　　　　邮　　购：010-62786544
　　　投稿与读者服务：010-62776969,c-service@tup.tsinghua.edu.cn
　　　质量反馈：010-62772015,zhiliang@tup.tsinghua.edu.cn
　　　课件下载：http://www.tup.com.cn,010-62770175-4278
印 装 者：三河市龙大印装有限公司
经　　销：全国新华书店
开　　本：185mm×260mm　　　　印　　张：20.5　　　　字　　数：498 千字
版　　次：2017 年 9 月第 1 版　　　　　　　　　　　　　　印　　次：2023 年 1 月第 4 次印刷
定　　价：58.00 元

产品编号：060554-02

　　财务管理担负着企业"赚钱、盈利、投融资、提高资金使用效率、规避财务风险"等重任，万万疏忽不得，更需要借助严格的制度、标准、流程和规范来进行操作。而从招聘单位对高校财务管理专业学生的需求看，除了要考查学生的协作能力、人际沟通能力、组织协调能力这些软技能外，更要看专业实践能力和职业胜任综合能力这些"硬技能"，这样可以缩短学生入职后的适应期并降低人力培训成本。

　　财务管理实践能力的培养与提高是高校相关专业培养人才的重要方面，校内的实验、实训与校外实习是高校实践教学三种最重要的方式与领域，但现在各高校所使用的实践教学教材往往并不利于实践教学目标的实现，效果普遍不尽如人意，主要表现之一为教材以单一课程为单位编写，内容孤立、形式单一，因此难以培养学生的综合实践能力，所以急需优质的综合性实践教学教材帮助解决这一问题，《财务管理专业综合实训教程》应运而生。

　　财务管理专业学生在学习完专业基础课程与主干课程后，在经过单一课程实验、实训后，通过《财务管理专业综合实训教程》的学习与训练，在专业理论知识方面使学生融会贯通，形成比较强的专业职业胜任能力，有力地推动其职业生涯的发展。

　　在本书编写过程中，突出与办学定位、人才培养目标的一致性和适应性，遵循实践教学一般规律，按照高校财务管理专业实践教学的特殊要求，科学安排专业综合实训内容，通过实训做到"专业知识结构化、专业技能职业化"。基于此本书具有以下特色。

　　第一，强调"专业知识结构化"。本书在知识内容介绍与讲解中，注重实际工作对知识内容的要求，把财管专业所涉及的会计、税务、财务管理等主干课程知识进行联系与融合，形成知识运用过程中相互联系的结构化网络，减少知识运用时的"孤岛"与"脱节"现象。

　　第二，突出"专业技能职业化"。在专业知识结构化基础上"学以致用"，本书基于虚拟商业社会环境设计了"虚拟企业"机构、岗位、业务内容与流程，综合实训用"工作任务"进行驱动，以"工作过程"为导向，在教师指导下的按照实际工作流程进行仿真实训，在此基础上深化对理论知识的理解并形成符合实际企业岗位工作的职业能力，使财务管理专业综合实训符合学生职业能力培养需要，服务于学生未来的就业要求。

　　本书可作为高校财务管理专业、会计专业、审计专业、税务专业综合实践能力的培养与提高的专用教材，也可以供高职高专院校和本科院校其他相关专业学生使用，还可以作为企业及其他社会组织相关岗位人员的自学读本，适用面广泛。

　　本书由哈尔滨金融学院姚旭担任主编，并总撰定稿，崔艳辉、王磊担任副主编。具体分工为：第 1 章由姚旭编写；第 2、第 3 章由崔艳辉编写；第 4 章由荣红霞编写；第 5、第 6 章由王磊编写；第 7 章由史秀云、迟艳芹、曹海英共同编写。

由于编者水平有限，书中难免有不足之处，敬请读者批评、指正。

编　者

2017 年 6 月

目 录

第二部分　财务核算与纳税综合实训篇

第三部分　财务预算管理综合实训篇

第一部分

财务管理专业综合实训基础篇

财务部职能、结构与财务管理流程

1.1 财务部门工作职能

1.1.1 财务部门工作职能

"经济越发展,财务越重要",这是一个颠扑不破的真理。经济离不开财务,财务工作与经济的发展密切相关。企业作为经济活动中的一个重要单位,更是离不开财务管理。财务管理可以说是企业经营中一个必不可少的项目。

财务管理,包括了对"赚钱、盈利"的含义的清楚界定,也包括对资金投向、资金使用效率、所面临的风险等关键问题的判断与把握,要求做到妥善、高效,以跟上现代企业快节奏的运作步伐。

企业财务管理方式的不断更新与发展变化,是一个企业能够生存与发展的必由之路。作为企业的财务部门,自然在企业的经营与管理之中扮演着举足轻重的角色,具有不可取代的地位。财务部门要和 Money(钱)、Capital(资本)、Value(价值)等核心词打交道,它们是立业之本,又是发展之路。它们充满诱惑与风险,自然也充满挑战。"水能载舟,亦能覆舟",如果将企业比喻为舟,那么财务管理就相当于是水。

另外,值得注意的是,当今企业财务部门的工作已经不再是传统意义上的"管账",它的触角已经延伸到企业的发展、成熟乃至衰退等每个阶段,影响着企业产品开发、发展生产、经营、销售、人事任免等方方面面的工作。可以毫不夸张地说,财务部门已经是企业发展的一个重要支点,它在企业中起着牵一发而动全身的作用。

如果将财务部门的工作职能细化,可以描述如下。

1. 会计核算与报表职能

会计核算与报表职能体现为财务会计人员依据《企业会计准则》对外提供企业经营报告,主要包括以下 5 项职能。

(1) 会计核算,即根据《企业会计准则》的规定,对各类会计信息进行汇总、处理。

(2) 会计报表,编制和提交各种财务报表,按时编制企业对外报送的财务报告。

(3) 财务审计,对企业会计账目、内部控制制度、法律风险等方面进行稽核。

(4) 会计信息管理,即对会计档案、会计记录及会计信息系统进行管理。

(5) 税务管理,执行企业的财税待遇和投资项目的税务筹划。

2. 财务管理职能

财务管理职能也就是向企业决策层提供相关分析和报告,以帮助其进行决策,该项职能主要包括以下几项。

（1）财务计划与全面预算管理。

（2）财务报告和分析，即为企业管理者提供财务分析报告，以辅助经营决策。

（3）企业资产管理，以保证企业资源的有效利用。

（4）企业成本费用的监控与管理。

3. 财务运作职能

企业的财务运作职能，主要是对现金流、筹资和投资、资本运营及其过程中的风险进行管理，主要包括以下内容。

（1）建立健全财务管理的各种规章制度，编制财务计划，加强经营核算管理，反映、分析财务计划的执行情况，检查监督财务纪律执行情况。

（2）积极为经营管理服务，促进企业取得较好的经济效益，对企业现金流、筹资和投资、资本运营及其过程中的风险进行管理。

（3）厉行节约，合理使用资金。

（4）合理分配企业收入，及时完税。

（5）配合有关机构及财政、税务、银行部门的财务检查工作，主动提供有关资料，如实反映情况。

1.1.2　财务部门工作职责

财务部门工作职责范围描述如下。

（1）严格遵守国家财务工作规定和企业的规章制度，认真履行工作职责。

（2）组织编制企业年、季度成本、利润、资金、费用等有关的财务指标计划。对企业财务计划的执行情况进行定期的检查、监督与考核，要结合实际运作中的问题，及时调整和控制计划的实施。

（3）制定企业财务、会计核算管理制度。建立健全企业财务管理、会计核算、稽核审计等有关制度，督促各项制度的实施和执行。

（4）按规定进行成本核算。定期编制年、季、月度财务会计报表，负责进行年度会计决算工作。

（5）编写财务分析及经济活动分析报告。会同信息管理、经营等有关部门，组织经济行为分析会，总结经验，找出经营活动中产生的问题，提出改进意见和建议。同时，提出经济报警和风险控制措施，预测企业经营发展方向。

（6）参加各类经营会议，参与企业生产经营决策。

（7）做好固定资产及专项基金的管理。会同企业人力资源、技术、行政、后勤等管理部门，办理固定资产的购建、转移、报废等财务审核手续，准确计提固定资产折旧。

（8）进行流动资金的管理。会同营销、库管等部门，定期组织人员进行清查盘点，做到账、卡、物相符。同时，要根据不同部门的具体需求，合理调度分配资金。

（9）对企业低值易耗品进行盘点核对。具体要会同办公室、信息管理、行政、后勤、技术等有关部门做好盘点清查工作，并提出日常采购、领用、保管等工作建议和要求，杜绝浪费。

（10）对企业产品成本的核算工作。制定合理的成本核算办法，正确分摊成本费用。制定适合企业特点和管理要求的核算方法,逐步推行企业内部二级或三级经济核算方式,指导各核算单位正确进行成本费用及内部经济核算工作,争取做到成本核算标准化、费用控制合理化。

(11)做好企业资金缴、拨工作,按时上交税款。办理现金收支和银行结算业务。及时登记企业的现金和银行存款日记账,保管库存现金、有关印章、空白收据与空白支票。

(12)负责企业财务审计和会计稽核工作。加强会计监督和审计监督,加强会计档案的管理工作,根据有关规定,对企业财务收支进行严格监督和检查。

(13)对购销物资的货款进行把关。对购销物资预付款要严格审核,采购货款支付除按计划执行外,还需经分管副总经理或总经理、董事长审核签字同意,方可支付。

(14)认真完成董事会和企业决策层交办的其他工作任务。

1.1.3　财务部门工作目标

明确的目标是做好一切工作的前提条件,财务部门的工作也不例外。作为企业管理的一个重要构成部分,其整体目标应和企业的总体目标保持一致,这一总体目标就是实现企业价值的最大化。

财务管理的总体目标,具体还可划分为以下4个细分目标。

1. 为企业筹措资金

任何企业正常生产经营活动的展开以及扩大再生产,都离不开相应的资金支持,企业财务部门的一个重要工作目标,就是要满足企业在这些方面的资金需求。企业筹措资金的渠道多种多样,使用时间长短和成本也各不相同,附加条款也有很大差异。这就要求财务部门充分发挥自身的专业优势,基于企业所需资金的类别,综合考虑各种资金筹措方式的优劣以及财务风险,在此基础上,来选择最优的筹资方案。

2. 进行投资管理

筹集来的资金,应尽快投入生产经营中,这样既可以取得投资收益,又可避免资金闲置。当然,任何投资都不可能稳赚不赔,都会潜藏一些风险性因素。因此,财务部门在进行投资决策时,务必认真考虑影响投资决策的各种因素,科学地进行可行性研究,以便在投资风险和收益之间做好权衡,提高企业投资的安全度。

3. 做好营运资金管理

企业的营运资金,是为满足企业日常营业活动的要求而预支的资金。通常,企业营运资金的周转是和企业的生产经营周期相一致的。在一定的时期内,企业营运资金周转得越快,说明企业资金利用的效率越高,企业就能够生产出更多的产品、提供更多的服务,进而就能获得更高的收入和利润。所以,财务部门要尽力提高企业营运资金的周转效率。同时,还应保证营运资金的充足与畅通,避免资金断流。

4. 妥善管理企业利润

企业在生产经营过程中,所获得的收入减去总成本费用,剩下的就是利润。追求利润最大化是每一个企业的目标,财务管理部门要去努力挖掘企业潜力,使企业更加合理地使用人力和物力资源,降低成本,减少管理费用,去掉不必要的消耗,增加企业盈利,提高企业价值。另外,对于企业实现的利润,要合理进行分配,使投资者得到回报,使企业的发展获得不竭的动力,同时及时处理这一过程中出现的各种矛盾和利益纠纷。

1.2　财务岗位职责

1.2.1　财务总监岗位职责

财务总监岗位职责见表1-1。

表1-1　财务总监岗位职责

岗位名称	财务总监	隶属部门	财务部	
上级	总经理、总裁	编号		
胜任资格	资 格 描 述			
1. 良好的职业道德	职业道德不应只是一个虚无的概念，而应是财务总监所应遵守的准则。财务总监具备良好的职业道德主要包括以下几点内容： (1) 对社会的责任感 (2) 全面的专业知识体系 (3) 严格的执业注册制度 (4) 赢得社会的信任			
2. 一流的个人素质	(1) 具备较高的学历，具备专业知识。通常要具有本科以上学历，财务管理专业，8～10年以上工作经验，精通财务、金融、法律、企业管理等专业相关知识。具有丰富的财务工作和管理工作经验，并有高级会计师职称 (2) 不俗的管理能力。如与他人协调、处理和解决冲突的能力，领导能力，行政和人事管理能力，特别是要具备在勇于对总经理和业务经理的想法提出质疑的同时，保持他们的尊严和自信的能力，以及领导和协调重大交易谈判的能力 (3) 精通业务。要全面掌握国家财政税务政策及有关法律法规，熟悉税务、金融工作及企业各部门的业务情况，熟悉银行融资、信贷手续，熟悉经济管理、统计、审计等专业知识			
3. 综合工作能力	财务总监像其他任何管理者一样，必须具备综合的工作能力，包括理财能力、决策能力、协调能力、表达能力、组织能力、应变能力和意志力等			
岗位职责	职 责 描 述			
1. 制定财务制度	(1) 主持制定企业财务管理、会计核算、会计监督、预算管理、审计监察、库管等工作的规章制度和工作流程，获批准后组织实施并监督检查执行情况 (2) 在企业内执行国家有关财经法律、法规、方针、政策和制度，使企业合法经营，维护股东权益不受侵害			
2. 融资管理	(1) 根据董事会指示和企业的经营要求，筹集企业运营所需资金，满足企业战略发展的资金需求，审批企业重大资金流向 (2) 依照企业对资金的需求，疏通融资渠道，维护与金融机构的良好关系，满足企业在经营运作中的资金需求 (3) 起草并制订企业发行股票、债券方案			
3. 日常财务工作管理	(1) 组织领导企业财务管理、会计核算、会计监督、成本管理、预算管理、审计监察等方面的工作，提高企业的收益 (2) 定期对企业财务管理工作进行考核、督促、检查，提高财务部门的工作效率 (3) 与总经理共同审批规定限额范围内的企业经营性、融资性、投资性、固定资产资金支用和汇往境外资金及担保贷款事项 (4) 每季度向董事会报告企业的资产和经济效益变化情况			
4. 财务控制	(1) 执行董事会有关财务方面的决议，对企业日常资金运作和财务运作进行监控 (2) 规定个人职务权限，对企业各部门的各项预算、费用计划进行审批 (3) 对企业的财务预算及财务计划的执行情况进行监督，控制各项费用的使用 (4) 监控大额资金的运作			

续表

岗位职责	职　责　描　述
5. 财务分析与预测	(1) 定期对企业经营状况进行阶段性的财务分析与财务预测,并提出相应的改进方案 (2) 向董事会提交财务分析及预测报告,为企业经营决策提出合理化建议、意见
6. 财务审计、督办	(1) 组织人员制订年度审计工作计划 (2) 根据企业相关规定组织实施年度财务收支审计、经营成果审计等工作 (3) 具体负责企业主要负责人的离职审计及重大财务违规审计,并向董事会及总经理提出处理意见
7. 财务部日常管理	(1) 负责财务部管理人员的管理、考核,监督其各项业务工作 (2) 指导开发财务部人力资源,提高财务人员的综合素质 (3) 做好财务部的行政事务处理工作,提高效率,增强团队精神 (4) 将财务部门工作按属下人员的能力进行合理分派,并促进各下属间工作的联系与配合 (5) 运用有效的领导方法,激励下属人员的士气,提高工作效率,并督导下属人员,依照工作标准或要求有效地执行其工作,确保本单位目标的达成

1.2.2　财务经理岗位职责

财务经理岗位职责见表 1-2。

表 1-2　财务经理岗位职责

岗位名称	财务经理	隶属部门	财务部
上级	财务总监	编号	
胜任资格	(1) 具有良好的职业道德,坚持原则,做到廉洁奉公,具备一定的组织能力 (2) 具有大学本科以上学历,有会计师职称或注册会计师资格,有 5 年以上企业财务管理工作经验 (3) 熟悉财务管理工作,精通企业会计核算,熟知国家的财经法律、法规、规章制度和方针政策 (4) 熟练掌握财务管理知识 (5) 熟练操作办公软件和财务软件 (6) 有良好的内外交际能力		
岗位职责	(1) 在财务总监领导下,负责主持本部门的全面工作,组织并督促部门人员全面完成本部门职责范围内的各项工作任务 (2) 贯彻落实本部门岗位责任制和工作标准,密切与生产、营销、计划等部门的工作联系,加强与有关部门的协同工作 (3) 积极在企业内部贯彻落实国家《会计法》及地方政府有关财务工作法律法规 (4) 组织企业财务管理制度、会计成本核算规程、成本管理会计监督及其有关的财务专项管理制度的拟订、修改、补充和实施 (5) 组织人员编制企业的财务计划、审查财务计划;制订资金筹措和使用方案,全面平衡资金,广开财源,加速企业资金周转,提高资金使用效率 (6) 组织领导本部门按上级规定和要求编制财务决算工作 (7) 做好企业的成本管理工作。做好成本预测、控制、核算、分析和考核工作,降低企业消耗、节约费用,提高利润率 (8) 建立和完善企业财务稽核、审计内部控制制度,监督其执行情况 (9) 对企业的经营计划与各项经济合同进行审查,并认真监督其执行,参与企业技术、经营以及产品开发、基本建设、技术改造和其他项目的经济效益的审议 (10) 参与审查产品价格、工资、奖金及其涉及财务收支的各种方案 (11) 组织考核、分析企业经营成果,提出可行的建议和措施		

岗位职责	（12）对财会人员进行业务培训；规划会计机构、会计专业职务的设置和会计人员的配备，组织会计人员培训和考核，坚持会计人员依法行使职权 （13）向企业总经理、财务总监汇报财务状况和经营成果；定期或不定期向上汇报各项财务收支和盈亏情况，以便辅助领导进行决策 （14）有权向主管领导提议下属人选，并对其工作业绩进行考核评价 （15）完成董事会及企业决策层交办的其他工作任务

1.2.3　财务主管岗位职责

财务主管岗位职责见表1-3。

表1-3　财务主管岗位职责

岗位名称	财务主管	隶属部门	财务部
上级	财务经理	编号	
胜任资格	（1）具备一定的宏观、微观经济学知识，财会类专业本科以上学历；英语四级，能够熟练使用办公及财务软件 （2）熟知基础会计、财务会计、成本会计、管理会计等理论知识，有丰富的投、融资管理及营运资金管理经验 （3）了解企业生产相关的工艺过程和技术基础知识，了解行业经营状况 （4）具有较强的综合分析、决策、组织协调、沟通交流能力 （5）具有5年以上财务管理工作经验，高级会计师技术职称或注册会计师资格 （6）廉洁奉公，追求创新，严守机密，恪守原则		
岗位职责	（1）根据企业相关制度，协助财务经理做好费用、税收的核算和控制，固定资产的账务管理，及时交纳税款等相关工作 （2）负责企业财务预算的编制、呈报及执行工作 （3）负责解释、解答与企业的财务会计有关的法规和制度 （4）审核企业的原始单据和办理日常的会计业务 （5）编制企业的记账凭证，登记会计账簿 （6）编制企业的会计报表，在每月规定时间前报送财务总监或总经理 （7）编制、核算、统计每月的工资、奖金发放表 （8）定期检查企业库存现金和银行存款是否账实相符 （9）不定期检查统计岗位的商品是否账实相符 （10）根据印鉴分管的原则，负责保管银行预留印鉴中的一枚财务章 （11）负责财务部门员工的考核工作，组织财会人员的学习和培训 （12）协调好与企业其他部门之间的关系 （13）保持并加强同财政、税务、银行、工商、会计师事务所等相关部门的联系 （14）承办财务经理交办的其他工作		

1.3　财务部的组织结构

1.3.1　财务部机构设置的基本原则

财务部机构设置的基本原则见表1-4。

表 1-4   财务部机构设置的基本原则

基本原则		详 细 描 述
1. 财务与会计机构分置设立	分别设立	财务与会计机构应分别设立,这样利于互相监督和制约,及时发现和纠正差错,充分发挥财务管理作用
	职能区分	财务与会计机构分设后,财务的主要职能是筹集资金、编制预算、参与投资决策、参与信用政策、分析与评价财务状况、分配利润及定期汇报工作;会计的主要职能则是进行日常经济业务核算、控制预算和执行情况、利用账面核算资料保护资产、提供管理所需要的各种会计信息
	功用不同	财务的基本功能是对财务活动进行决策。会计的基本功能则是确认、计量和报告会计信息
	注重实效	在具体设置财务管理机构时,应注重实效,尤其要注意培养、选拔能够胜任这一工作的人员,并谨防机构臃肿、效率低下
	制度保证	企业日常财务管理和财务工作是通过落实各项财务制度实现的,严密的财务与会计制度不可忽视
2. 集权与分权相结合	充分集权	通常企业的现金管理和预算管理采取的都是集权模式
	集权与分权相结合	在进行投资管理和利润分配管理时,应根据企业具体情况,采用集权与分权适当的模式
	广泛的分权	这种情况主要适用于母子型企业的财务管理:因为母子企业各自平等独立的法人地位,为财务管理的分权化提供了依据,子企业在母企业审定的决策范围内,自主经营、自负盈亏,对自己的生产、销售、投资、分配等享有法定的经营权;子企业对所生产的产品进行从研究、开发、生产、销售到售后服务一条龙经营;在订立合同、业务购销、资产负债和留存收益的核算上,均体现各个子企业应有的独立核算地位;同时,制单、审查、记账和报表均由子企业按财务会计制度和有关规定办理

1.3.2   财务部常见组织结构图

财务部常见的组织结构如图 1-1 所示。

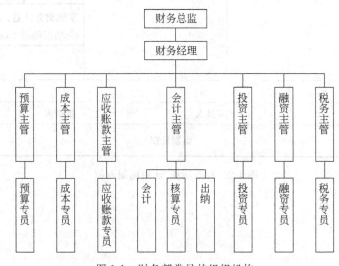

图 1-1   财务部常见的组织机构

1.4 财务管理一般流程

1.4.1 财务预算、计划编制流程

财务预算、计划编制流程如图 1-2 所示。

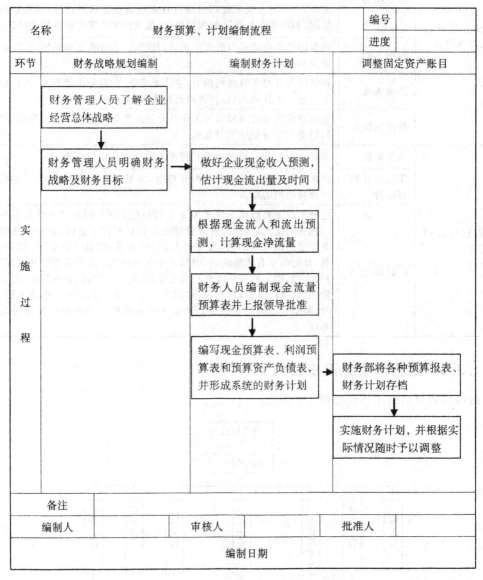

名称	财务预算、计划编制流程		编号	
			进度	
环节	财务战略规划编制	编制财务计划	调整固定资产账目	
实施过程	财务管理人员了解企业经营总体战略 财务管理人员明确财务战略及财务目标	做好企业现金收入预测，估计现金流出量及时间 根据现金流入和流出预测，计算现金净流量 财务人员编制现金流量预算表并上报领导批准 编写现金预算表、利润预算表和预算资产负债表，并形成系统的财务计划	财务部将各种预算报表、财务计划存档 实施财务计划，并根据实际情况随时予以调整	
备注				
编制人		审核人		批准人
编制日期				

图 1-2 财务预算、计划编制流程

1.4.2　年度财务预算调整流程

年度财务预算调整流程如图 1-3 所示。

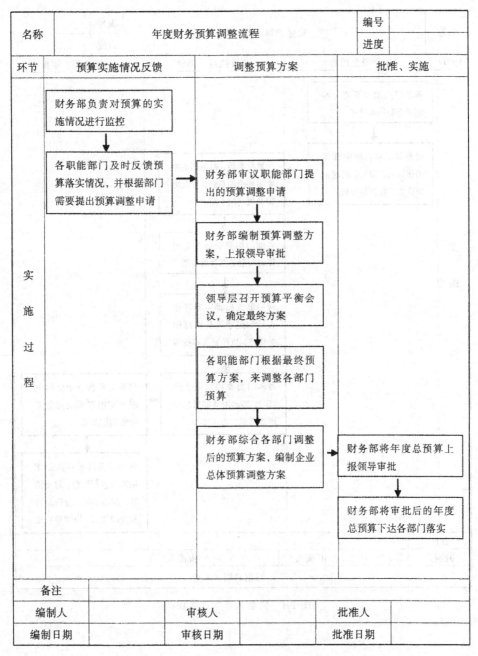

图 1-3　年度财务预算调整流程

1.4.3　资金预算管理流程

资金预算管理流程如图1-4所示。

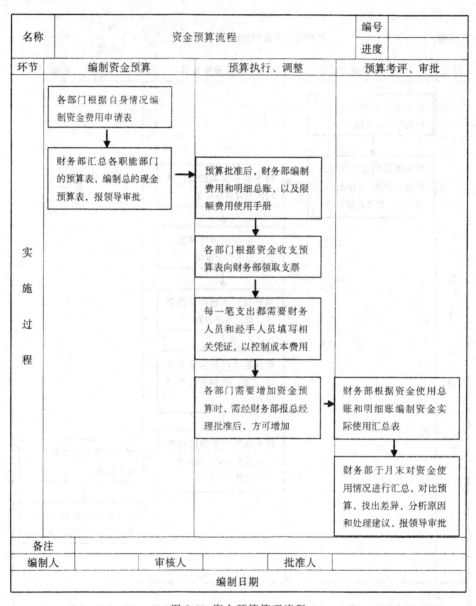

图1-4　资金预算管理流程

1.4.4　应收账款管理流程

应收账款管理流程如图 1-5 所示。

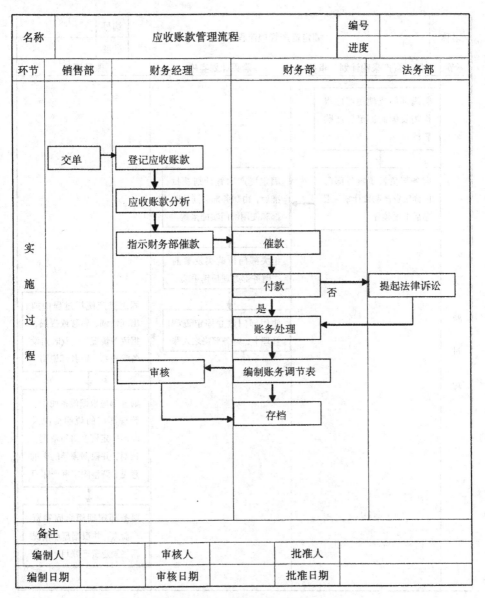

图 1-5　应收账款管理流程

1.4.5 固定资产管理流程

固定资产管理流程如图 1-6 所示。

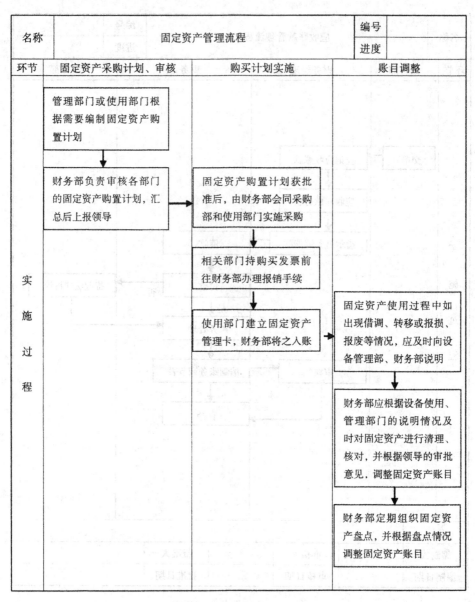

图 1-6 固定资产管理流程

1.4.6　固定资产盘点流程

固定资产盘点流程如图 1-7 所示。

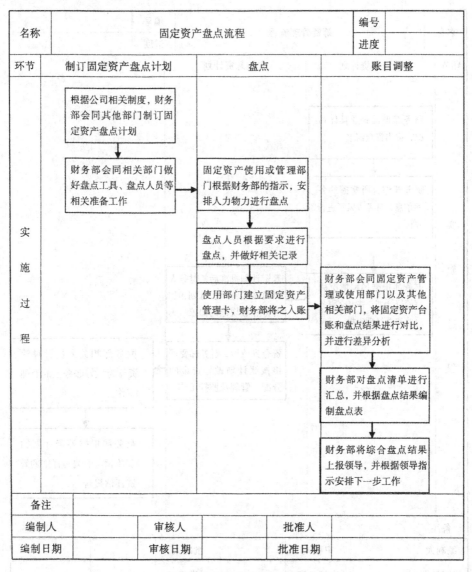

图 1-7　固定资产盘点流程

1.4.7　筹资管理流程

筹资管理流程如图 1-8 所示。

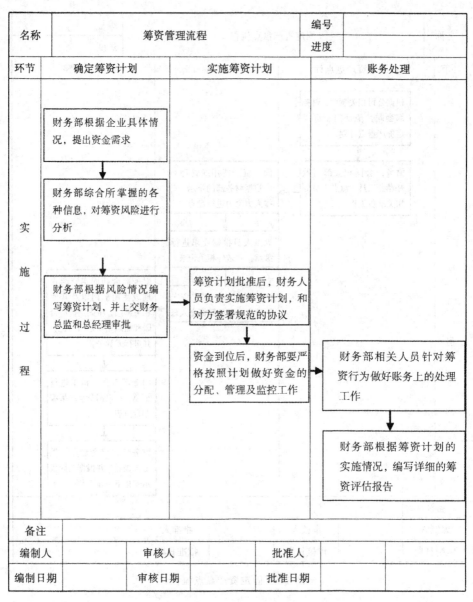

名称	筹资管理流程		编号	
			进度	
环节	确定筹资计划	实施筹资计划	账务处理	
实施过程	财务部根据企业具体情况，提出资金需求 财务部综合所掌握的各种信息，对筹资风险进行分析 财务部根据风险情况编写筹资计划，并上交财务总监和总经理审批	筹资计划批准后，财务人员负责实施筹资计划，和对方签署规范的协议 资金到位后，财务部要严格按照计划做好资金的分配、管理及监控工作	财务部相关人员针对筹资行为做好账务上的处理工作 财务部根据筹资计划的实施情况，编写详细的筹资评估报告	
备注				
编制人	审核人		批准人	
编制日期	审核日期		批准日期	

图 1-8　筹资管理流程

1.4.8 投资管理流程

投资管理流程如图 1-9 所示。

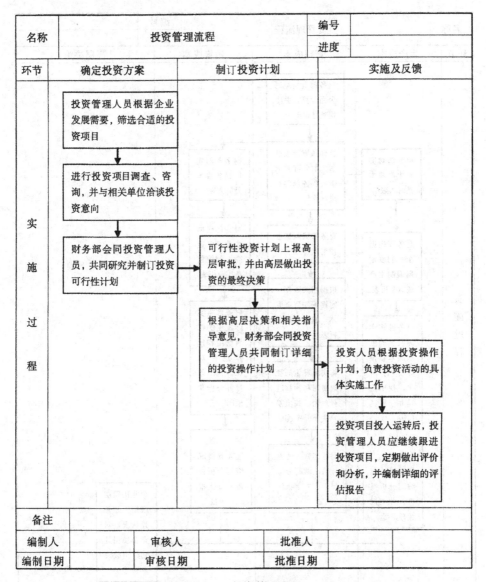

名称	投资管理流程		编号	
			进度	
环节	确定投资方案	制订投资计划	实施及反馈	
实施过程	投资管理人员根据企业发展需要，筛选合适的投资项目 进行投资项目调查、咨询，并与相关单位洽谈投资意向 财务部会同投资管理人员，共同研究并制订投资可行性计划	可行性投资计划上报高层审批，并由高层做出投资的最终决策 根据高层决策和相关指导意见，财务部会同投资管理人员共同制订详细的投资操作计划	投资人员根据投资操作计划，负责投资活动的具体实施工作 投资项目投入运转后，投资管理人员应继续跟进投资项目，定期做出评价和分析，并编制详细的评估报告	
备注				
编制人		审核人	批准人	
编制日期		审核日期	批准日期	

图 1-9 投资管理流程

1.4.9　成本费用管理流程

成本费用管理流程如图 1-10 所示。

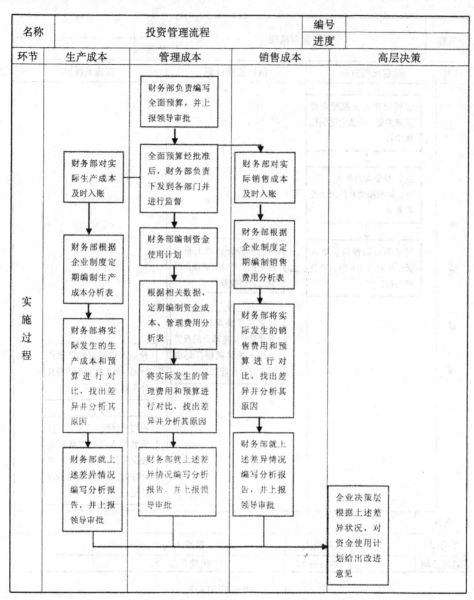

图 1-10　成本费用管理流程

1.4.10　日记总账管理流程

日记总账管理流程如图 1-11 所示。

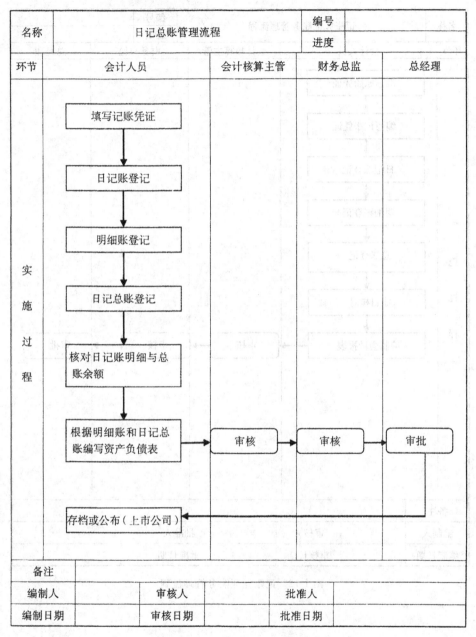

图 1-11　日记总账管理流程

1.4.11 记账凭证账务管理流程

记账凭证账务管理流程如图 1-12 所示。

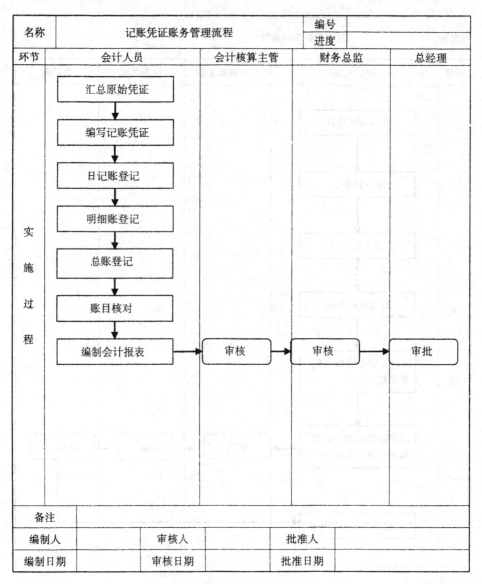

图 1-12 记账凭证账务管理流程

1.4.12　财务分析管理流程

财务分析管理流程如图 1-13 所示。

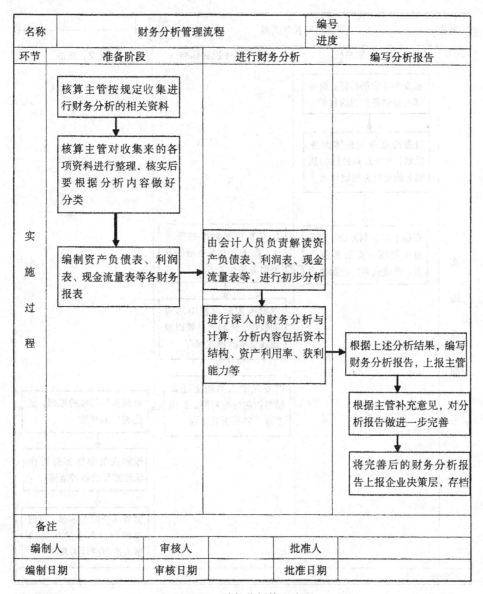

图 1-13　财务分析管理流程

1.4.13 财务控制管理流程

财务控制管理流程如图 1-14 所示。

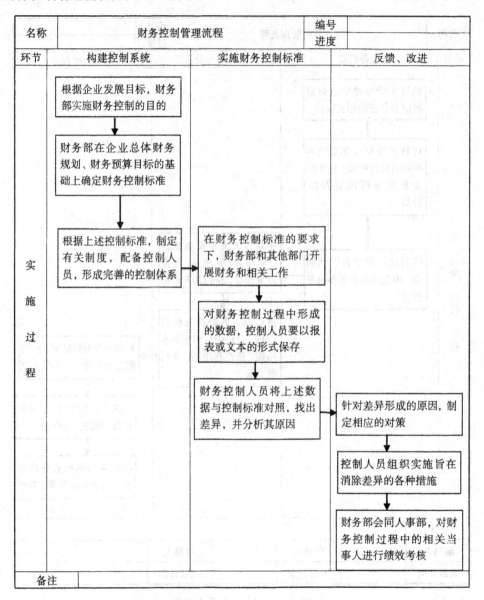

图 1-14　财务控制管理流程

1.4.14　纳税申报管理流程

纳税申报管理流程如图 1-15 所示。

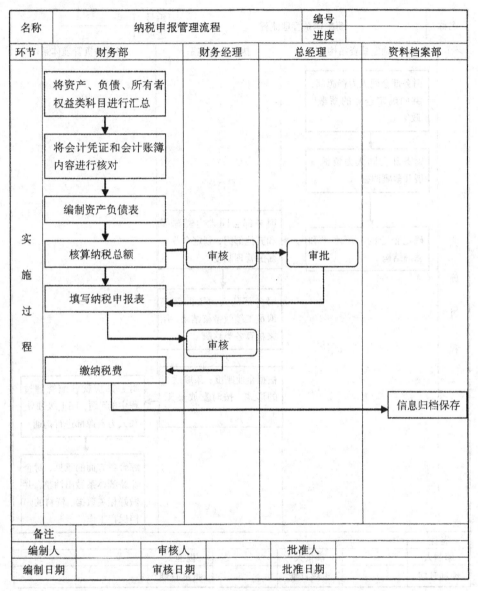

名称	纳税申报管理流程		编号	
			进度	
环节	财务部	财务经理	总经理	资料档案部
实施过程	将资产、负债、所有者权益类科目进行汇总 ↓ 将会计凭证和会计账簿内容进行核对 ↓ 编制资产负债表 ↓ 核算纳税总额 → 填写纳税申报表 缴纳税费	审核　审核	审批	信息归档保存
备注				
编制人		审核人	批准人	
编制日期		审核日期	批准日期	

图 1-15　纳税申报管理流程

1.4.15 薪酬体系管理流程

薪酬体系管理流程如图 1-16 所示。

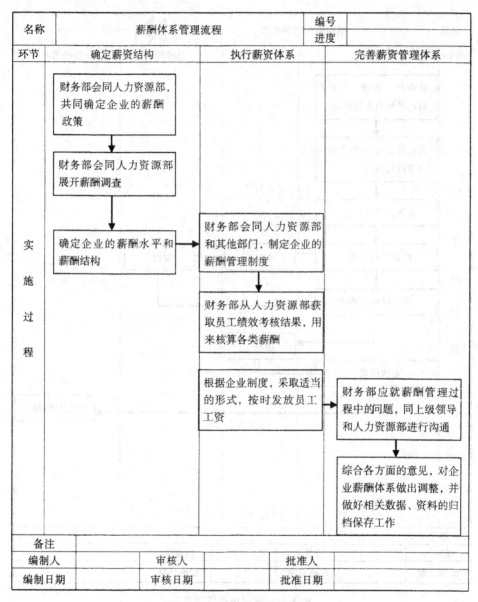

图 1-16 薪酬体系管理流程

1.5　财务管理经典案例

案例一：泸天化(集团)有限责任公司"十个统一"财务管理体系

泸天化(集团)有限责任公司的财务管理体系

泸天化(集团)有限责任公司(以下简称泸天化集团),我国特大型化工企业,企业总资产达 40 亿元,年销售收入逾 30 亿元,具备实际年生产合成氨 102.5 万吨、尿素 156.2 万吨、甲醇 4.5 万吨、浓硝 4 万吨、硝铵及硝铵锌 11 万吨的能力,是一家集生产、科研、开发、设计、贸易于一体的大型综合企业集团。在发展的过程中,集团公司形成了以"十个统一"为主体的财务管理机制和会计核算体系。

(1)统一资产管理

集团所有资产由总部统一管理,各下属单位受托经营各自的资产,对于经营限额以内的资产须报集团公司批准并备案,公司内部任何单位和个人都不具备资产处置权限。

(2)统一资金管理

在集团财务部内部专门成立了资金结算中心,取消了二级财务机构在各银行的账户,这一措施实施后,第二年度的财务费用即下降了 1 500 万元,效果明显。具体措施主要如下。

第一,财务部对集团公司内所有资金进行集中统一管理,内部各单位的结算和支付活动都由资金结算中心统一进行。

第二,在资金结算中心内,各下属单位可以开立内部结算账户,对资金进行有偿占用。

第三,包括附营业务收入在内的所有财务收支都要由财务部统一进行,各下属单位通过资金结算中心进行统一结算。

(3)统一银行账户管理

原则上,各下属单位开设的账户都应注销。不过,如果下属单位确实是出于生产经营、科研开发、基本建设等需要而要开立账户的,应该在各专业银行或非银行金融机构开立账户时报经集团公司批准。集团公司有权调用各下属单位的结余,可以有偿占用。

(4)统一信贷管理

向各专业银行、非银行金融机构和有关单位办理的各种资金信贷事项,由集团公司统一进行,各下属单位向集团公司申请内部贷款,有偿使用。

(5)统一税费征纳管理

集团对税费实行统一征纳管理。

(6)统一物资采购管理

企业主要原材料、燃料、设备、备品备件、辅助材料由集团供应部负责统一采购,物资采购、验收、库存、盘点制度需要加以完善。对于那些有部分采购权的下属单位,其采购工作应在集团供应部的指导下进行,并可以优先使用公司内各级库存物资。

(7)统一财务收入管理

集团公司及下属单位的各种主营业务收入和附营业务收入都应归口为财务部门管理,各下属单位和部门的非财务机构不得截留公司的任何收入。各下属单位财务部门应按规定将各自所实现的收入通过资金结算中心的内部结算机制,统一到集团总部。

（8）统一发票管理

由集团财务部统一领购发票，统一解缴税金。

（9）统一会计核算和管理

第一，各下属单位财务负责人要对所设会计科目和会计账簿的真实性和准确性负责，其财务管理要做到全面及时地反映下述项目：资产、负债、权益的财务状况和收入、成本（费用）、利润及其分配的经营成果，下属单位的内部财务报表编制单位必须及时、定期向集团公司财务部报送内部报表。

第二，各下属单位要建立完善的财务清查制度，以做到财产物资的账实、账账和账证相符。

第三，各下属单位必须按照集团公司的相关规定来审核报销各种费用。

第四，各下属单位财务部门应当建立健全稽核制度，确保出纳人员不得兼管稽核、会计档案保管和有关收入、费用、债权债务等账务的登录。坚持出纳和会计核算岗位分离的内控原则。

（10）统一财会人员管理

集团财务部应在财务负责人的主持下，实行月度例会制，负责总结和布置集团公司的各项财务工作。所有财务部和下属单位的财务、会计人员都要接受财务部的监督、指导和集中管理。另外，泸天化集团还实施了基本建设的三项管理制度——投资计划管理制度、项目在建管理制度、工程预决算管理制度。

案例评析

1. 集团公司财务集中管理的成功之道

一般而言，现代企业管理形式不外两种——集权和分权，适合集权管理的情况主要有：新创公司；规模较大的集团公司；各子公司业务相似或相关的公司；管理者本身的控制能力不强的公司。反之，则宜采用分权型管理。

泸天化集团的成功之道在于其采用了财务集权管理，简而言之，就是"集中财权，统一管理"。它的好处在于能够有效缩小财务管理的半径，尽可能减少管理层次，提高总部的财务控制权，也能使财权被多层次分割而散布于各级分公司的状况得到彻底改变。

在具体实施集中财务管理时，还需奉行以下几条原则。

第一，用制度管理，即通过完善的财务管理制度来建立产权明晰、权责明确、政企分开、管理科学的集团管理体制，并建立相应的配套规章制度，确保财务管理的严肃性和力度。

第二，财务统一运作。集团公司作为各子公司的出资人，可以通过对财务规划、运用、考核、评价的统一管理，缓解或避免各子公司的局部利益与集团公司整体利益的矛盾，集中各下属单位的财务力量，优化资源配置，实现规模效益。

第三，控制好财务"龙头"。也就是通过严格掌握集团内资金的流入、流出及存量情况，来控制集团财务管理的"龙头"。

第四，控制关键指标。财务集中管理不是绝对的集中，应适当实行分权与分层次管理的方法，即可以通过合理的内部激励与约束机制，来对其下属各单位的预算指标、业绩评价与考核指标进行界定和考核，引导其资金运作与财务管理活动，提高集团的财务管理效率。

2. 全面财务管理是集权化财务管理的保证

财务集中管理应建立在全面财务管理之上，泸天化集团的案例给我们的启示是，要想加强财务控制,就要做到以下几点。

(1) 搞活资金管理。资金是企业的血液,资金流动不畅,会对企业经营产生不利影响,因此,企业财务管理应围绕资金管理这个中心,加大对资金管理的力度,树立起资金使用的全局观念,及时调整内部资金余缺,随时监控子公司的资金动向,防范资金运作风险,以提高企业总体资金运用效率,避免资金的闲置浪费。泸天化集团就是通过建立财务部内部结算中心来实现资金集中管理的,经证明这是一种行之有效的方法。

(2) 加强投资管理。各种投资行为应由集团公司实行集中管理,下属单位作为利润中心,没有进行自主投资决策的权限,但各下属单位可以根据需要,提出投资可行性分析方案,上报集团总部,经审批后,可由子公司具体负责相应的投资方案实施。投资项目完成后,集团总部可根据投资资金的节约和超支情况以及项目完成质量情况,对子公司做出奖惩措施。

(3) 做细资产管理。资产管理应由集团公司统一负责,各下属单位只是受托经营保管本单位资产。对于固定资产的购建,应先由各下属单位编写好年度计划,并报集团公司总部批准备案,随后严格按计划执行。对于计划外的临时固定资产购建,下属单位应向集团公司申请,说明其必要性,由总部依照程序批准办理。

(4) 强化成本管理。企业成本管理水平的高低,将会直接决定企业产品的竞争力和盈利能力。集团总部财务部门应发挥自身的信息优势和集权优势,计算出产品成本最低、利润最大的产销量,杜绝无效或低效劳动,从产品的设计、材料采购环节抓起,在源头做好成本控制。做好成本的超前控制,比如泸天化集团统一物资采购制度就很值得推广。

(5) 完善财会制度体系。企业的财务管理体系应包括:财会制度体系,统一的会计核算制度,集中的财会人员管理制度,以及符合公司发展要求的其他内部财会制度,完善的企业财务管理制度体系,能够做到集中管理、强力管理,充分发挥财务人员的主观能动性,集中力量,避免各自为战。

案例二:浙江金鹰股份公司内部资金控制机制

资金控制是企业内控机制的重心所在,浙江金鹰股份公司(以下简称金鹰公司)在加强内部资金控制机制方面,有一些成功经验值得借鉴。

1. 完善企业内部控制制度

金鹰公司根据自身情况和所处行业特点,制定了集中统一和分级管理相结合的财务管理体制。企业本部作为资金管理和投资中心,推行"五个统一"的管理措施,即统一资金调配、统一对外投资、统一购建固定资产、统一利润分配和统一内部结算价格。

企业下属子(分)公司作为成本中心和利润中心,其财务管理目标是降低成本、节约开支、增加收入。

公司建立了一套以财务管理为主线,层次分明、责任明确的目标计划管理体系,制定了详细的财务管理和会计核算制度,用来控制从材料采购到产品销售、从物流到资金流、从经济核算到内部控制等各个环节和方面。对于内控职责,公司将之落实到了每一位基层员工身上,他们既是责任者,又是管理者,通过上下管控、互相管控和自控等多种形式,环环相扣,形成了严丝合缝的财务控制体系。

在财务制度建设中,公司的重点是"四查四建"。

第一,检查历史上的决策情况,建立相对科学的决策程序。

第二，检查应收账款及赊销情况，建立完善的应收账款(货款)管理办法。

第三，检查存货资金的占用情况，建立严格的采购、验收、储存管理制度，积极推行 ABC 管理法，在条件具备时，实行"零库存"制。

第四，检查企业各项成本费用的支出水平，建立以标准成本、定额费用为内容的管理措施。

2. 实行全面资金预算管理

资金预算是企业经营思想、经营目标和决策的一种反映，它的目的在于全面整合企业的业务流和现金流。根据职责范围，将相应的责任落实到相关单位、部门或个人。

为了将全面预算管理落到实处，金鹰公司专门成立了预算管理委员会，其职责主要如下。

第一，对企业整个预算编制、审核的过程，进行认真调查、调整、计算分析。

第二，围绕总体预算目标，找差距、提建议、想办法，解决矛盾，制定切实有效的预算编制、执行、调控、考核以及各项预算资料收集运用制度。

企业全面财务预算由本部综合预算和分公司预算构成，其中，综合预算包括以下内容。

第一，以企业经营成果为核心的盈利预测。

第二，以企业现金流量为基础的财务收支预算。

第三，以企业技术改造、固定资产和对外投资为主要内容的投资预算。

分公司预算，是各分公司对各自生产经营及经营成果的预测和计划，要求细化到可供具体操作，需要列出各项财务指标的明细表，能够定量考核。

例如，在做销售预算时，不仅要对年度经济形势和市场供求变化进行分析，同时还要根据竞争对手的情况，来分析自身产品的优劣势，研究需要采取何种竞争对策，制定出月度、季度销售计划和回款计划，并将具体的任务指标落实到每一个销售人员身上。

在进行其他方面的预算时，也是如此，都要列出详细的数据和说明，在编制这些预算的过程中，公司上下要密切配合，及时交换意见，交流信息，充分沟通，从而杜绝决策的盲目性和随意性。

3. 严格预算授权审批制度

公司本部享有预算的综合审批权，在实际运作过程中，如果出现特殊情况需要变更预算金额和目的，可进行灵活调整，这种调整应逐级进行。

第一，调整额在 5 万元以下的，由总经理授权财务部审定。

第二，调整额在 5 万元以上的，由财务部审核并报总经理批准。

第三，对单位土建工程投资项目进行预算调整的，每增加 1 万元以上的情况需报财务部审定，总经理批准；1 万元以下的情况则由各分(子)公司报财务部审定、批准。

第四，企业月度财务收支预算应在每月的 15 日调整一次，各分(子)公司应及时将预算调整资料上交财务部，由财务部根据各单位、部门的用款计划进行审查、分析，并结合上月实际和本月的销售情况、往来款清理以及银行短期贷款等情况，做好平衡后报总经理批准执行。

第五，年度预算要在每年的 6 月份调整一次。

4. 重点加强对采购、生产、销售环节的资金控制

(1) 采购控制

采购控制的主要环节包括请购、订购、合同审计、验收和付款。采取的控制措施主要有以下几个方面。

第一，生产、销售部门不能自行采购，采购活动由企业专职采购员负责，采购员同时也不能兼办类似销售、会计等其他业务。对于物资的请购、订购、合同审计、验收和付款，企业各部门应该进行明确分工，各司其职。

第二，采购要按计划进行，签订正规的采购合同，采购费用也要做好计划。

第三，严格控制收入库与付款结算环节，出纳部门依据经公司验收部门签字、审计部门审计核实、财务部主管审批后的各种原始单据承付货款，缺一不可。

（2）生产控制

企业生产部门应根据生产情况，每年修订一次原材料消耗、机物料消耗及各项费用定额。财务部门应监督生产部门的成本定额执行情况，按月、季、年及时分析成本费用升降原因，建立各项费用归口管理制度、费用支出奖罚制度和费用分析制度。

（3）销售控制

销售过程中应着重对销售合同、编制发货单、开票收款等环节进行控制，可以采取的控制措施主要有以下几个方面。

第一，企业的所有销售业务由销售部负责，其他人员不得自行销售。

第二，销售业务的合同签订、销售方式和结算方式的选择等各个环节，都要按照规定进行。

第三，做好销售检查工作，尤其是要做好分期付款销售、委托代销、移库代销或受托代销的控制。

第四，建立销售退回的控制制度。

第五，针对不同的销售单位采用不同的结算方式。如对本地客户可采取转账支票、小额现金等结算方式，对外地客户，则可采取银行汇票、异地托收及出口信用证等结算方式，并且需要根据不同的资信等级选用。

财务部应设立分地区、分用户性质的来款结算明细账，由专人进行详细登记，每月结账后编制大额往来结算户余额表分送总经理及有关责任部门。各有关责任部门应建立相应的客户往来款台账，每月与财务部门进行核对，在合同履行期内及时清理，对超期未收回的须将案卷移送财务部，报经相应主管领导批准后，派专人前往清理和催讨，必要时可通过法律途径予以解决。

5. 预算执行情况分析

财务部根据资金流转各环节和经营特点，由各部门按月归口分析各项指标，如采购部门负责机物料储备和消耗的分析；生产部门负责生产计划完成、能源消耗、原料储备分析；销售部负责产品、合同履行率分析；财务部负责各项经济指标的综合分析。

各个部门的分析，都要形成书面报告，财务部的报告要重点分析企业现金流量执行情况。从纵向上，要分析各分（子）公司的收支完成额；从横向上，要分析企业收支结构，主要包括以下两个方面。

第一，从材料采购、投资、归还借款、工资性支出、其他各类经营管理费用等方面分析支出结构。

第二，从营业收入、劳务收入、应收款回收、短期借款额度、投资收益等方面分析收入结构，并提出相应的改进措施。

第二部分

财务核算与纳税综合实训篇

第 2 章

企业财务核算综合实训

2.1 财务核算综合实训说明

2.1.1 实训目的

通过本次财务核算综合说明,帮助读者系统地掌握企业账务的全盘处理工作,熟练运用《小企业会计准则》,掌握编制会计凭证、登记账簿、成本计算、编制财务报表的实际操作方法和程序,提高学习者对会计技能的运用水平。

2.1.2 实训要求

根据企业所选择的会计核算方法和内部会计核算制度,对企业 2013 年 1 月所发生的经济业务进行全盘账务处理,包括设置会计科目与账户、编制会计凭证、登记账簿、成本计算、编制科目汇总表、对账与结账、编制会计报表等工作。具体如下。

(1)设置会计科目。根据《小企业会计准则》的要求和企业所发生的经济业务,设置必需的会计科目,并在此基础上开设总分类账户、明细分类账户和现金日记账、银行存款日记账,并按规定设置相应的专栏。

(2)登记期初数额。根据所设置的相关账户及期初数据资料,将期初余额记入日记账、明细账和总账的相应期初余额栏内,并在摘要栏内注明"期初余额"或"月初余额"字样。

(3)进行成本计算并填制相应的原始凭证。根据企业所发生的经济业务进行相应的成本计算,填制需要演练者自行填制的原始凭证,为后续账务处理奠定基础。

(4)审核原始凭证。在填制完原始凭证后,应运用所学的专业理论知识,对照演练的每笔具体业务内容,对原始凭证的各个要素进行逐一审核,确保原始凭证的合法性、合理性、有效性、完整性。

(5)编制记账凭证。按经济业务发生的时间先后顺序,根据审核无误的原始凭证或原始凭证汇总表,编制通用式记账凭证,同时将原始凭证剪下,附在记账凭证后面,并予以连续编号。

(6)登记日记账。根据所编制的记账凭证中涉及的现金和银行存款业务,逐笔登记现金日记账和银行存款日记账,并随时结出账面余额,以示日清月结。

(7)登记明细账。根据所编制的记账凭证及其所附的原始凭证,序时登记有关明细账簿,并随时结出本期发生额和账面余额。

（8）编制科目汇总表。根据所编制的记账凭证，按照相同的会计科目进行归类，在进行发生额试算平衡的基础上，全月汇总每一会计科目的借方发生额和贷方发生额，并将发生额填列到科目汇总表的相应栏目内。

（9）登记总账。根据所编制的科目汇总表，登记总账相应账户的借方发生额和贷方发生额，根据总账的借方发生额和贷方发生额计算出每个账户的余额，并进行余额试算平衡，为编制会计报表做好准备。

（10）对账。在进行成本计算之前，要验证账簿与凭证、账簿与账簿之间的有关数字是否相符。要求将账簿记录与记账凭证、账簿与账簿之间的有关数字进行核对，并确保账证、账账相符。

（11）结账。期末编制报表前先编制结账分录，过入总分类账与有关的明细分类账，结清各损益账户，结算本期利润总额。

（12）编制报表。根据综合实训给定的期初资料和 1 月份账务核算的结果编制资产负债表、利润表。

2.1.3 前期准备

在进行综合实训前，必须购置相应的凭证、账簿。其中记账凭证采用通用会计凭证；明细账的具体格式可以采用三栏式、多栏式、数量金额式，到底采用哪种格式由演练者自主确定，但必须充分考虑模拟对象的实际需要，特别是期末会计信息披露的需要。

2.1.4 相关说明

（1）关于原始凭证。本综合实训所提供的原始凭证均为虚拟，且不加具印章，其中有些凭证采用简化形式。演练者不必较真原始凭证的完整性与真实性，因为提供原始凭证的目的是为了更好地呈现实战情景，并方便演练者在填制记账凭证时进行裁剪粘贴。此外，需要进行成本计算的经济业务，在原始凭证中本书只提供相应的计算表格形式，具体填制由演练者自行计算完成。

（2）关于成本计算。在计算时，保留小数点后两位，第三位四舍五入。

（3）关于参考答案。由于计算过程中小数点的四舍五入，在材料、产品成本等计算中，单价和数量的乘积与金额（总价）会有一定的微小出入，这是正常的。

（4）关于结账。企业在年末时必须进行年终结账，但由于牵扯到各个账户本年累计数的问题，本综合实训不要求进行年终结账。

（5）本综合实训的账务处理，均执行《小企业会计准则》。

2.2 企业财务核算原始资料

2.2.1 企业概况

本综合实训的主体是鑫诚电子科技有限公司。该公司现有职工 150 名，设有一个基本生产车间及相应的管理部门，公司主要生产各种电子设备，产品有甲产品和乙产品两种。经公司申请,税务部门审核认定为增值税一般纳税人。

本套综合实训资料,就是以该公司 2013 年 1 月实际发生的会计业务为基础形成的。

2.2.2　会计核算方法

鑫诚电子科技有限公司采用科目汇总表账务处理程序进行会计核算。其核算程序如图 2-1 所示。

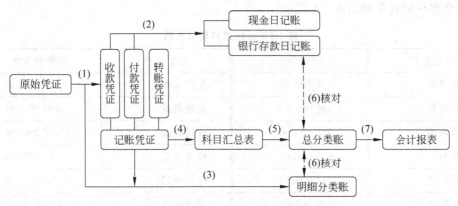

图 2-1　科目汇总表账务处理程序

第一步:根据取得或填制的原始凭证填制记账凭证。

第二步:根据与现金及银行存款收支有关的记账凭证每日逐笔序时登记现金日记账和银行存款日记账。

第三步:根据记账凭证及所附的原始凭证逐笔登记各有关明细分类账。

第四步:根据记账凭证定期编制科目汇总表。

第五步:根据科目汇总表分次或月终一次性登记总分类账。

第六步:根据对账的要求,定期将总分类账与日记账、明细分类账相核对,并结账。

第七步:期末,根据总分类账和明细分类账编制会计报表。

2.2.3　内部核算制度

(1) 企业的库存现金定额为 30 000 元。

(2) 企业实行集中核算,全部会计核算由财务处负责完成,各车间只提供成本计算的原始资料。

(3) 存货计价采用实际成本法。存货发出采用加权平均法计算平均单价。

(4) 产品销售成本采用全月一次加权平均法计算。

(5) 固定资产采用年限平均法计提折旧。其中,房屋建筑的折旧期限为 20 年,机械设备的折旧年限为 10 年,汽车等交通工具、办公设备的折旧年限均为 5 年。所有固定资产的残值率均为 5%。

(6) 无形资产摊销年限为 10 年。

(7) 生产成本的计算方法为品种法。制造费用按生产工时进行分配。

(8) 企业为一般纳税人,所有产品适用的增值税税率均为 17%。

（9）企业负担的城市维护建设税税率为 7％，教育费附加为 3％。

（10）企业每月末计提并核算应交纳的所得税额，企业所得税税率为 25％。

2.2.4　期初资料

2017 年 1 月 1 日，鑫诚电子科技有限公司的会计期初数据如下。

1. 总账账户期初余额

总账账户期初余额如表 2-1 所示。

表 2-1　总账账户期初余额

总账账户	期初余额	总账账户	期初余额
库存现金	1 500.00	生产成本	436 000.00
银行存款	2 380 000.00	短期借款	200 000.00
应收账款	1 698 000.00	应付账款	1 397 000.00
原材料	1 066 000.00	应交税费	33 752.00
预付账款	14 000.00	应付利润	500 000.00
固定资产	3 279 360.00	预收账款	100 000.00
累计折旧	886 000.00	应付职工薪酬	1 075 708.00
应收票据	500 000.00	实收资本	5 000 000.00
无形资产	360 000.00	未分配利润	1 107 320.00
库存商品	1 302 500.00	资本公积	323 000.00
周转材料	50 000.00	盈余公积	464 580.00

2. 原材料明细账户期初余额

原材料明细账户期初余额如表 2-2 所示。

表 2-2　原材料明细账户期初余额

甲材料	数量	600	丙材料	数量	1 000
	单价	350.00		单价	450.00
	金额	210 000.00		金额	450 000.00
乙材料	数量	300	丁材料	数量	1 000
	单价	320.00		单价	310.00
	金额	96 000.00		金额	310 000.00

3. 库存商品明细账户期初余额

库存商品明细账户期初余额如表 2-3 所示。

表 2-3　库存商品明细账户期初余额

A 产品	数量	445	B 产品	数量	340
	单价	1 400.00		单价	1 998.53
	金额	623 000.00		金额	679 500.00

4. 其他有关明细账户期初余额

其他有关明细账户期初余额如表 2-4 所示。

表 2-4　其他有关明细账户期初余额

总账账户	明细账户	期初余额(借方)	总账账户	明细账户	期初余额(贷方)
应收账款	欣华顺公司	690 000.00	预收账款	华冠科技公司	100 000.00
	龙山公司	372 000.00		五洋电子厂	330 000.00
	天山公司	560 000.00		南方公司	6 000.00
	大洲电子公司	76 000.00	应付账款	恒瑞工业公司	375 000.00
预付账款	财产保险费	10 000.00		达美公司	351 000.00
	车辆保险费	4 000.00		顺洋科技公司	335 000.00
周转材料	生产工具	45 000.00	应付职工薪酬	职工工资	629 308.00
	管理用具	5 000.00		社会保险费	297 600.00
无形资产	专利权	360 000.00		住房公积金	148 800.00
生产成本	A 产品	224 000.00	应交税费	应交增值税	30 000.00
	B 产品	212 000.00		应交城市维护建设税	2 100.00
应收票据	禾祥公司	500 000.00		应交教育费附加	900.00
实收资本	赵新华	1 500 000.00		应交个人所得税	752.00
	吴天广	1 000 000.00	盈余公积	法定盈余公积	464 580.00
	陈建华	1 000 000.00			
	陈庆生	1 500 000.00			

2.2.5　经济业务

鑫诚电子科技有限公司 2013 年 1 月份发生的经济业务及其填制或取得的原始凭证如下。

(1) 4 日,向上海英达股份有限公司销售 A 产品 300 件,每件售价 2 200 元,价款共计 660 000 元,应收取的增值税销项税额为 112 200 元。款项尚未收到。原始凭证:增值税专用发票 1 张,出库单 1 张。

(2) 4 日,从银行取得 3 个月期限的生产性周转借款 300 000 元,月利率 0.5%。原始凭证:借款凭证 1 张。

(3) 4 日,签发现金支票向银行提取备用金 15 000 元。原始凭证:现金支票存根 1 张。

(4) 4 日,采购员李玉安出差,预借差旅费 6 000 元,以现金支付。原始凭证:借款单 1 张。

(5) 5 日,生产车间向深圳兆泰工业有限公司租入机器设备一台,租期 3 个月,每月租金 15 000 元,开出转账支票预付设备租金 45 000 元。原始凭证:普通发票 1 张,转账支票存根 1 张。

（6）5日，参加展销会，开出转账支票支付展览费8 000元。市场部参展人员李春华、梁波报销参展花销750元。原始凭证：普通发票1张，转账支票存根1张，费用支出报销凭证1张。

（7）6日，收到厦门欣华顺贸易公司前期所欠货款690 000元。原始凭证：支付系统专用凭证1张。

（8）6日，从永福电子科技有限公司购买乙材料一批，已经验收入库，收到的增值税专用发票上注明单价300元，数量1 000件，合计金额300 000元，增值税51 000元。尚未付款。原始凭证：增值税专用发票1张，入库单1张。

（9）7日，以现金购买文具等办公用品245元。原始凭证：普通发票1张。

（10）8日，与华海有限公司达成销售意向，并预收货款200 000元。原始凭证：进账单1张。

（11）9日，接银行付款通知，支付上个月汇款手续费185元。原始凭证：业务收费凭证1张。

（12）10日，从鸿荣机械有限公司购入一套新产品生产线，收到的增值税专用发票上注明售价800 000元，增值税136 000元。设备已运抵企业，款项尚未支付。原始凭证：增值税专用发票1张。

（13）10日，投资者陈建华以货币资金追加投资2 000 000元。原始凭证：收据1张，现金缴款单1张。

（14）11日，向北京昌泰电子公司购买乙材料一批，收到的增值税专用发票上注明单价290元，数量1 500件，合计金额435 000元，增值税73 950元。开出转账支票先行支付200 000元。材料尚未收到。原始凭证：增值税专用发票1张，转账支票存根1张。

（15）11日，开出电汇凭证支付达美公司货款（原欠款总额351 000元，其中货款300 000元，增值税51 000元）。达美公司给予货款1%的折扣，实付金额为348 000元。原始凭证：电汇凭证1张。

（16）11日，从浩佳科技公司购买甲材料一批，已经验收入库，收到的增值税专用发票上注明单价340元，数量2 000件，合计金额680 000元，增值税115 600元。款项未付。原始凭证：增值税专用发票1张，入库单1张。

（17）14日，以银行存款支付新产品生产线安装费用28 800元。原始凭证：普通发票1张，转账支票存根1张。

（18）14日，向安泰家具制造厂销售B产品600件，每件售价2 800元，价款共计1 680 000元，应收取的增值税销项税额为285 600元。款项尚未收到。原始凭证：增值税专用发票1张，出库单1张。

（19）14日，销售部张秀华报销招待费3 680元，以现金支付。原始凭证：费用支出报销凭证1张。

（20）15日，从张园公司购买甲材料一批，已经验收入库，收到的增值税专用发票上注明数量1 400件，单价350元，合计金额490 000元，增值税83 300元。款项未付。原始凭证：增值税专用发票1张，入库单1张。

（21）15日，根据工资汇总表（结算单），签发转账支票一张，金额为629 308元，委托银行代发工资。银行按每人1元收取手续费，企业共计150人，手续费已从银行账户扣收。原始凭证：转账支票存根 1 张,业务收费凭证 1 张。

(22) 15 日,李玉安出差回来,报销差旅费 5 780 元,退回 220 元。原始凭证：差旅费报销单 1 张,收款凭证 1 张。

(23) 15 日,以银行存款交纳上月增值税 30 000 元。原始凭证：电子缴税回单 1 张。

(24) 15 日,以银行存款交纳上月城建税 2 100 元、教育费附加 900 元,个人所得税 752 元。原始凭证：电子缴税回单 2 张。

(25) 15 日,以银行存款交纳上月印花税 750 元。原始凭证：电子缴税回单 1 张。

(26) 15 日,支付税收罚款 200 元。原始凭证：电子缴税回单 1 张。

(27) 16 日,接银行委托收款付款通知,向深圳电信公司支付电话费 1 218 元。其中,管理部门电话费 415 元,销售部门电话费 503 元,生产车间电话费 300 元。原始凭证：电子汇划付款回单 1 张,金融机构代收费发票 1 张。

(28) 17 日,向北京昌泰电子公司购买的乙材料 1 500 件,单价 290 元,已经验收入库。原始凭证：入库单 1 张。

(29) 17 日,用银行存款购买一批劳保用品,价款共计 3 800 元。已发至生产工人手中。原始凭证：普通发票 1 张,转账支票存根 1 张。

(30) 18 日,以出包方式建造检测部门用的一个简易仓库,工程预算总造价 100 000 元,本日开工预付合同规定款的 50%,预计 10 天完工。原始凭证：转账支票存根 1 张,收据 1 张。

(31) 18 日,以银行存款缴纳社会保险费 297 600 元。原始凭证：电子缴税回单 1 张。

(32) 18 日,以银行存款缴纳住房公积金 148 800 元。原始凭证：住房公积金汇(补)缴书 1 张。

(33) 18 日,新生产线安装验收完毕并交付使用。用银行存款支付设备款项 936 000 元。原始凭证：固定资产验收单 1 张,电汇凭证 1 张。

(34) 21 日,用存于长江证券公司的投资款购入山东黄金股票进行短期投资,实付金额为 101 951.74 元。原始凭证：证券交割单 1 张。

(35) 21 日,龙山公司前欠货款 372 000 元已汇入公司银行账户。原始凭证：支付系统专用凭证 1 张。

(36) 21 日,向安华科技公司销售 A 产品 300 件,每件售价 2 180 元,价款共计 654 000 元,应收取的增值税销项税额为 111 180 元。款项未收。原始凭证：增值税专用发票 1 张,出库单 1 张。

(37) 22 日,以现金购买《中国黄页》花费 380 元。原始凭证：费用支出报销凭证 1 张。

(38) 22 日,按合同向华海公司发出 B 产品 100 件并开出增值税专用发票,每件售价 2 900 元,价款共计 290 000 元,应收取的增值税销项税额为 49 300 元。同时收到该公司支付的剩余款项 239 300 元。原始凭证：增值税专用发票 1 张,进账单 1 张。

(39) 23 日,本公司没有履行销售合同,开出转账支票向诺比公司支付违约金和赔偿金,共计 130 000 元。原始凭证：转账支票存根 1 张,收据 1 张。

(40) 22 日,支付前期所欠恒瑞工业公司货款 375 000 元。原始凭证：电汇凭证 1 张。

(41) 23 日,向亚控电子公司购入不需安装的机器设备一台,已经验收入库,收到的增值税发票上注明买价 400 000 元,增值税 68 000 元。全部款项已用银行存款支付。原始凭证:增值税专用发票1张,固定资产验收单1张,电汇凭证1张。

(42) 23日,签发现金支票向银行提取备用金15 000元。原始凭证:现金支票存根1张。

(43) 23日,从浩佳科技公司购买丙材料一批,已经验收入库,收到的增值税专用发票上注明单价430元,数量1 000件,合计金额430 000元,增值税73 100元。款项未付。原始凭证:增值税专用发票1张,入库单1张。

(44) 23日,向顺洋科技公司购买丁材料一批,收到的增值税发票上注明单价310元,数量2 000件,合计金额620 000元,增值税进项税额105 400元。款项尚未支付,材料尚未收到。原始凭证:增值税专用发票1张。

(45) 24日,向安信电子公司购买一项专利权,开出转账支票付款336 000元。该专利权估计有效期为10年。原始凭证:普通发票1张,转账支票存根1张。

(46) 24日,购买现金支票,支付工本费50元,直接从银行存款划扣。原始凭证:建设银行业务收费凭证1张。

(47) 24日,与联龙公司达成采购意向,并用银行存款先行支付货款300 000元。原始凭证:电汇凭证1张。

(48) 25日,公司持有的禾祥公司应收票据(金额500 000元)到期,委托银行收款,已收到银行的收款通知。原始凭证:中国建设银行进账单1张。

(49) 25日,申办银行汇票90 000元到东莞新星公司购货,支付手续费21元。原始凭证:银行汇票申请书1张,业务收费凭证1张。

(50) 25日,与江苏泰佳有限公司签订甲产品销货合同,泰佳公司预付款项50 000元已存入存款账户。原始凭证:支付系统专用凭证1张。

(51) 25日,向顺洋科技公司购买的丁材料2 000件,单价310元,已经验收入库。原始凭证:入库单1张。

(52) 25日,向联龙公司采购丙材料一批,收到的增值税专用发票上注明单价500元,数量2 000件,合计金额1 000 000元,增值税170 000元。材料已经验收入库,同时用银行存款支付剩余款项870 000元。原始凭证:增值税专用发票1张,入库单1张,电汇凭证1张。

(53) 28日,向兰韵生物公司销售B产品一批,开出的增值税专用发票注明单价3 100元,数量500件,合计金额1 550 000元,增值税263 500元。款项尚未收到。原始凭证:增值税专用发票1张,出库单1张。

(54) 28日,购买账簿,共计185元,以现金支付。原始凭证:普通发票1张。

(55) 28日,开出转账支票支付产品销售运费30 000元,增值税进项税额3 300元(税率为11%)。原始凭证:运输业增值税专用发票1张,转账支票存根1张。

(56) 28日,用银行存款偿还前欠永福电子科技公司款项351 000元。原始凭证:信汇凭证1张。

(57) 28日,向富华电子公司销售A产品400件,每件售价2 250元,价款共计900 000元,应收取的增值税销项税额为153 000元。款项已经收到。原始凭证:增值税专用发票1张,进账单1张。

(58) 28日,公司发生盗窃事件,损失一套价值6 000元的生产工具。经查明后董事会做出如下批准处理:盗窃事件系职工李洋看管不严,由其赔偿损失2 000元,其余4 000元转为营业外支出。原始凭证：存货盘点报告表 1 张。

（59）28 日，将公司一台闲置格力柜机空调出售给长城公司，原价 4 800 元，已提折旧 2 736 元，售价 2 080 元，以现金收讫款项。该空调系 2009 年 1 月 1 日前购入，应按规定缴纳增值税。原始凭证：固定资产处置单 1 张，普通发票 1 张。

（60）28 日，由于性能等原因提前报废一台机床，该机床原始价值 80 000 元，已计提折旧 68 000 元。报废时的残值变价收入 5 000 元已存入银行，报废清理过程中发生清理费用 1 000 元。该机床系 2009 年 1 月 1 日后购入，应按规定缴纳增值税。原始凭证：普通发票 2 张，银行进账单 1 张，固定资产报废单 1 张。

（61）28 日，收到安泰家具制造厂货款，按规定 20 天内支付给予货款 1% 的现金折扣（金额为 16 800 元），实收金额为 1 948 800 元。原始凭证：人民银行支付系统专用凭证 1 张。

（62）28 日，用银行存款交付排污费 1 000 元。原始凭证：非税收入专用发票 1 张。

（63）29 日，经公司董事会批准，将一笔无法向南方公司支付的应付款项 6 000 元，按规定程序批准转作营业外收入。原始凭证：董事会决议 1 份。

（64）29 日，本月出包承建的简易仓库工程完工，实际造价 100 000 元，经验收合格交付使用，余款以转账支票付清。原始凭证：转账支票存根 1 张，普通发票 1 张，固定资产验收单 1 张。

（65）29 日，接银行收款通知，收到天山公司汇款 430 000 元。原始凭证：支付系统专用凭证 1 张。

（66）29 日，按与中国人民财产保险公司深圳分公司签订的保险合同，通过银行向其转账支付全年（2013 年 2 月至 2014 年 2 月）机动车辆保险费 56 000 元。原始凭证：保险业专用发票 1 张，转账支票存根 1 张。

（67）29 日，用银行存款偿还顺洋科技款项 460 000 元。原始凭证：电汇凭证 1 张。

（68）29 日，卖出当月购入的山东黄金股票，实收金额 101 988 元，该股票的账面余额为 91 316 元。原始凭证：证券交易交割单 1 张。

（69）29 日，用银行存款支付本月清洁费用 3 600 元。原始凭证：普通发票 1 张。

（70）30 日，委托银行向广东省红十字会捐款 100 000 元。原始凭证：捐赠收据 1 张，转账支票存根 1 张。

（71）30 日，向阳光报社支付广告费 160 000 元。原始凭证：广告业发票 1 张，转账支票存根 1 张。

（72）30 日，归还短期借款 200 000 元，划付利息 3 330 元。原始凭证：贷款还款凭证 1 张。

（73）30 日，现金支付本年度报刊订阅费 1 200 元。原始凭证：普通发票 1 张。

（74）31 日，接到银行利息回单，本月银行存款利息收入 1 750 元已转入存款户。原始凭证：利息回单 1 张。

（75）31 日，以银行存款偿还漳平五洋电子厂货款 330 000 元。原始凭证：电汇凭证 1 张。

（76）31 日，行政部门报销汽车修理费 3 300 元，出纳以现金付讫。原始凭证：费用支出报销凭证 1 张。

（77）31 日，财务部报销会计人员继续教育培训费 1 600 元，出纳以现金付讫。原始凭证：普通发票 1 张。

（78）31 日，报销市场部市内交通费 890 元，通信费 1 550 元。原始凭证：费用支出报销凭证 2 张。

（79）31 日，报销行政部门市内交通费 630 元，通信费 1 300 元。原始凭证：费用支出报销凭证 2 张。

（80）31 日，报销行政部门汽车过路（桥）费 1 250 元，年检费 960 元。原始凭证：费用支出报销凭证 1 张。

（81）31 日，月度盘点，盘亏一套价值 1 000 元的生产工具。经确认，系保管员汪洋保管不善，由他赔偿 500 元，从下个月工资扣回。原始凭证：存货盘点报告表 1 张。

（82）31 日，对库存材料进行盘点，发现盘盈甲材料 1 件，价值 340 元。经审批后列入营业外收入。原始凭证：存货盘点报告表 1 张。

（83）31 日，银行转来自来水公司委托收款通知单，价税合计 16950 元，企业共耗水 5000 吨，单价 3 元，其中：生产车间耗水 4750 吨，管理部门耗水 250 吨。增值税税率为 13%。原始凭证：增值税专用发票 1 张，水费分配表 1 张，付款凭证 1 张。

（84）31 日，银行转来供电公司委托收款通知单，价税合计 58 500 元。企业共耗电 50 000 度，单价 1 元，其中：生产车间耗电 46 800 度，管理部门耗电 3 200 度。原始凭证：增值税专用发票 1 张，电费分配表 1 张，付款凭证 1 张。

（85）31 日，计提应由本月摊销的费用。原始凭证：费用摊销表 1 张。

（86）31 日，摊销无形资产。原始凭证：无形资产摊销表 1 张。

（87）31 日，计提固定资产折旧，本月生产部门应计提折旧总额为 14 850 元，管理部门应计提折旧总额为 9 890 元。原始凭证：固定资产折旧表 1 张。

（88）31 日，根据工资结算单，进行工资费用分配。本月应付工资总计 744 000 元，职工总数 150 人，其中生产车间工人 530 000 元，车间管理人员 78 000 元，管理部门 136 000 元。在生产车间中，生产 A 产品的人员工资为 380 000 元，生产 B 产品的人员工资为 150 000 元。原始凭证：职工薪酬费用分配表 1 张。

（89）31 日，计提企业应负担的养老保险、医疗保险、失业保险、住房公积金。企业负担比率分别为上年月平均工资总额的 20%、9%、1% 和 10%。原始凭证：职工薪酬费用分配表 1 张。

（90）31 日，计提个人应负担的社会保险费 81 840 元，住房公积金 74 400 元。原始凭证：社会保险与公积金计提表 1 张。

（91）31 日，计提代扣代缴的个人所得税 1 750 元。原始凭证：个人所得税计提表 1 张。

（92）31 日，根据仓库报来的材料发出汇总表，分配材料费用。原始凭证：发出材料汇总表 1 张。

（93）31 日，结转分配制造费用，分配标准为产品工时。其中 A 产品耗用 12 600 工时，B 产品耗用 7 400 工时。原始凭证：制造费用分配表 1 张。

（94）31 日，结转分配完工产品费用。在产品采用约当产量法。本月完工入库 A 产品 2 000 件，完工入库 B 产品 1 300 件。在产品中，A 产品有 260 件，完工程度 50%；B 产品有 1 000 件，完工率 30%。原始凭证：生产成本计算表 1 张（说明：由于计算中的四舍五入，为保证结果相符，期末余额通过下列公式计算：期末余额＝生产成本合计－完工入库产品成本)。

(95) 31 日,计算并结转本月销售成本(发出产品按加权平均法计价)。原始凭证:销售成本计算表 1 张(说明:由于计算中的四舍五入,为保证结果相符,期末结存通过下列公式计算:期末结存＝总成本－本期销售成本)。

(96) 31 日,计算并结转本月应交城市维护建设税、应交教育费附加。城市维护建设税税率为 7%,教育费附加为 3%。

(97) 31 日,计算并结转本期损益。

2.2.6　原始凭证

3500115630

深圳市增值税专用发票　　No 0056339　**1－1**

记账联　　开票日期: 2013 年 1 月 4 日

购货单位	名称: 上海英达股份有限公司 纳税人识别号: 350392468783 6520 地址、电话: 上海市五一南路68号 85033785 开户行及账号: 建行上海分行35263086353	密码区	325>451/455*-15464>9　　加密版本: 01 258+12/*4515<12566-4　　87461215 6>>52-/18-942*15<<-5　　661604551 68442>>45112<545+741

货物或应税劳务名称	规格型号	单位	数量	单价	金额	税率	税额
A产品		件	300	2,200.00	660,000.00	17%	112,200.00
合　计					￥660,000.00		￥112,200.00

价税合计(大写)	人民市柒拾柒万贰仟贰佰元整		(小写) ￥772,200.00

销货单位	名称: 鑫钺电子科技有限公司 纳税人识别号: 523168951639 地址、电话: 深圳市宝安一路76号 52332608 开户行及账号: 建行深圳宝安支行565268036521	备注

收款人:　　　复核:　　　开票人:　　　销货单位: (章)

出　库　单　　1－2

发货单位: 1号仓库　　　　　　第 01 号

提货单位: 上海英达股份有限公司　　2013 年 1 月 4 日

名　称	规　格	单　位	数　量	单　价	总　价	备　注
A产品		件	300			

负责人: 刘文勇　　　　　　　　经手人: 李昌华

2 中国建设银行（流动资金贷款）借款凭证（回单） ③

编号　　　　　　　　日期：2013 年 1 月 4 日　　　　银行编号458720

收款单位	名　称	鑫诚电子科技有限公司	借款单位	名　称	鑫诚电子科技有限公司
	往来户账号	565268036521		放款户账号	565268036521
	开户银行	建行深圳宝安支行		开户银行	建行深圳宝安支行

此联系核定放款同单代借款单位往来户收款通知

借款期限（最后还款日）	2013.4.4	利率	6%	起息日期	2013.1.4

借款申请额	人民币（大写） 壹拾万元整				¥30000000

借款原因及用途	经营周转	银行核定金额	¥30000000

备注：	期限	计划还款日期	计划还款金额
	3个月	2013.4.3	¥300,000.00

上述借款业已同意贷给并转入你单位往来账户。借款到期应按期归还。　　　　此致

借款单位：

（银行盖章）2013 年 1 月 4 日

3

中国建设银行

现金支票存根

VI 10188890

科　目 _____

对方科目 _____

出票日期 2013 年 1 月 4 日

收款人：	鑫诚电子科技有限公司
金　额：	¥15,000.00
用　途：	备用金

单位主管　　　　　　会计

借 款 单

4

2013 年 1 月 4 日

资金性质　现金

借款单位：采购部		
借款理由：出差		
借款数额：人民币（大写）陆仟元整		¥6,000.00
本单位负责人意见：同意		
领导意见： 同意	会计主管人员核批： 同意	付款记录： 2013 年 1 月 4 日
出纳：		借款人：李玉安

中国建设银行

转账支票存根

VI 10986523

5-1

科　　目	
对方科目	
出票日期	2013 年 1 月 5 日
收款人：	深圳兆泰工业有限公司
金　　额：	¥45,000.00
用　　途：	预付设备租金

单位主管　　　　　会计

5-2

深圳市服务业专用发票

地税服D（5）字
204 581568

发票联

客户：鑫诚电子科技有限公司　　　　2013 年 1 月 5 日

商品名称	规格	数量	单位	单价	金额									
					千	百	十	万	千	百	十	元	角	分
设备租赁费		1	台	45,000.00			4	5	0	0	0	0	0	0
合 计 人民币	（大写）零百 零拾 肆万 伍仟 零佰 零拾 零元 零角 零						￥	4	5	0	0	0	0	0

企业名称（盖章）深圳兆泰工业有限公司　　会计：　　　经手人：

第二联　客户

6-1

广州市服务业专用发票

地税服D（5）字
204 581565

发票联

客户：鑫诚电子科技有限公司　　　　2013 年 1 月 5 日

商品名称	规格	数量	单位	单价	金额									
					千	百	十	万	千	百	十	元	角	分
展览费									8	0	0	0	0	0
合 计 人民币	（大写）百 拾 ￥万 捌仟 零佰 零拾 零元 零角 零分							￥	8	0	0	0	0	0

企业名称（盖章）广州华美展览有限公司　　会计：　　　经手人：李佳雄

第二联　客户

中国建设银行
转账支票存根
VI 10986524

6-2

| 科 目 | |
| 对方科目 | |

出票日期 *2013* 年 *1* 月 *5* 日

收款人：*广州华美展览有限公司*

金 额：*￥8,000.00*

用 途：*付参展费*

单位主管 会计

费用支出报销凭证

6-3

（原始凭证粘贴处）		付款方式：
	日期	*2013* 年 *1* 月 *5* 日
		现金/转账
	原始凭证共计	*3* 张
	金额合计（小写：*￥750.00元*）	
	（人民币大写金额）*柒佰伍拾元整*	
	费用项目	
	开支理由及用途 *参加展销会支通费与餐费等*	

批准： 会计： 出纳： 经手人：*李春华 梁波*

7

中国人民银行 支付系统专用凭证	No.000063761

保文种类:	CMT633	交易种类:	HVPS 贷记
发起行号:	20345	支付交易序号:	608393
发起行名称:	建行厦门分行		
付款人账号:	683508218917236	委托日期:	2013.1.6
付款人名称:	厦门欣华顺贸易公司		
接收行行号:	35698		
收款人账号:	565268036521	收报日期:	2013.1.6
收款人名称:	鑫诚电子科技有限公司		

货币名称、金额（大写）： 人民币陆拾玖万元整

货币符号、金额（小写）： ¥690,000.00

附言： 货款

保文状态：转挂账

流水号：68130　　　　　　　　打印时间：　2013-1-6

第01次打印！

第二联：作客户通知单　　会计：李刚　　复核：宋飞　　记账：

北京市增值税专用发票	No 0031581	**8-1**

发票联　　　　　　　　开票日期：2013年1月6日

购货单位	名称: 鑫诚电子科技有限公司		密码区	258+12/*4515<12566-4	加密版本: 01
	纳税人识别号: 523168951639			68442>>45112<545+741	42461215
	地址、电话: 深圳市宝安一路76号52382608			325>451/455*+15464>9	451604551
	开户行及账号: 建行深圳宝安支行565268036521			6>>52-/18+942*15<<-5	

货物或应税劳务名称	规格型号	单位	数量	单价	金额	税率	税额
乙材料		件	1.000	300.00	300,000.00	17%	51,000.00
合　计					¥300,000.00		¥51,000.00

价税合计（大写）	人民币叁拾伍万壹仟元整	（小写）¥351,000.00

销货单位	名称: 永福电子科技服饰有限公司		备注
	纳税人识别号: 35012886368726		
	地址、电话: 北京市海淀区蓝阳村77607292		
	开户行及账号: 建行北京分行38621786356		

收款人：　　复核：　　开票人：王益　　销货单位：（章）

第二联：发票联 购货方记账凭证

入 库 单

8-2

仓　　库: 2号仓库　　　　　　　　　　　　　第 01 号

供货单位: 永福电子科技有限公司　　　　　　2013 年 1 月 6 日

名　称	规　格	单　位	数　量	单　价	金　额	备　注
乙材料		件	1,000	300.00	300,000.00	

负责人:　　　　　　　　　　　　　　　　经手人:

深圳市工商企业产品销售发票

9

粤监字
99035613

发票联

购货单位: 鑫诚电子科技有限公司　　　　　2013 年 1 月 7 日

商品名称	规　格	数　量	单　位	单　价	金　额 千 百 十 万 千 百 十 元 角 分
办公用品					2 4 5 0 0
合　计 人民币 (大写)　百 十 万 贰仟肆佰拾伍元零角零分					￥2 4 5 0 0

第二联 发票联

企业名称 (盖章)　　　　会计:　　　　经手人: 郑福林

中国建设银行进账单（收账通知） 1

10

2013 年 1 月 8 日　　　　第01356389号

出票人	全　称	华海有限公司	持票人	全　称	鑫诚电子科技有限公司
	账　号	26308745986		账　号	565268036521
	开户银行	建行长沙分行		开户银行	建行深圳宝安支行

人民币（大写）　贰拾万元整	千	百	十	万	千	百	十	元	角	分
	¥	2	0	0	0	0	0	0	0	0

票据种类	转账支票
票据张数	1

单位主管：　　会计：　　复核：　　记账：　　　　　　　持票人开户行盖章

中国建设银行　　　　业务收费凭证

11

币别：人民币　　　　　2013 年 1 月 9 日　　　　流水号：

付款人：鑫诚电子科技有限公司　　　账号：565268036521

项目名称	工本费	手续费	电子汇划费		金额
银行手续费		185.00			185.00
金额（大写）	壹佰捌拾伍元整				¥185.00
付款方式	转账				

会计主管　　　　　授权　　　　　复核　　　　　录入

2361485326

上海市增值税专用发票

No 05236581　**12**

发票联　　　　　　　　　开票日期：2013年1月10日

购货单位	名称：鑫诚电子科技有限公司					密码区	258-12/*4515<12566-4　加密版本：01	
	纳税人识别号：523168951639						68442>45112<545+741　42461215	
	地址、电话：深圳市富安一路76号52382608						325>451/455*·15464>9　451604551	
	开户行及账号：建行深圳富安支行565268036521						6>>52-/18+942*15<<-5	

货物或应税劳务名称	规格型号	单位	数量	单价	金额	税率	税额
新产品生产线		套	1	800,000.00	800,000.00	17%	136,000.00
合　　计					￥800,000.00		￥136,000.00
价税合计（大写）	人民币玖拾叁万陆仟元整				（小写）　￥936,000.00		

销货单位	名称：鸿景机械有限公司		备注
	纳税人识别号：35014286368726		
	地址、电话：上海市南京路435号23760729		
	开户行及账号：建行上海分行265217863561		

收款人：　　　　复核：　　　　开票人：　　　　销货单位：（章）

收　据

13-1

2013 年 1 月 10 日

今收到　陈建华投资款

金额：　壹百　零　十　零　万　零　千　零　百　零　十　零　元　零　角　零　分　（￥2,000,000.00）

会计：　　　　　出纳：　　　　记账：

中国建设银行现金缴款单（回单）   13-2

2013 年 1 月 10 日

收款单位	全　称	鑫诚电子科技有限公司			
	开户行	建行深圳宝安支行	账　　号	565268036521	
款 项 来 源		自筹投资	缴　款　人	陈建华	
人民币大写金额		贰佰万元整		千百十万千百十元角分 ¥ 2 0 0 0 0 0 0 0 0	
银行记录			科目（贷） 对方科目（借）		

第一联 银行盖章后退交款人

3251485300   **14-1**

北京市增值税专用发票   No 05236581

发票联   开票日期：2013年1月11日

购货单位	名称： 鑫诚电子科技有限公司 纳税人识别号： 523168951639 地址、电话： 深圳市富安一路76号 52382608 开户行及账号： 建行深圳富安支行565268036521	密码区	258+12/*4515<12566·4 加密版本：01 68442>>45112<545+741 42461215 325>451/455*+15464>9 451604551 6>>52-/18+942*15<<-5

货物或应税劳务名称	规格型号	单位	数量	单价	金额	税率	税额
乙材料		件	1,500	290.00	435,000.00	17%	73,950.00
合　　计					¥435,000.00		¥73,950.00

价税合计（大写）	人民币伍拾万捌仟玖佰伍拾元整	（小写）¥508,950.00

销货单位	名称： 北京昌泰电子公司 纳税人识别号： 32563286368726 地址、电话： 北京市五一路65号 23765623 开户行及账号： 建行北京分行254237863561	备注

收款人：　　　　复核：　　　　开票人：　　　　销货单位：（章）

第二联 发票联 购货方记账凭证

中国建设银行
转账支票存根
VI 10986524

14-2

科　　目 _____

对方科目 _____

出票日期 *2013 年 1 月 11 日*

收款人：	北京昌泰电子公司
金　额：	¥200,000.00
用　途：	材料款

单位主管　　　　　　会计

中国建设银行

电 汇 凭 证

2013 年 1 月 11 日　　　　　流水号：02849701

15

币别：

汇款方式	□普通　□加急

汇款人	全　称	鑫诚电子科技有限公司	收款人	全　称	达美公司
	账　号	565268036521		账　号	28621869362102300
	汇出行名称	建行深圳富安支行		汇入行名称	农行海口分行

金额	（大　写）	叁拾肆万捌仟元整	亿	千	百	十	万	千	百	十	元	角	分
						¥	3	4	8	0	0	0	0	0

支付密码

附加信息及用途： 货款

此汇款支付给收款人。

客户签章

第二联　客户回单

会计主管　　　　授权　　　　复核　　　　录入

2361485326 **16-1** 上海市增值税专用发票　　No 05236581

发票联　　　　　开票日期：2013年1月11日

购货单位	名称：鑫诚电子科技有限公司 纳税人识别号：523168951639 地址、电话：深圳市富安一路76号52382608 开户行及账号：建行深圳富安支行565268036521	密码区	258+12/*4515<12566-4 68442>>45112<545+741 325>451/455*>15464>9 6>>52-/18+942*15<<-5	加密版本：01 42461215 451604551

货物或应税劳务名称	规格型号	单位	数量	单价	金额	税率	税额
甲材料		件	2,000	340.00	680,000.00	17%	115,600.00
合　计					¥680,000.00		¥115,600.00

价税合计（大写）　人民币柒拾玖万伍仟陆佰元整　　　　　（小写）¥795,600.00

销货单位	名称：浩佳科技公司 纳税人识别号：32563286368726 地址、电话：上海市八一路65号23564892 开户行及账号：建行上海分行285423658961	备注	

收款人：　　　复核：　　　开票人：　　　销货单位：（章）

入　库　单　　　　**16-2**

仓　库：2号仓库　　　　　　第 40 号

供货单位：浩佳科技公司　　　2013 年 1 月 11 日

名　称	规　格	单　位	数　量	单　价	金　额	备　注
甲材料		件	2,000	340.00	680,000.00	

负责人：　　　　　　　　　　　　　经手人：

17-1 ——— **深圳市服务业专用发票**　地税服D（5）字
发 票 联　204 581565

客户：鑫诚电子科技有限公司　　　　2013 年 1 月 14 日

商品名称	规 格	数 量	单 位	单 价	金　额									
					千	百	十	万	千	百	十	元	角	分
设备安装费		1	台	28,800			2	8	8	0	0	0	0	0
合 计 人民币	（大写）零百零拾贰万捌仟捌佰零拾零元零角零						¥	2	8	8	0	0	0	0

企业名称（盖章）深圳玉祥安装有限公司　　会计：　　　　经手人：

第二联　客户

中国建设银行
转账支票存根
VI 10986526

科　　目 ＿＿＿＿＿＿＿＿＿

对方科目 ＿＿＿＿＿＿＿＿＿

出票日期 2013 年 1 月 14 日

收款人：深圳玉祥安装有限公司
金　额：¥28,800
用　途：设备安装费

单位主管　　　　会计

17-2

广州市增值税专用发票　　　　No 0056339　　**18-1**

记账联　　　　　　开票日期：2013 年1月14日

购货单位	名称：安泰家具制造厂		密码区	325>451/455*•15464>9	加密版本：01
	纳税人识别号：350435687836520			258•12/*4515<12566-4	87461215
	地址、电话：广州市建设路56号65233786			6>>52-/18•942•15<<-5	661604551
	开户行及账号：建行广州分行35245686353			68442>>45112<545•741	

货物或应税劳务名称	规格型号	单位	数量	单价	金额	税率	税额
B产品		件	600	2,800.00	1,680,000.00	17%	285,600.00
合　计					¥1,680,000.00		¥285,600.00

价税合计（大写）	人民币壹佰玖拾陆万伍仟陆佰元整	（小写）¥1,965,600.00

销货单位	名称：睿诚电子科技有限公司	备注
	纳税人识别号：52316895I639	
	地址、电话：深圳市宝安一路76号52382608	
	开户行及账号：建行深圳宝安支行56526803652I	

收款人：　　　复核：　　　开票人：　　　销货单位：（章）

第一联：记账联　销货方作记账凭证

出　库　单　　　　**18-2**

发货单位：1号仓库　　　　　　　第 05 号

提货单位：安泰家具制造厂　　　　2013 年 1 月 14 日

名　称	规　格	单　位	数　量	单　价	总　价	备　注
B产品		件	600			

负责人：刘文勇　　　　　　　　经手人：李昌华

费用支出报销凭证   19

(原始凭证粘贴处)	付款方式：
	日期　　2013 年　1 月　14 日
	现金/转账

原始凭证共计	1	张

金额合计（小写：　　　¥3,680.00 元）

（人民币大写金额）　叁仟陆佰捌拾元整

费用项目	
开支理由及用途	业务招待费

批准：　　会计：　　出纳：　　经手人：张青早

2361485326   **20-1**   广州市增值税专用发票   No 05236581

发票联　　　　开票日期：2013年1月15日

购货单位	名称：鑫诚电子科技有限公司			密码区	258+12/*4515<12566-4　加密版本：01
	纳税人识别号：523168951639				68442>>45112<545+741　42461215
	地址、电话：深圳市宝安一路76号52382608				325>451/455*15464>9　451604551
	开户行及账号：建行深圳宝安支行565268036521				6>>52-/18-942*15<<-5

货物或应税劳务名称	规格型号	单位	数量	单价	金额	税率	税额
甲材料		件	1,400	350.00	490,000.00	17%	83,300.00
合　　计					¥490,000.00		¥83,300.00

价税合计（大写）　人民币伍拾柒万叁仟叁佰元整　　　　（小写）¥573,300.00

销货单位	名称：祁园公司		备注
	纳税人识别号：32563286368726		
	地址、电话：广州市海淀路33号63564878		
	开户行及账号：建行广州分行E:54658989561		

收款人：　　　复核：　　　开票人：　　　销货单位：（章）

入 库 单   20-2

仓　库：2号仓库　　　　　　　第 41 号

供货单位：祁园公司　　　　　　2013 年　1 月 15 日

名　称	规　格	单　位	数　量	单　价	金　额	备　注
甲材料		件	1,400	350.00	490,000.00	

负责人：　　　　　　　　　　　　经手人：

中国建设银行
转账支票存根　（粤）
VI VI010515

21-1

附加信息 _____

_____

出票日期 *2013* 年 *1* 月 *15* 日

收款人：	鑫诚电子科技有限公司
金　额：	￥629,308.00
用　途：	发放工资

单位主管　　　　会计

中国建设银行　　　　业务收费凭证　　　　**21-2**

币别：人民币　　　　2013 年 1 月 15 日　　　　流水号：

付款人：鑫诚电子科技有限公司		账号：565268036521		
项目名称	工本费	手续费	电子汇划费	金额
代发工资		150.00		150.00
金额（大写）	壹佰伍拾元整			￥150.00
付款方式	转账			

会计主管　　　　授权　　　　复核　　　　录入

第二联　客户回单

差旅费报销单

22-1

出差起止日期：2013 年 1 月 4 日至 2013 年 1 月 14 日

出差人姓名	李玉安	出差地点	上海	出差天数	10	事由	洽谈业务	
	种类	票据张数	金额	出差地点	天数	标准	金额	报销结算情况
车船及宿费	火车费			上海	10	50	500.00	
	飞机费	2	2,500.00	出差补助费				
	长途汽车费							
	市内交通费							退还或补交 220元
	住宿费	13	2,600.00					
	其他	3	180.00					出纳：
	小计		5,280.00					
合计金额	大写： 伍仟柒佰捌拾元整			小写： ¥5,780.00				负责人：

报销日期： 2013年1月15日　　　　　　　　支领人： 李玉安

收 款 凭 证

22-2

2013 年 1 月 15 日

收 到	李玉安
收款事由	交回多余差旅费借款
金 额	万 千 百 十 元 角 分　　¥ 2 2 0 0 0　　人民币： 贰佰贰拾元整

出纳：　　　　　　　　　　　　　　　　经手人：

深圳市电子缴税回单

23

隶属关系—国
注册类型—其他有限责任公司　　填发日期— 20130115

电子缴税号—
征收机关—宝安局

缴款单位	代 码	523168951639		收缴国库	
	全 称	赛诚电子科技有限公司		国库账号	
	开户银行	建行深圳宝安支行		预算级次	
	账 号	565263036521		国库开户银行	
税款所属时期	20121201-20121231			税款限缴日期 20130118	

预算科目	税种税目	计税金额、销售收入或课税数量	税率或单位税额	已缴或扣除额	实缴税额
101010103	增值税工业（17%）	176,470.00	0.17	0	30,000.00
金额合计	人民币叁万元整				¥30,000.00
申报方式	征收方式	打印次数	上列款项已核收记入收款单位账户. 扣款日期-- 20130115	备注	
网络申报	0	2	银行盖章		

深圳市电子缴税回单

24-1

隶属关系一值
注册类型一其他有限责任公司　　填发日期一 20130115　　电子缴税号一
　　　　　　　　　　　　　　　　　　　　　　　　　　　征收机关一宝安局

缴款单位	代　码	523168951639		收缴国库	
	全　称	鑫诚电子科技有限公司		国库账号	
	开户银行	建行深圳宝安支行		预算级次	
	账　号	565268036521		国库开户银行	
税款所属时期		20121201-20121231		税款限缴日期	20130118

预算科目	税种税目	计税金额、销售收入或课税数量	税率或单位税额	已缴或扣除额	实缴税额
1010903	城建税城市市区（增值税）	30,000.00	0.07	0	2,100.00
103080301	教育费附加（增值税）	30,000.00	0.03	0	900.00
金额合计	人民币叁仟元整				￥3,000.00

申报方式	征收方式	打印次数	上列款项已核收记入收款单位账户。扣款日期一 20130115	备注	
网络申报	一般申报	2	银行盖章		

第一联：纳税人留存联

深圳市电子缴税回单

24-2

隶属关系一值
注册类型一其他有限责任公司　　填发日期一 20130115　　电子缴税号一
　　　　　　　　　　　　　　　　　　　　　　　　　　　征收机关一宝安局

缴款单位	代　码	523168951639		收缴国库	
	全　称	鑫诚电子科技有限公司		国库账号	
	开户银行	建行深圳宝安支行		预算级次	
	账　号	565268036521		国库开户银行	
税款所属时期		20121201-20121231		税款限缴日期	20130118

预算科目	税种税目	计税金额、销售收入或课税数量	税率或单位税额	已缴或扣除额	实缴税额
101060109	个人所得税工资薪金所得	125,675.00	0	0	752.00
金额合计	人民币柒佰伍拾贰元整				￥752.00

申报方式	征收方式	打印次数	上列款项已核收记入收款单位账户。扣款日期一 20130115	备注	代收代缴
网络申报	一般申报	2	银行盖章		

第一联：纳税人留存联

深圳市电子缴税回单

25

隶属关系—区
注册类型—其他有限责任公司　　　填发日期— 20130115

电子缴税号—
征收机关—宝安局

缴款单位	代　码	523168951639	收缴国库	
	全　称	鑫诚电子科技有限公司	国库账号	
	开户银行	建行深圳宝安支行	预算级次	
	账　号	565268036521	国库开户银行	
税款所属时期		20121201-20121231	税款限缴日期	20130118

预算科目	税种税目	计税金额、销售收入或课税数量	税率或单位税额	已缴或扣除额	实缴税额
101060109	印花税	2500000.00	0.0003	0	750.00

金额合计	人民币柒佰伍拾元整			￥750.00
申报方式	征收方式	打印次数	上列款项已核收记入收款单位账户，扣款日期— 20130115	备注　代收代缴
网络申报	一般申报	2	银行盖章	

深圳市电子缴税回单

26

隶属关系—区
注册类型—其他有限责任公司　　　填发日期— 20130115

电子缴税号—
征收机关—宝安局

缴款单位	代　码	523168951639	收缴国库	
	全　称	鑫诚电子科技有限公司	国库账号	
	开户银行	建行深圳宝安支行	预算级次	
	账　号	565268036521	国库开户银行	
税款所属时期		20121201-20121231	税款限缴日期	20130118

预算科目	税种税目	计税金额、销售收入或课税数量	税率或单位税额	已缴或扣除额	实缴税额
13412542	税收罚款				200.00

金额合计	人民币贰佰元整			￥200.00
申报方式	征收方式	打印次数	上列款项已核收记入收款单位账户，扣款日期— 20130115	备注　代收代缴
网络申报	一般申报	2	银行盖章	

中国建设银行 **27-1**

电子汇划付款　　　　回单

币别：人民币

付款人	全称	鑫诚电子科技有限公司	收款人	全称	中国电信服份有限公司深圳分公司
	账号	565268036521		账号	38652793421456300
	开户行	建行深圳富安支行		开户行	农行富安支行
金额	（大写）壹仟贰佰壹拾捌元整			¥1,218.00	
用途	电话费				

深圳市金融机构代收费发票　　**27-2**

发票代码235020900022

发票号码0016896

发票联

识别码：

付款人名称：鑫诚电子科技有限公司

付款人账号：565268036521　　　　付款人开户行行号：101321

收款人名称：中国电信股份有限公司深圳分公司

收款人账号：38652793421456300　　　　收款人开户行行号：10232

收费项目	所属期间	计费标准	计费数量	金额
电话费	2012年12月1日至2012年12月31日			1,218.00

金额：人民币壹仟贰佰壹拾捌元整

银行发票专用章：

会计　　　　　　复核　　　　　　记账

入　库　单　28

仓　库：2号仓库　　　　　　　　　第 42 号

供货单位：北京昌泰电子公司　　　　2013 年 1 月 17 日

名　称	规　格	单　位	数　量	单　价	金　额	备　注
乙材料		件	1,500	290.00	435,000.00	

负责人：　　　　　　　　　　　　　经手人：

深圳市工商企业产品销售发票

29-1

粤监字
99035613

发 票 联

购货单位：鑫诚电子科技有限公司　　　　　2013 年 1 月 17 日

商品名称	规 格	数 量	单 位	单 价	金 额									
					千	百	十	万	千	百	十	元	角	分
劳保用品									3	8	0	0	0	0
合 计 人民币	（大写）　百　十　￥万叁仟捌佰零拾零元零角零分							￥	3	8	0	0	0	0

企业名称（盖章）　　　　　会计：　　　　　经手人：

第二联　发票联

中国建设银行
转账支票存根
VI 10986527

29-2

科　目	
对方科目	
出票日期	2013 年 1 月 17 日
收款人：	深圳益阳有限公司
金　额：	￥3,800.00
用　途：	购买劳保用品

单位主管　　　　　会计

中国建设银行
转账支票存根 （粤）
VI VI020411

30-1

附加信息 _____

_____

_____

出票日期 2013 年 1 月 18 日

收款人：	深圳市新安建筑公司
金　额：	￥50,000.00
用　途：	预付仓库工程款

单位主管　　　　会计

收 据

30-2

2013 年 1 月 18 日

付款方：鑫诚电子科技有限公司

项　　　目	金　额
预收仓库工程款	50,000.00
合计人民币（大写）：伍万元整	￥50,000.00
备注：未经收款单位盖章及收款人签章无效。	

款项结算方式：转账　开票：　　收款：　　收款单位（盖章）：

第一联　付款方收据

深圳市电子缴税回单

31

隶属关系—区
注册类型—其他有限责任公司　　填发日期—20130118

电子缴税号—
征收机关—育城局

缴款单位	代　码	523168951639	收缴国库	
	全　称	鑫锇电子科技有限公司	国库账号	
	开户银行	建行深圳富安支行	预算级次	
	账　号	565268036521	国库开户银行	
税款所属时期		20121201-20121231	税款限缴日期	20130120

预算科目	税种税目	计税金额、销售收入或课税数量	税率或单位税额	已缴或扣除额	实缴税额
12312241	社会保险费				297,600.00
金额合计	人民币贰拾玖万柒仟陆佰元整				￥297,600.00

申报方式	征收方式	打印次数	上列款项已核收记入收款单位账户，扣款日期—20130118	备注	
网络申报	0	2	银行盖章		

第一联：纳税人留存联

32

深圳市住房公积金汇（补）缴书

N00361716

2013年1月18日

缴款单位	单位名称	鑫锇电子科技有限公司	收款单位	单位名称	鑫锇电子科技有限公司
	单位账号	565268036521		公积金账号	3865279342145320O
	开户银行	建行深圳富安支行		开户银行	建行深圳富安支行

缴款类型	■汇缴　□补缴	补缴原因	

缴款人数	58	缴款时间	2012年12月至2012年12月	月数	1

缴款方式	□现金　■转账	百	十	万	千	百	十	元	角	分
金额（大写）	人民币壹拾捌万捌仟捌佰元整	￥	1	4	8	8	0	0	0	0

上次汇缴		本次增加汇缴		本次减少汇缴		本次汇（补）缴	
人数	金额	人数	金额	人数	金额	人数	金额

上列款项已划转至市住房公积金管理中心住房公积金存款户内。

复核：　　　　经办：　　　　　　　　　2013 年 1 月 18 日

第一联：缴款单位开户银行给缴款单位的回单

固 定 资 产 验 收 单　　33-1

2013 年 1 月 18 日　　　　编号：56

名称	规格型号	来源	数量	购（造）价	使用年限	预计残值
生产线	380	购买	1	828,800.00	5	41,440.00

建造单位		交工日期	附　件
鸿荣机械有限公司		2013.1.18	3

验收 部分	设备科		管理处	

备注

中国建设银行电汇凭证（回单）　　33-2

委托日期　　　2013 年 1 月 18 日

付款人	全　　称	鑫诚电子科技有限公司	收款人	全　　称	鸿荣机械有限公司
	账号或住址	565268036521		账号或住址	265217863561
	汇出地点	深圳	汇出行名称 富安支行	汇入地点	上海	汇入行名称 上海分行

金额	人民币（大写）	玖拾叁万陆仟元整	千 百 十 万 千 百 十 元 角 分
			￥9 3 6 0 0 0 0 0

汇款用途：保证设备款

上列款项已根据委托办理，如需查询，请持此回单来行面洽。　　汇出行盖章：

2013 年 1 月 18 日

单位主管　　会计　　复核　　记账

长江证券—证券交易交割单　　34

成交日期	业务名称	证券代码	证券名称	成交价格	成交数量	剩余数量	成交金额
20130129	证券卖出	600971	山东黄金	6.71	15194	0	101951.74
			长江证券公司				
			办讫章				
			(3)				

中国人民银行　支付系统专用凭证　　No.0000045634

保文种类：	CMT156	交易种类：　HVPS　　贷记

35

发起行行号：	10278	支付交易序号：	31611
发起行名称：	建行福州分行		
付款人账号：	6339412352526320	委托日期：	2013.1.21
付款人名称：	龙山公司		
接收行行号：	10182		
收款人账号：	565268036521	收报日期：	2013.1.21
收款人名称：	鑫诚电子科技有限公司		

货币名称、金额（大写）：　　人民币叁拾柒万贰仟元整
货币符号、金额（小写）：　　¥372,000.00

附言：　　货款

保文状态：　转挂账

流水号：18003　　　　　　　　　　打印时间：　2013-1-21
第01次打印！

第二联：作客户通知单　　　　　会计：王刚　　　复核：严玉梅　　　记账：

36-1　深圳市增值税专用发票　　No 0056339

3500115630

记账联　　　　　开票日期：2013 年1月21 日

购货单位	名称：安华科技公司	密码区	325>451/455*·15464>9　加密版本：01
	纳税人识别号：35039248654l220		258+12/*4515<12566-4　87461215
	地址、电话：北京市魏公村789号62535785		6>>52-/18+942*15<<-5　661604551
	开户行及账号：建行北京分行5321163085585		68442>>45112<545-741

货物或应税劳务名称	规格型号	单位	数量	单价	金额	税率	税额
A产品		件	300	2,180.00	654,000.00	17%	111,180.00
合　　计					¥654,000.00		¥111,180.00

价税合计（大写）　　人民币柒拾陆万伍仟壹佰捌拾元整　　（小写）¥765,180.00

销货单位	名称：鑫诚电子科技有限公司	备注
	纳税人识别号：523168951689	
	地址、电话：深圳市富安一路76号52382608	
	开户行及账号：建行深圳富安支行565268036521	

收款人：　　　　复核：　　　　开票人：　　　　销货单位：（章）

第一联·记账联　销货方作记账凭证

出　库　单　　　　36-2

发货单位：1号仓库　　　　　　　　　　第 05 号

提货单位：安华科技公司　　　　　　　　2013 年 1 月 21 日

名　称	规　格	单　位	数　量	单　价	总　价	备　注
A产品		件	300			

负责人：刘文勇　　　　　　　　　　　　经手人：　李昌华

费用支出报销凭证　　　37

（原始凭证粘贴处）	付款方式：
	日期　　2013 年　1 月　22 日　现金/转账
	原始凭证共计　　　　1　　　　张
	金额合计（小写：￥350.00元）
	（人民币大写金额）叁佰伍拾元整
	费用项目
	开支理由及用途：购买《中国黄页》

批准：　　　会计：　　　出纳：　　　经手人：李华美

38-1

3500115630

北京市增值税专用发票　　　　No 0056339

记账联　　　　开票日期：2013 年1月22 日

| 购货单位 | 名称：华海公司 | | | | | 密码区 | 325>451/455*+15464>9 258+12/*4515<12566-4 6>>52-/18+942*15<<-5 68142/>45112<545+741 | 加密版本：01 87461215 661604551 |
| 纳税人识别号：350435687836520 |
| 地址、电话：长沙市金山路89号5233786 |
| 开户行及账号：建行长沙分行65245686353 |

货物或应税劳务名称	规格型号	单位	数量	单价	金额	税率	税额
B产品		件	100	2,900.00	290,000.00	17%	49,300.00
合　计					￥290,000.00		￥49,300.00
价税合计（大写）	人民币叁拾叁万玖仟叁佰元整				（小写）￥339,300.00		

| 销货单位 | 名称：鑫诚电子科技有限公司 | | 备注 |
| 纳税人识别号：523168951639 |
| 地址、电话：深圳市富安一路76号52352608 |
| 开户行及账号：建行深圳富安支行565268036521 |

收款人：　　　复核：　　　开票人：　　　销货单位：（章）

第一联 记账联 销货方作记账凭证

38-2

中国建设银行进账单（收账通知） 1

2013 年 1 月 22 日　　　　第01356389号

出票人	全　称	华海公司	持票人	全　称	鑫诚电子科技有限公司
	账　号	65245686353		账　号	565268036521
	开户银行	建行长沙分行		开户银行	建行深圳富安支行

人民币（大写）　叁拾叁万玖仟叁佰元整	千	百	十	万	千	百	十	元	角	分
		￥	3	3	9	3	0	0	0	0

票据种类	转账支票
票据张数	1

单位主管：　　会计：　　复核：　　记账：　　　　持票人开户行盖章

此联持票人开户银行交给持票人的收账通知

中国建设银行
转账支票存根
VI 10986527

39-1

科　　目 _____
对方科目 _____
出票日期 *2013 年 1 月 22 日*

收款人：	诺比公司
金　　额：	¥130,000.00
用　　途：	支付违约金和赔偿金

单位主管　　　　　会计

收　据　　　　**39-2**

2013 年 1 月 22 日

今收到　*鑫诚电子科技有限公司违约金和赔偿金*

金额：　　壹拾叁万零千零百　零拾零元零角零分　（¥130,000.00）

会计：　　　　　出纳：　　　　　记账：

第二联　收据联

中国建设银行电汇凭证（回单）　40

委托日期 2013 年 1 月 22 日

付款人	全　称	鑫诚电子科技有限公司		收款人	全　称	恒瑞工业公司	
	账号或住址	565268036521			账号或住址	535217863561	
	汇出地点	深圳	汇出行名称　富安支行		汇入地点	上海	汇入行名称　上海分行

金额	人民币（大写）	叁拾柒万伍仟元整	千 百 十 万 千 百 十 元 角 分
			￥ 3 7 5 0 0 0 0 0

汇款用途：偿还货款

上列款项已根据委托办理，如需查询，请持此回单来行面洽。

汇出行盖章：

2013年 1 月 22日

单位主管	会计	复核	记账

2361485326　**41-1**　北京市增值税专用发票　　No 05236581

发票联　　　　　　　　　开票日期：2013年1月23日

购货单位	名称：鑫诚电子科技有限公司 纳税人识别号：523168951639 地址、电话：深圳市富安一路76号52382608 开户行及账号：建行深圳富安支行565268036521	密码区	258·12/*4515<12566·4　加密版本：01 68442>>45112<545·741　42461215 325>451/455**15464/9　451604551 6>>52-/18*942*15<<·5

货物或应税劳务名称	规格型号	单位	数量	单价	金额	税率	税额
设备		台	1	400,000.00	400,000.00	17%	68,000.00
合　计					￥400,000.00		￥68,000.00

价税合计（大写）	人民币肆拾陆万捌仟元整		（小写）￥468,000.00

销货单位	名称：正控电子公司 纳税人识别号：32563286368726 地址、电话：北京市清华路33号63556878 开户行及账号：建行北京分行285689539561	备注	

收款人：	复核：	开票人：	销货单位：（章）

41-2

固 定 资 产 验 收 单

2013 年 1 月 23 日 　　　　编号：83

名称	规格型号	来源	数量	购（造）价	使用年限	预计残值
设备	450	购买	1	400,000.00	5	20,000.00
建造单位			交工日期		附件	
亚控电子公司			2013.1.23		3	
验收 部分	设备科		管理处			
备注						

41-3

中国建设银行电汇凭证（回单）

委托日期　2013 年 1 月 23 日

付款人	全　称	鑫诚电子科技有限公司	收款人	全　称	亚控电子公司	
	账号或住址	565268036521		账号或住址	285689539561	
	汇出地点	深圳	汇出行名称 富安支行	汇入地点 北京	汇入行名称	北京分行

金额	人民币（大写）	律拾陆万捌仟元整	千 百 十 万 千 百 十 元 角 分
			¥ 4 6 8 0 0 0 0 0

汇款用途：　支付设备款

上列款项已根据委托办理，如需查询，请持此回单来行面洽。

汇出行盖章：
2013年 1 月 23 日

单位主管　　会计　　复核　　记账

共联是汇出行给汇款人的回单

中国建设银行
现金支票存根
VI 10188890

42

科　　目 ＿＿＿＿＿＿＿

对方科目 ＿＿＿＿＿＿＿

出票日期 *2013 年 1 月 23 日*

收款人：	鑫诚电子科技有限公司
金　额：	￥15,000.00
用　途：	备用金

单位主管　　　　　会计

2361485326　**43-1**　　上海市增值税专用发票　　No 05236581

发票联　　　　开票日期：2013年1月23日

| 购货单位 | 名称：鑫诚电子科技有限公司
纳税人识别号：523168951639
地址、电话：深圳市宝安一路76号52382608
开户行及账号：建行深圳宝安支行565265036521 | 密码区 | 258+12/*4515<12566-
68442>45112<545+741
325>451/455*+15464>9
6>>52 /18+912*15<<·5 | 加密版本：01
42461215
451604551 |

货物或应税劳务名称	规格型号	单位	数量	单价	金额	税率	税额
原材料		件	1,000	430.00	430,000.00	17%	73,100.00
合　计					￥430,000.00		￥73,100.00

价税合计（大写）　人民币值拾万叁仟壹佰元整　　（小写）￥503,100.00

| 销货单位 | 名称：浩佳科技公司
纳税人识别号：32563286368726
地址、电话：上海市八一路65号23564892
开户行及账号：建行上海总行285423658956l | 备注 | |

收款人：　　　复核：　　　开票人：　　　销货单位：（章）

43-2 入 库 单

仓　库: 2号仓库　　　　　　　　　　　　　　　第 43 号
供货单位: 洁佳科技公司　　　　　　　　　　　　2013 年 1 月 23日

名　称	规　格	单　位	数　量	单　价	金　额	备　注
丙材料		件	1,000	430.00	430,000.00	

负责人:　　　　　　　　　　　　　　　　　经手人:

---

44 北京市增值税专用发票

2361485326　　　　　　　　　　　　　　　　　No 05236581

发票联　　　　　　开票日期: 2013年1月23日

购货单位:
名称: 睿诚电子科技有限公司
纳税人识别号: 52316895I639
地址、电话: 深圳市宝安一路76号52382608
开户行及账号: 建行深圳宝安支行565268036521

密码区:
258·12/*4515<12566·4
68442>>45112<545+741
325>451/455*+15464>9
6>>52-/18·942*15<<·5

加密版本: 01
42461215
451604551

货物或应税劳务名称	规格型号	单位	数量	单价	金额	税率	税额
丁材料		件	2,000	310.00	620,000.00	17%	105,400.00
合　计					￥620,000.00		￥105,400.00

价税合计(大写) 人民币柒拾贰万伍仟肆佰元整　　　　(小写) ￥725,400.00

销货单位:
名称: 雅泽科技公司
纳税人识别号: 32563286368726
地址、电话: 北京市中关村路635号23564892
开户行及账号: 建行北京分行285423658956I

备注

收款人:　　　复核:　　　开票人:　　　销货单位: (章)

45-1 北京市工商企业产品销售发票

京监字
99035613

发票联

购货单位：鑫诚电子科技有限公司　　　　　2013 年 1 月 24 日

商品名称	规 格	数 量	单 位	单 价	金　额									
					千	百	十	万	千	百	十	元	角	分
专利权		1				3	3	6	0	0	0	0	0	0
合 计 人民币　（大写）￥百叁十叁万陆仟零佰零拾零元零角零分					￥	3	3	6	0	0	0	0	0	0

企业名称（盖章）安信电子公司　　　　会计：　　　　经手人：

第二联　发票联

中国建设银行
转账支票存根
VI 10986526

45-2

科　目　＿＿＿＿＿＿＿

对方科目　＿＿＿＿＿＿

出票日期　2013 年 1 月 24 日

收款人：安信电子公司

金　额：￥336,000.00

用　途：购买专利款

单位主管　　　会计

中国建设银行 　　　业务收费凭证　　　 **46**

币别：人民币　　　　　　2013 年 1月 24日　　　　　　流水号：

付款人：鑫诚电子科技有限公司			账号：565268036521		
项目名称	工本费	手续费	电子汇划费		金额
现金支票	50.00				50.00
金额（大写）	伍拾元整				￥50.00
付款方式	转账				

会计主管　　　　授权　　　　复核　　　　录入

中国建行银行　　　　　**电 汇 凭 证**　　　　　**47**

　　　　　　　　　2013 年 1月 24 日　　　　　流水号：02849701

币别：

汇款方式		☐普通　　☐加急													
汇款人	全称	鑫诚电子科技有限公司	收款人	全称	联龙公司										
	账号	565268036521		账号	28621869362102300										
	汇出行名称	建行深圳宝安支行		汇入行名称	农行海口分行										

			亿	千	百	十	万	千	百	十	元	角	分
金额	（大　写）	叁拾万元整			￥	3	0	0	0	0	0	0	0

支付密码

附加信息及用途：货款

此汇款支付给收款人。

客户签章

会计主管　　　　授权　　　　复核　　　　录入

中国建设银行进账单（收账通知）

48

1

2013 年 1 月 25 日　　　　　　　　　第01386936号

出票人	全　称	禾祥公司		持票人	全　称	鑫诚电子科技有限公司
	账　号	362530878685			账　号	565268036521
	开户银行	建行集美分行			开户银行	建行深圳富安支行

人民币（大写）伍拾万元整	亿	千	百	十	万	千	百	十	元	角	分
			￥	5	0	0	0	0	0	0	0

票据种类	汇票	票据张数	1
票据号码	0238956		

复核　　　　记账　　　　　　　　　　　　　收款人开户银行盖章

49-1　中国建设银行　　银行汇票申请书（存根）　　　NO.0212936

申请日期 2013 年 1 月 25 日

申请人	鑫诚电子科技有限公司		收款人	东莞新星公司
账号或住址	565268036521		账号或住址	552231235561113000
用　途	货款		代理付款行	中行东莞分行

金　额	人民币（大写）玖万元整	千	百	十	万	千	百	十	元	角	分
				￥	9	0	0	0	0	0	0

上列款项请从我公司账户支付	支付密码	

财务主管：　　　复核：　　　经办：

核印1:	核印2:	核密1:	核密2:

中国建设银行　　　　业务收费凭证　　　　**49-2**

币别：人民币　　　　　2013 年 1月 25 日　　　　流水号：

付款人：鑫诚电子科技有限公司			账号：565268036521	
项目名称	工本费	手续费	电子汇划费	金额
申请汇票		21.00		21.00
金额（大写）	贰拾壹元整			￥21.00
付款方式	转账			

第二联　客户回单

会计主管　　　　授权　　　　复核　　　　录入

中国人民银行　　支付系统专用凭证　　　No.000045621

保文种类：　　CMT224　　　　交易种类：　HVPS　　贷记

50

发起行行号：　　242114　　　　支付交易序号：　　2431541
发起行名称：　　农行塑贾分行
付款人账号：　　12341551511235100　　委托日期：　2013.1.25
付款人名称：　　江苏泰佳有限公司

接收行行号：　　10182
收款人账号：　　565268036521
收款人名称：　　鑫诚电子科技有限公司　　收报日期：　2013.1.25

货币名称、金额（大写）：　　　人民币伍万元整
货币符号、金额（小写）：　　　￥50,000.00

附言：　　货款

保文状态：转挂账

流水号：18003　　　　　　　　打印时间：　2013-1-25
第01次打印！

第二联：作客户通知单　　　会计：王刚　　　复核：严玉梅　　　记账：

入 库 单　　51

仓　库：3号仓库　　　　　　　　　　　第 43 号

供货单位：顺泽科技公司　　　　　　　2013 年 1 月 25 日

名　称	规　格	单　位	数　量	单　价	金　额	备　注
丁材料		件	2,000	310.00	620,000.00	

负责人：　　　　　　　　　　　　　　经手人：

北京市增值税专用发票　　No 05236581

52-1

2361485326

发票联　　　　　开票日期：2013年1月25日

| 购货单位 | 名称：鑫诚电子科技有限公司 | | | 密码区 | 258+12/*4515<12566-4
68442>>45112<545+741
325>451/455*15464>9
6>>52-/18-942*15<<-5 | 加密版本：01
42461215
151604551 |

购货单位　名称：鑫诚电子科技有限公司

纳税人识别号：523168951639

地址、电话：深圳市富安一路76号52382608

开户行及账号：建行深圳富安支行565268036521

货物或应税劳务名称	规格型号	单位	数量	单价	金额	税率	税额
丙材料		件	2,000	500.00	1,000,000.00	17%	170,000.00
合　计					￥1,000,000.00		￥170,000.00

价税合计（大写）　人民币壹佰壹拾柒万元整　　　（小写）￥1,170,000.00

销货单位　名称：联龙公司

纳税人识别号：32563286368726

地址、电话：北京市朝阳路356号23564892

开户行及账号：建行北京分行28542366589365

备注

收款人：　　　复核：　　　开票人：　　　销货单位：（章）

第二联：发票联　购货方记账凭证

入 库 单

52-2

仓　库：3号仓库　　　　　　　　　　　第 44 号

供货单位：联龙公司　　　　　　　　　2013 年 1 月 25 日

名　称	规　格	单　位	数　量	单　价	金　额	备　注
丙材料		件	2,000	500.00	1,000,000.00	

负责人：　　　　　　　　　　　　　　经手人：

中国建行银行

电 汇 凭 证

52-3

2013 年 1 月 25 日　　　　流水号：02849701

汇款方式	□普通　　□加急		

汇款人	全　称	鑫诚电子科技有限公司	收款人	全　称	联龙公司
	账　号	56526803652¹		账　号	28621869362¹023000
	汇出行名称	建行深圳富安支行		汇入行名称	农行海口支行

金额	（大写）捌拾柒万元整	亿	千	百	十	万	千	百	十	元	角	分
					￥	8	7	0	0	0	0	0

支付密码

附加信息及用途：货款

此汇款支付给收款人。

客户签章

第二联　客户回单

会计主管	授权	复核	录入

3500115630 **53-1**　　深圳市增值税专用发票　　No 0056339

记账联　　　　开票日期：2013 年 1 月 28 日

购货单位	名称：	兰韵生物公司	密码区	325>451/455*+15464>9	加密版本：01
	纳税人识别号：	35043546878365²0		258·12/·4515<12566·4	87461215
	地址、电话：	广州市仙兵路89号 56233786		6>>52·/18·942*15<<·5	661604551
	开户行及账号：	建行广州分行 65236586353		68142>>45112<545+741	

货物或应税劳务名称	规格型号	单位	数量	单价	金额	税率	税额
B产品		件	500	3,100.00	1,550,000.00	17%	263,500.00
合　计					￥1,550,000.00		￥263,500.00
价税合计（大写）		人民币壹佰捌拾壹万叁仟伍佰元整			（小写）￥1,813,500.00		

销货单位	名称：	鑫诚电子科技有限公司	备注
	纳税人识别号：	52316895163⁹	
	地址、电话：	深圳市富安一路76号 52382608	
	开户行及账号：	建行深圳富安支行 56526803652¹	

收款人：	复核：	开票人：	销货单位：（章）

第四联：记账联　销货方作记账凭证

出 库 单　53-2

发货单位：1号仓库　　　　　　　　　　　　第 06 号

提货单位：兰韵生物公司　　　　　　　　　2013 年 1 月 28 日

名　称	规　格	单　位	数　量	单　价	总　价	备　注
B产品		件	500	3,100	1,550,000.00	

负责人：刘文勇　　　　　　　　　　　　经手人：李昌华

54　深圳市工商企业产品销售发票

粤监字
99035631

发票联

购货单位：鑫诚电子科技有限公司　　　　　2013 年 1 月 28 日

商品名称	规　格	数　量	单　位	单　价	金　额								
					千	百	十	万	千	百	十	元	角	分
账簿										1	8	5	0	0

合　计
人民币　（大写）　百 十 万 ￥仟壹佰捌拾伍元零角零分　　￥1 8 5 0 0

企业名称（盖章）　　　　　会计：　　　　经手人：蔡向东

第二联　发票联

2361485326 **55-1**　　北京市增值税专用发票　　No 05336588

发票联　　　　　　　开票日期：2013年1月28日

购货单位	名称：	睿诚电子科技有限公司					密码区	258+12/*4515<12566 4	加密版本：01
	纳税人识别号：	523168951639						68442>>45112<545+741	42461215
	地址、电话：	深圳市富安一路76号 52382608						325>451/455*+15464/9	451604551
	开户行及账号：	建行深圳富安支行565268036521						6>52-/18+942*15<< 5	

货物或应税劳务名称	规格型号	单位	数量	单价	金额	税率	税额
运输		次	1	30,000.00	30,000.00	11%	3,300.00
合　计					￥30,000.00		￥3,300.00

价税合计（大写）　人民币叁万叁仟叁佰元整　　　　（小写）￥33,300.00

销货单位	名称：	东亚运输公司	备注
	纳税人识别号：	32563286368787	
	地址、电话：	北京市清华路83号 63556868	
	开户行及账号：	建行北京分行285689539595	

收款人：　　　复核：　　　开票人：　　　销货单位：（章）

第二联：发票联　购货方记账凭证

中国建设银行　　　　**55-2**
转账支票存根
VI 10986558

科　　目 _____

对方科目 _____

出票日期 *2013 年 1 月 28日*

收款人：	北京东亚运输有限公司
金　额：	￥33,300.00
用　途：	运输费

单位主管　　　　会计

中国建设银行信汇凭证（回单）　56

委托日期　2013年1月28日

付款人	全称	鑫诚电子科技有限公司		收款人	全称	永福电子科技公司	
	账号或住址	565268036521			账号或住址	38621786356l	
	汇出地点	深圳	汇出行名称　深圳富安支行		汇入地点	北京	汇入行名称　北京分行

金额	人民币（大写）	叁拾伍万壹仟元整	千	百	十	万	千	百	十	元	角	分
				¥	3	5	1	0	0	0	0	0

汇款用途：偿还货款

上列款项已根据委托办理，如需查询，请持此回单来行面洽。

汇出行盖章：

2013年1月28日

单位主管	会计	复核	记账

此联是汇出行给汇款人的回单

3500115630　**57-1**　　深圳市增值税专用发票　　No 0056339

记账联　　开票日期：2013 年1月28日

购货单位	名称：富华电子公司
	纳税人识别号：350392468783652O
	地址、电话：广州市洋河路16号35163785
	开户行及账号：建行广州分行36263085585

密码区：
325>451/455*·15464>9
258·12/*4515<12566·4
6)>52~/18+942*15<<·5
68442>>45112<545+741

加密版本：01
87461215
661604551

货物或应税劳务名称	规格型号	单位	数量	单价	金额	税率	税额
A产品		件	400	2,250.00	900,000.00	17%	153,000.00
合计					¥900,000.00		¥153,000.00

价税合计（大写）	人民币壹佰零伍万叁仟元整	（小写）¥1,053,000.00

销货单位	名称：鑫诚电子科技有限公司	备注
	纳税人识别号：523168951639	
	地址、电话：深圳市富安一路76号52382608	
	开户行及账号：建行深圳富安支行565268036521	

收款人：	复核：	开票人：	销货单位：（章）

第一联：记账联　销货方作记账凭证

57-2

中国建设银行进账单（收账通知）

1

2013 年 1 月 28日　　　　第01356643号

出票人	全　称	富华电子公司	持票人	全　称	鑫诚电子科技有限公司
	账　号	36263085585		账　号	565268036521
	开户银行	建行广州分行		开户银行	建行深圳富安支行

		千	百	十	万	千	百	十	元	角	分
人民币（大写）	壹佰零伍万叁仟元整	¥	1	0	5	3	0	0	0	0	0

票据种类	转账支票	
票据张数	1	
单位主管：　会计：　复核：　记账：		持票人开户行盖章

此联是持票人开户银行交给持票人的收账通知

58

存货盘点报告表

2013 年 1 月 28 日　　　　金额单位：元

编号	名称	单位	单价	账面数量	盘点数量	盘盈		盘亏	
						数量	金额	数量	金额
	6#生产工具	套	6,000	15	14			1	6,000
差异原因	说明	保管不善被盗							
	对策	保管员李洋赔偿2000元，其余列入营业外支出							

制表人/日期：　　　　复核人/日期：　　　　批准人/日期

59-1

固定资产处置单

使用部门	行政部	名称及型号	格力柜机空调
数量	1台	原值	4,800.00
预计使用年限	5年	实际使用年限	3年
已提折旧	2,736.00	净值	2,064.00
支付清理费用	0.00	收回变价收入	2,080.00
申请人	张绣	报废日期	2013-1-28
申请报废理由	闲置		

59-2

深圳市货物销售普通发票

发票联

发票代码135061016031
发票号码10137202

客户名称：长城公司　　　　　　　　　　　　　　2013 年 1 月 28 日

品　名	规格	单位	数量	单价	金　额								备注
					万	千	百	十	元	角	分		
格力柜机空调						2	0	8	0	0	0		
合计人民币（大写）	零万贰仟零佰捌拾零元零角零				¥ 2 0 8 0 0 0								
销货单位纳税人识别号	523168951659												
开户银行及账号	建行深圳宝安支行565268036521												

业务名称（章）：　　　　收款人：　　　　开票人：

第二联　发票联

60-1

深圳市货物销售普通发票

发票联

发票代码135061016031
发票号码10137202

客户名称：鑫诚电子科技有限公司　　　　　　　　2013 年 1 月 28 日

品　名	规格	单位	数量	单价	金　额								备注
					万	千	百	十	元	角	分		
磨阳机床						5	0	0	0	0	0		
合计人民币（大写）	零万伍仟零佰零拾零元零角零				¥ 5 0 0 0 0 0								
销货单位纳税人识别号	523168951639												
开户银行及账号	建行深圳宝安支行565268036521												

业务名称（章）：　　　　收款人：　　　　开票人：

第二联　发票联

中国建设银行进账单（收账通知） 1 60-2

2013 年 1 月 28日 第01386936号

出票人	全 称	亿利达废品回收有限公司	持票人	全 称	鑫诚电子科技有限公司
	账 号	2415516345146ll65613		账 号	565268036521
	开户银行	农行富山分行		开户银行	建行深圳富安支行

人民币（大写）伍仟元整

| | 千 | 百 | 十 | 万 | 千 | 百 | 十 | 元 | 角 | 分 |
| | | | | ¥ | 5 | 0 | 0 | 0 | 0 | 0 |

| 票据种类 | 转账支票 | 票据张数 | 1 |
| 票据号码 | 1341531 | | |

复核　　　　记账

收款人开户银行盖章

固定资产报废单　　60-3

使 用 部 门	生产部	名 称 及 型 号	11-3机床
数 量	1台	原 值	80,000.00
预计使用年限	5年	实际使用年限	3年
已 提 折 旧	68,000.00	净 值	12,000.00
支付清理费用	1,000.00	收回变价收入	5,000.00
申 请 人	李央	报 废 日 期	2013-1-28
申请报废理由	报废		

深圳市服务业统一发票　　60-4

日期：*2013 年 1 月 28 日*　　　　　代码：235020970034

客户：*鑫诚电子科技有限公司*　　**发票联**　　号码：00896678

项　目	单位	数量	单价	金　额								备注
				万	千	百	十	元	角	分		
设备清理					1	0	0	0	0	0		
总　　　计				¥	1	0	0	0	0	0		
合计人民币（大写）		零 万 壹 仟 零 佰 零 拾 零 元 零 角 零 分										

收款单位（发票专用章）：*小羽佳家政公司*　　财务：　　填票：　　收款：

中国人民银行　　支付系统专用凭证　　No.000045621

保文种类：　　CMT224　　　　　交易种类：　HVPS　　贷记

61

发起行行号：　242114　　　　　　支付交易序号：　　2431541
发起行名称：　建行广州分行
付款人账号：　36263085585　　　　委托日期：　2013.1.28
付款人名称：　安泰家具制造厂

接收行行号：　10182
收款人账号：　565268036521　　　　收报日期：　2013.1.28
收款人名称：　鑫诚电子科技有限公司

货币名称、金额（大写）：　　　人民币壹佰玖拾肆万捌仟捌佰元整
货币符号、金额（小写）：　　　¥1,948,800.00

附言：　　货款

保文状态：转挂账

流水号：18003　　　　　　　　　打印时间：　2013.1-28
第01次打印！

第二联：作客户通知单　　　会计：王刚　　　复核：严玉梅　　　记账：

深圳市政府非税收入专用票据 62

注册号码：粤财[2013]票字第386号 NO.：00783235

票据类型：

数字指纹：

2013 年 1 月 25 日

缴款单位（或缴款人）	鑫做电子科技有限公司	执收单位编码		收费许可证	字第 号
项目编码	收费项目	计费数量	收费标准	金额	备注
	排污费			1,000.00	
人民币（大写）合计：壹仟元整				￥1,000.00	
收费单位（公章）：深圳市环保局	开票卡号：	收款人：		开票人：	

第一联 收据

董 事 会 决 议 63

　　由于南方公司破产倒闭，我公司所欠对方货款 6000 元无法支付，经研究决定将此笔款项转为营业外收入。

　　特此决议。

董事会成员签名： 赵新华　　吴天广

陈建华　　陈庆生

中国建设银行
转账支票存根　　（粤）
VI VI020411

64-1

附加信息

出票日期 *2013 年 1 月 29 日*

收款人：	*深圳市新安建筑公司*
金　额：	*￥50,000.00*
用　途：	*支付仓库工程尾款*

单位主管　　　　　　会计

深圳市建筑安装统一发票　　**64-2**

建设单位：*深圳市新安建筑公司*　　　　　发票代码 23501008351

日　期：2013年1月29日　　　　　　　　发票号码 33786510

工程名称	质式结构	工程进度	进度款或结算款	金　额									
				百	十万	千	百	十	元	角	分	
简易仓库工程款		完工			1	0	0	0	0	0	0	
人民币（大写）	壹拾万元整			￥	1	0	0	0	0	0	0	
工程款结算情况	全部结清											

收款单位发票专用章：深圳市新安建筑公司　　财务：　　　　　开票：

第二联 发票联

固定资产验收单　　64-3

鑫诚电子科技有限公司　　2013年1月29日　　编号：157

资 产 名 称	简易仓库	规 格 型 号		资 产 编 号	20100157
单　　　价	100,000.00	数　　量	1栋	总　　　价	100,000.00
生　产　商	深圳新安建筑公司				
货 到 日 期	2013-1-29		投入使用日期	2013-1-29	
使 用 年 限	20年		预 计 残 值	18,000.00	
存 放 地 点					
使用人验收意见	可以投入使用。刘东				
使用部门负责人签字	郭一鸣		采购员签字	黎海华	
固定资产管理员签字	扬桌		财务签字		

中国人民银行　支付系统专用凭证　　No.000045621

报文种类：	CMT224	交易种类：	HVPS　贷记

65

发起行行号：　242114　　　　支付交易序号：　2431541
发起行名称：　工行福州分行
付款人账号：　5612456126　　委托日期：　2013.1.29
付款人名称：　天山公司

接收行行号：　10182
收款人账号：　565268036521　　收报日期：　2013.1.29
收款人名称：　鑫诚电子科技有限公司

货币名称、金额（大写）：　　　人民币肆拾叁万元整
货币符号、金额（小写）：　　　¥430,000.00

附言：　货款

报文状态：转挂账

流水号：18003　　　　　　　　打印时间：　2013.1.29
第01次打印！

第二联：作客户通知单　　　　会计：王刚　　复核：严玉梅　　记账：

66-1　　　　保险业专用发票

发票联

发票代码235020931009

发票号码00149278

开票日期：2013.1.29

| 付款人：鑫诚电子科技有限公司 |
| 承保险种：一般机动车辆保险 |
| 保险单号：20138008258　　　　批单号： |
| 保险费金额（大写）人民币伍万陆仟元整　　　（小写）：￥56,000.00 |
| 代收车船税（小写）：　　　　　滞纳金（小写）： |
| 合计（大写）人民币伍万陆仟元整　　　　　（小写）：￥56,000.00 |
| 附注： |

保险公司名称：中国人民财产保险深圳分公司　　复核：张春芳　　经手人：李华

保险公司签章：　　　　　　　　地址：　　　　电话：

保险公司纳税人识别号：

第二联　发票联　付款方留存

中国建设银行

转账支票存根　（粤）

VI VI020411

66-2

附加信息

出票日期 2013 年 1 月 29 日

收款人：	中国人民财产保险公司深圳分公司
金额：	￥56,000.00
用途：	保险费

单位主管　　　　会计

中国建设银行　　　　　　　　　　　　　　　　　**67**

电 汇 凭 证

币别：　　　　　　　　　2013 年 1月 29 日　　　　　　流水号：02849701

汇款方式		□普通　　□加急														第二联
汇款人	全　称	鑫诚电子科技有限公司	全　称	顺泽科技公司												
	账　号	565268036521	账　号	1531654326422130 0												客户回单
	汇出行名称	建行深圳富豪支行	汇入行名称	建行江阴分行												
金额	（大　写）	肆拾陆万元整			亿	千	百	十	万	千	百	十	元	角	分	
							¥	4	6	0	0	0	0	0	0	

支付密码

附加信息及用途：贷款

此汇款支付给收款人。

客户签章

会计主管　　　　　授权　　　　　复核　　　　　录入

长江证券—证券交易交割单							**68**
成交日期	业务名称	证券代码	证券名称	成交价格	成交数量	剩余数量	成交金额
20130121	证券买入	600971	山东黄金	6.01	15194	15194	91316
			长江证券公司				
			办讫章				
			（3）				

69　　　　　　**深圳市服务业专用发票**　　　地税服D（3）字

0132 2505504

发 票 联

客户：鑫诚电子科技有限公司　　　　　　　　2013 年 1 月 29 日

商品名称	规格	数量	单位	单价	金　额								
					千	百	十	万	千	百	十	元	角	分
1月清洁费								3	6	0	0	0	0
合计人民币	（大写）	百 十	¥万叁仟陆佰零拾零元零角零分			¥	3	6	0	0	0	0	

第二联　客户

企业名称（盖章）　　　　会计：　　　　经手人：

收　据　70-1

2013 年 1 月 30 日

今收到　鑫诚电子科技有限公司捐款100000元整

金额：　零百 壹十 零万 零千 零百　零十 零元 零角 零分　（ ¥100,000.00 ）

会计：　　　　　　出纳：　　　　　　记账：

第一联 收据联

中国建设银行　70-2
转账支票存根
VI 10986528

科　　目 _____

对方科目 _____

出票日期 2013 年 1 月 30 日

收款人：	广东省红十字会
金　额：	¥100,000.00
用　途：	慈善捐赠

单位主管　　　　　　会计

71-1

深圳市广告业专用发票

发 票 联

地税服D（3）字
0132 2505504

客户：鑫诚电子科技有限公司　　　　　　　2013 年 1 月 30 日

商品名称	规 格	数 量	单 位	单 价	金 额									
					千	百	十	万	千	百	十	元	角	分
广告费						1	6	0	0	0	0	0	0	0

第二联 客户

合 计
人民币 （大写）　　　¥百 壹拾 陆 万零仟零佰零拾零元零角零分　　¥ 1 6 0 0 0 0 0 0

企业名称：（盖章）阳光报社　　　　会计：　　　　经手人：张光生

中国建设银行

转账支票存根

VI 10986526

71-2

科　　目 ＿＿＿＿＿＿＿＿

对方科目 ＿＿＿＿＿＿＿＿

出票日期 2013 年 1 月 30 日

收款人：	阳光报社
金　额：	¥160,000.00
用　途：	广告费

单位主管　　　　　　　会计

72

贷款还款凭证

交易日期：2013/01/30

客户名称：鑫诚电子科技有限公司

贷款账号：14670742728

还款金额：人民币CNY203330.00

还本金额：人民币CNY200000.00

还息金额：人民币CNY3330.00

还款账号：565268036521

附　言：

打印时间：2013/01/30/09:40

核准：1268333　经办：2099854　交易流水号：0538399258机构号：03504

第二联　客户留存

中国建设银行
深圳宝安支行
办讫章
（1）

深圳市邮电通信业统一发票

发 票 联

73

发票代码 235020941003

发票号码 00314927

受理流水号：

用户号码：11957195671916	业务类别：邮政业务	2013年度
用 户 名：鑫诚电子科技有限公司		
报刊费　2013年度	3件	1,200.00

合计人民币（大写）壹仟贰佰元整　　　¥:1,200.00

发票专用章

开票日期：2013-1-30　　　营业点：　　　开票人：潢阳

第二联　发票联

中国建设银行利息回单　　74

2013年1月31日

账　　　号	565268036521
户　　　名	鑫诚电子科技有限公司
开户银行	建行深圳宝安支行
利　　　率	0.85%
计息期	2013年1月
利　　　息	￥1,750.00
	银行盖章

代付、收款通知书

中国建设银行　　　　　　　　　　　　　　75

电 汇 凭 证

2013 年 1 月 31 日　　　　流水号：02849701

币别：

汇款方式		□普通　　□加急											
汇款人	全　　称	鑫诚电子科技有限公司	全　　称	漳平五洋电子厂									
	账　　号	565268036521	账　　号	15316543264221300									
	汇出行名称	建行深圳宝安支行	汇入行名称	建行漳平分行									
金额	（大　写）	叁拾叁万元整		亿	千	百	十	万	千	百	十	元	角	分
						￥	3	3	0	0	0	0	0	0

支付密码

附加信息及用途：货款

此汇款支付给收款人。

客户签章

第二联　客户回单

会计主管	授权	复核	录入

费用支出报销凭证　76

（原始凭证粘贴处）	付款方式：	
	日期　2013 年　1 月　31 日　现金/转账	
	原始凭证共计　1　张	
	金额合计（小写：　¥3,300.00 元）	
	（人民币大写金额）　叁仟叁佰元整	
	费用项目	
	开支理由及用途：　汽车修理费	

批准：　　会计：　　出纳：　　经手人：指雨珊

深圳市文化体育业统一发票　77

日期：2013 年 1 月 31 日　　发　票　联　　发票代码：235020850001
客户：鑫诚电子科技有限公司　　　　　　发票号码：00394413

项　目	单位	数量	单价	金额						
				万	千	百	十	元	角	分
会计人员后续教育培训费	人	4	400		1	6	0	0	0	0
合计人民币（大写）：零万壹仟陆佰零拾零元零角零分				¥	1	6	0	0	0	0

收款单位（发票专用章）：会计网校　　收款人：　　开票人：

第二联　发票联

费用支出报销凭证　78-1

（原始凭证粘贴处）	付款方式：	
	日期　2013 年　1 月　31 日　现金/转账	
	原始凭证共计　15　张	
	金额合计（小写：　¥890.00 元）	
	（人民币大写金额）　捌佰玖拾元整	
	费用项目	
	开支理由及用途：　市场部交通费	

批准：　　会计：　　出纳：　　经手人：

费用支出报销凭证　　78-2

（原始凭证粘贴处）			
	日期	2013 年　　1 月　　31 日	付款方式：
			现金/转账
	原始凭证共计	13	张
	金额合计（小写：		￥1,550.00 元）
	（人民币大写金额）　壹仟伍佰伍拾元整		
	费用项目		
	开支理由及用途：　市场部通信费		

批准：　　　　会计：　　　　出纳：　　　　经手人：

费用支出报销凭证　　79-1

（原始凭证粘贴处）			
	日期	2013 年　　1 月　　31 日	付款方式：
			现金/转账
	原始凭证共计	45	张
	金额合计（小写：		￥630.00 元）
	（人民币大写金额）　陆佰叁拾元整		
	费用项目		
	开支理由及用途：　行政部门交通费		

批准：　　　　会计：　　　　出纳：　　　　经手人：

费用支出报销凭证　　79-2

（原始凭证粘贴处）			
	日期	2013 年　　1 月　　31 日	付款方式：
			现金/转账
	原始凭证共计	18	张
	金额合计（小写：		￥1,300.00 元）
	（人民币大写金额）　壹仟叁佰元整		
	费用项目		
	开支理由及用途：　行政部门通信费		

批准：　　　　会计：　　　　出纳：　　　　经手人：

费用支出报销凭证　　**80**

（原始凭证粘贴处）	付款方式： 日期　2013 年　1 月　31 日 现金/转账
	原始凭证共计　　　80　　　张
	金额合计（小写：　　¥2,210.00 元）
	（人民币大写金额）　贰仟贰佰壹拾元整
	费用项目
	开支理由及用途：行政部门报销汽车支出

批准：　　　会计：　　　出纳：　　　经手人：

存货盘点报告表　　**81**

2013 年 1 月 31 日　　　　　　　　　　　　　　　　　　金额单位：元

编号	名称	单位	单价	账面数量	盘点数量	盘盈		盘亏	
						数量	金额	数量	金额
	4#生产工具	套	1,000	15	14			1	1,000
差异原因		说明	保管员汪洋保管不善丢失						
		对策	汪洋赔偿500元，余计营业外支出						

制表人/日期：　　　　复核人/日期：　　　　　　　　批准人/日期

存货盘点报告表　　**82**

2013 年 1 月 31 日　　　　　　　　　　　　　　　　　　金额单位：元

编号	名称	单位	单价	账面数量	盘点数量	盘盈		盘亏	
						数量	金额	数量	金额
	甲材料	件	340	350	351	1	340		
差异原因		说明							
		对策	判入营业外收入						

制表人/日期：　　　　复核人/日期：　　　　　　　　批准人/日期

2361485326　　**83-1**　　广东省增值税专用发票　　No　00443542

发票联　　　　　　　　　　　开票日期：2013年1月31日

购货单位	名称：鑫诚电子科技有限公司					密码区	258·12/*4515<12566 4	加密版本：01
	纳税人识别号：523168951639						68442>>45112<545+741	42461215
	地址、电话：深圳市宝安一路76号52382608						325>451/455*·15464>9	451604551
	开户行及账号：建行深圳宝安支行565268036521						6>>52-/18+942*15<<·5	

货物或应税劳务名称	规格型号	单位	数量	单价	金额	税率	税额
水费		吨	5,000	3.00	15,000.00	13%	1,950.00
合　　计					￥15,000.00		￥1,950.00

价税合计（大写）	人民币壹万陆仟玖佰伍拾元整	（小写） ￥16,950.00

销货单位	名　称：深圳市水务局	备注
	纳税人识别号：1345245262114	
	地址、电话：宝安海滨路33号62245312	
	开户行及账号：建行海滨分行6274562185231451	

收款人：　　　复核：　　　开票人：张国林　　　销货单位：（章）

第二联：发票联　购货方作记账凭证

水费分配表　　83-2

2013 年 1 月 31 日

单位：元

部门	使用数量	分配率	分配金额
生产部门	4,750	3	14,250.00
管理部门	250	3	750.00
合　　计	2,000	——	15,000.00

制表人：　　　　　　　　　　复核人：

83-3

第 号

委托收款 付款凭证(付款通知)

委托号码120145

委电 委托日期 2013 年 1 月 31 日　　付款期限 2013 年 1 月 31 日

付款人	全　称	鑫诚电子科技有限公司	收款人	全　称	深圳市水务局
	账号或住址	565268036521		账　号	6274562152314515
	开户银行	建行深圳富安支行		开户银行	建行海滨分行

委收金额	人民币(大写)	壹万陆仟玖佰伍拾元整	千	百	十	万	千	百	十	元	角	分
					¥	1	6	9	5	0	0	0

款项内容	水费	委托收款凭据名称	发票	附寄单证张数	2

备注：

付款人注意

1. 应于见票当日通知开户银行划款

2. 如需拒付，应在规定期限内，将拒付理由书并附债务证明退交开户银行

单位主管　　会计　　复核　　记账　　付款人开户银行盖章　　年 月 日

此联收款人开户银行给付款人按期付款的通知

2361485326

84-1 广东省增值税专用发票

No 00443542

发票联　　开票日期：2013年1月31日

购货单位	名称：鑫诚电子科技有限公司	密码区	258+12/*4515<12566-4	加密版本：01
	纳税人识别号：523168951639		68442>>45112<545+741	42461215
	地址、电话：深圳市富安一路76号52382608		325>451/455*+15464>9	451604551
	开户行及账号：建行深圳富安支行565268036521		6>>52-/18+942*15<<-5	

货物或应税劳务名称	规格型号	单位	数量	单价	金额	税率	税额
电费		度	50,000	1.00	50,000.00	17%	8,500.00
合　计					¥50,000.00		¥8,500.00

价税合计(大写)	人民币伍万捌仟伍佰元整	(小写)¥58,500.00

销货单位	名　称：深圳市电业局	备注
	纳税人识别号：215151143215150	
	地址、电话：富安海滨路38号62245231	
	开户行及账号：建行海滨分行627456211554265	

收款人：　　复核：　　开票人：王早芳　　销货单位：(章)

第二联 记账联 购货方作记账凭证

电费分配表 84-2

2013 年 1 月 31 日 单位：元

部门	使用数量	分配率	分配金额
生产部门	46,800	1	46,800.00
管理部门	3,200	1	3,200.00
合　计	50,000	——	50,000.00

制表人： 复核人：

84-3

第 号

委托收款　付款凭证(付款通知)

委托号码120145

委托日期 2013 年 1 月31日　　付款期限 2013 年1月31日

委电				委			
付款人	全　　称	鑫诚电子科技有限公司		收款人	全　　称	深圳市电业局	
	账　　号或住址	565268036521			账　　号	627456211553426	
	开户银行	建行深圳富安支行			开户银行	建行海滨分行	

委收金额	人民币(大写)	伍万捌仟伍佰元整	千 百 十 万 千 百 十 元 角 分
			¥ 5 8 5 0 0 0 0

款项内容	电费	委托收款凭据名称	发票	附寄单证张数	2

备注：

付款人注意

1. 应于见票当日通知开户银行划款

2. 如需拒付，应在规定期限内，将拒付理由书并附债务证明退交开户银行

单位主管　　会计　　复核　　记账　　付款人开户银行盖章　　年　月　日

费用摊销表 85

2013年1月31 日 单位：元

费用项目	应摊总费用	摊销期	期初待摊费用	本期摊销额	摊余金额	备注
设备租金	45,000.00	3	45,000.00	15,000.00	30,000.00	月摊销15,000
财产保险费	60,000.00	12	10,000.00	5,000.00	5,000.00	月摊销5,000
车辆保险费	48,000.00	12	4,000.00	4,000.00	0.00	月摊销4,000
合计						

制表人： 复核人：

86

无形资产摊销表

2013 年1月 31日　　　　　　　　　　　　　　单位：元

序号	项目	原值	摊销期数	已摊销期数	期初未摊销金额	本期摊销金额	期末未摊销金额	剩余摊销期数
1	专有技术	360,000.00	180	0	300,000.00	3,000.00	297,000.00	119
合计								

制表人：　　　　　　　　　　　　　　　　　　　复核人：

87

分部门固定资产折旧表

2013 年1月 31日　　　　　　　　　单位：元

序号	项目	折旧额
1	生产部门固定资产折旧	14,850.00
2	管理部门固定资产折旧	9,890.00
合计		24,740.00

制表人：　　　　　　　　　　　　复核人：

88

职工薪酬费用分配表

2013 年1月 31日　　　　　　　　　　　　　　单位：元

序号	费用项目	总额	生产车间			管理部门
			A产品	B产品	车间管理人员	
1	职工工资	744,000.00	380,000.00	150,000.00	78,000.00	136,000.00
合计		744,000.00	380,000.00	150,000.00	78,000.00	136,000.00

制表人：　　　　　　　　　　　　　　　　　　　复核人：

89

职工薪酬费用分配表

2013 年 1 月 31 日　　　　　　　　　单位：元

序号	费用项目	总额	生产车间			管理部门
			A产品	B产品	车间管理人员	
1	职工工资	744,000.00	380,000.00	150,000.00	78,000.00	136,000.00
2	社会保险费（公司负担）	223,200.00	114,000.00	45,000.00	23,400.00	40,800.00
3	住房公积金（公司负担）	74,400.00	38,000.00	15,000.00	7,800.00	13,600.00
	合计	1,041,600.00	532,000.00	210,000.00	109,200.00	190,400.00

制表人：　　　　　　　　　　　　　　　　　　　　　　　复核人：

90

社保与公积金计提表

2013 年 12 月 31 日　　　　　单位：元

序号	工资总额	计提项目	计提比例	计提金额
1	744,000.00	养老保险	8%	59,520.00
2	744,000.00	医疗保险	2%	14,880.00
3	744,000.00	失业保险	1%	7,440.00
4	744,000.00	住房公积金	10%	74,400.00
合计				156,240.00

91

个人所得税计提表

2013 年 12 月 31 日　　　　　单位：元

序号	工资总额	应税所得总额	计提个人所得税金额
1	744,000.00	62,760.00	1,750.00
合计			

发出材料汇总表 92

材料类别	项目	A产品	B产品	合计
甲材料	数量	1,500	2,000	3,500
	单价	345.00	345.00	
	金额	517,500.00	690,000.00	1,207,500.00
乙材料	数量	1,200	1,500	2,700
	单价	296.79	296.79	
	金额	356,148.00	445,185.00	801,333.00
丙材料	数量	1,800	2,000	3,800
	单价	470.00	470.00	
	金额	846,000.00	940,000.00	1,786,000.00
丁材料	数量	1,000	1,700	2,700
	单价	310.00	310.00	
	金额	310,000.00	527,000.00	837,000.00
合 计		2,029,648.00	2,602,185.00	4,631,833.00

93 制造费用分配表

2013 年 12 月 31 日 单位：元

产品名称	分配标准/工时	分配率	分配金额
A产品	12,600	10.36	130,536.00
B产品	7,400	10.36	76,664.00

备注：待分配制造费用总额　207,200　元

制表人：　　　　　　　　　　　复核人：

94　生产成本计算表

2013 年 12 月 31 日　　　　　　　　　　单位：元

产　品	A产品	B产品	合　计
（1）期初余额	224,000.00	212,000.00	436,000.00
（2）本月发生额	2,692,184.00	2,888,849.00	5,581,033.00
其中：			
本月人工	552,000.00	210,000.00	530,000.00
本月材料	2,029,648.00	2,602,185.00	4,631,833.00
本月制造费用	130,536.00	76,664.00	168,086.53
（3）生产成本合计	2,916,184.00	3,100,849.00	6,017,033.00
（4）生产数量	2,150	1,600	
其中：			
完工入库数量	2,000	1,300	
在产品数量	260	1,000	
在产品完工程度	0.5	0.3	
在产品约当产量	130	300	
（5）分配率	1,369.10	1,938.03	
（6）完工入库产品成本	2,738,200.00	2,519,439.00	5,257,639.00
（7）期末余额	177,984.00	581,410.00	759,394.00

说明：由于计算中的四舍五入，为保证结果相符，期末余额通过下列公式计算：
　　　期末余额＝生产成本合计－完工入库产品成本

95

销售成本计算表

2013 年 12 月 31 日　　　　　　　　单位：元

产品名称		A产品	B产品	合　计
期初结存	数量	445	340	
	单位成本	1,400.00	1,998.53	
	总成本	623,000.00	679,500.00	1,302,500.00
本期完工入库	数量	2,000	1,300	
	单位成本	1,369.10	1,938.03	
	总成本	2,738,200.00	2,519,439.00	5,257,639.00
加权平均	总成本	3,361,200.00	3,198,939.00	6,560,139.00
	总数量	2,445.00	1,640.00	
	平均成本	1,374.72	1,950.57	
本期销售	数量	1,000	1,200	
	单位成本	1,374.72	1,950.57	
	总成本	1,374,720.00	2,340,684.00	3,715,404.00
期末结存	数量	1,445.00	440.00	
	单位成本			
	总成本	1,986,480.00	858,255.00	2,844,735.00

制表人：　　　　　　　　　　　　　　　复核人：

说明：由于计算中的四舍五入，为保证结果相符，期末结存通过下列公式计算：
期末结存＝总成本－本期销售成本

2.3　企业财务核算账务处理

2.3.1　填制记账凭证

通用记账凭证样式如图 2-1 所示，综合实训时可以选择购置或印刷通用记账凭证以供使用。

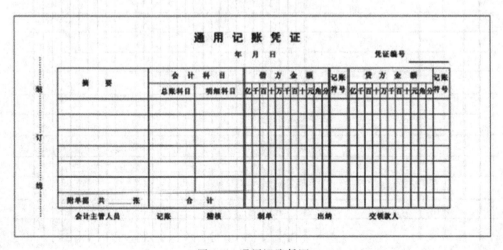

图 2-1　通用记账凭证

2.3.2　登记日记账

1. 现金日记账

现金日记账如图 2-2 所示。

现 金 日 记 账

年		凭证册号	对方科目	摘　　要	借　方									贷　方									核对号	余　　额								
月	日				千	百	十	万	千	百	十	元	角	分	千	百	十	万	千	百	十	元	角	分		千	百	十	万	千	百	十	元	角	分

图 2-2　现金日记账

2. 银行存款日记账

银行存款日记账如图 2-3 所示。

银行存款日记账

年		记账凭单号数	结算凭证号数	摘　要	借　方									贷　方									核对号	余　额								
月	日				亿	千	百	十	万	千	百	十	元	角	分	亿	千	百	十	万	千	百	十	元	角	分		亿	千	百	十	万	千	百	十	元	角	分

图 2-3　银行存款日记账

2.3.3 登记明细账

1. 登记三栏式明细账

登记三栏式明细账如图 2-4 所示。

明 细 账

会计科目 _____ 明细科目 _____ 子目 _____

年		凭证册号	摘 要	借 方	贷 方	核对号	借或贷	余 额
月	日			亿千百十万千百十元角分	亿千百十万千百十元角分			亿千百十万千百十元角分

图 2-4 三栏式明细账

2．登记存货明细账

登记存货明细账如图 2-5 所示。

存货明细账

库	
区	
架	
层	位

最高存量____ 贮备
最低存量____ 天数____ 计量单位____

编号	
名称	
材质	
规格	

年		凭证册号	摘要	借方											贷方											核对号	余额										
月	日			数量	单价	金额									数量	单价	金额										数量	单价	金额								
						百	十	万	千	百	十	元	角	分			百	十	万	千	百	十	元	角	分				百	十	万	千	百	十	元	角	分

图 2-5　存货明细账

3. 登记多栏式明细账

多栏式明细账如图 2-6 所示。

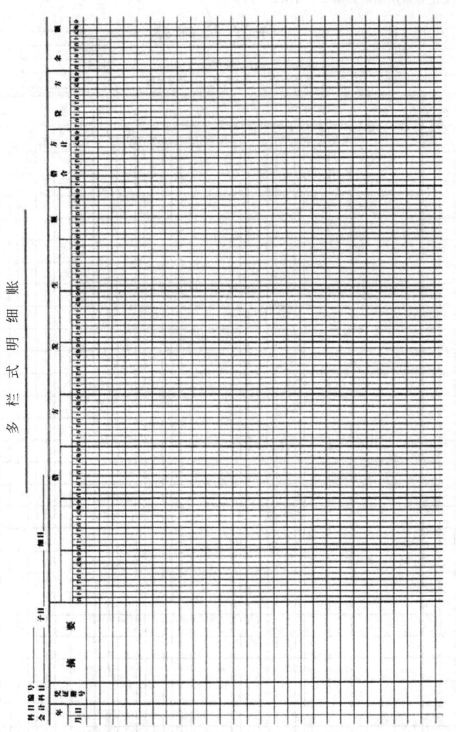

图 2-6 多栏式明细账

2.3.4　编制科目汇总表

1. 制作"T"字账

"T"字账如图 2-7 所示。

账户名称一（　　　　）

借　　方	贷　　方
期初余额	期初余额
本期发生额	本期发生额
期末余额	期末余额

图 2-7　"T"字账

2. 编制科目汇总表

科目汇总表如图 2-8 所示。

会计科目	本期发生额		注
	借方	货方	
	亿 千 百 十 万 千 百 十 元 角 分	✓	亿 千 百 十 万 千 百 十 元 角 分	✓	

科 目 汇 总 表

凭证　　号至　　号共　　张
凭证　　号至　　号共　　张
凭证　　号至　　号共　　张

类别
编号　　年　月　日 至　日

合　　计

会计主管　　　记账　　审核　　填制

图 2-8　科目汇总表

2.3.5 登记总账

总账如图 2-9 所示。

总　账

科目名称：_____

年		记账	凭证	摘　要	借　方											贷　方											核对号	借或贷	金　额										
月	日	种类	号数		十	亿	千	百	十	万	千	百	十	元	角	分	十	亿	千	百	十	万	千	百	十	元	角	分			十	亿	千	百	十	万	千	百	十	元	角	分

图 2-9　总账

2.3.6　编制会计报表

编制会计报表,见表 2-5 和表 2-6。

表 2-5　资产负债表

编制单位:　　　　　　　　　　　　　　年　月　日　　　　　　　　　　　单位:元至角分

资　　产	期末余额	年初余额	负债和所有者权益(或股东权益)	期末余额	年初余额

表 2-6　利润表

编制单位：　　　　　　　　　　　　　　年　月　　　　　　　　　　　　单位：元至角分

项　　目	本月数	本年累计数

第 3 章

财务报表分析综合实训

3.1 财务报表分析的目的与内容

财务报表分析的目的究竟是什么？站在不同的角度，其分析的目的是不同的。假如是投资者，希望通过财务报表分析，更多地了解股东投资回报情况，自己的投资是否赚钱，赚多少钱，自己投资的企业发展的现状及前景如何，是需要追加投资还是考虑收回投资，自己投资的企业利润分配政策是怎样的，能否持续地获得分红等。

假如是债权人，比如银行，银行在向企业授信时，通常要严格考察企业的信用状况。财务报表分析是银行必须要做的工作，银行希望通过财务报表分析，重点考察企业的偿债能力。

假如是企业的经营管理者，财务报表分析的目的就是从各个角度来评估公司的财务状况和经营成果，全面了解公司的盈利能力、偿债能力、资金效率、现金流量等。

3.1.1 从总体上认识财务报表

我们知道，资产负债表、利润表、现金流量表及报表附注等财务报表呈现的内容是非常丰富的，既能揭示企业的盈利能力、偿债能力、营运能力、发展能力，也能揭示企业资产的质量、负债的压力；既能反映企业的财务状况，也能揭示企业的经营成果和现金流量。但是，对于不同的报表使用者来说，其关注的重点是不同的。

1. 认识财务报表的结构

财务报表是指单位根据会计账簿记录和有关资料编制的，反映单位某一特定日期财务状况和某一会计期间经营成果、现金流量的书面文件。

企业财务报表按其反映的内容不同，分为资产负债表、利润表、现金流量表。相关附表反映企业财务状况。补充报表主要包括利润分配表以及国家统一会计制度规定的其他附表。

财务报表附注是为了让报表使用者更好地理解财务报表的内容，将报表中无法呈现的编制基础、依据、遵循的会计政策、会计处理方法等作出解释。财务报表附注有助于提高报表的可理解性，并将影响未来财务状况的重要资讯披露出来。

财务报表的详细构成、反映的内容及作用，如表 3-1 所示。

表 3-1　财务报表构成表及内容

财务报表	反映内容	作用
资产负债表	反映某一特定日期(月末、季末、年末)财务状况	① 评价企业短期偿债能力 ② 评价长期偿债能力 ③ 考察资本结构 ④ 分析财务弹性
利润表	反映企业在一定时期内(月份、季度、年度)经营成果	① 评价企业的经营成果和盈利能力 ② 评价企业的偿债能力 ③ 考评企业管理当局的经营业绩 ④ 为利润分配提供依据
现金流量表	反映一定时期内企业货币资金及现金等价物流入流出的金额	① 判断企业的偿债能力和支付能力 ② 反映企业现金盈缺的原因 ③ 将经营活动现金净流量与净利润进行对比 ④ 可以评价净利润的质量

2. 从三种不同角度关注财务报表数据

投资者、企业经营管理者、债权人是三种不同的报表使用者。投资者重点关注企业的投资收益和经营风险,企业经营者更重视企业的经营绩效,而债权人更关注企业的偿债能力和现金流量。

下面通过一个案例来说明如何站在不同的角度来分析财务报表。

案例 3-1

2010 年 4 月 2 日,北京合众思壮科技股份有限公司(以下简称合众思壮公司)在深交所中小板挂牌上市引起市场广泛关注,原因是该公司的第四大股东是我国著名篮球运动员姚明。那么作为投资人的姚明会重点关注财务报表的哪些内容呢? 假如有银行向合众思壮公司授信、贷款,那么作为债权人的商业银行会重点考察哪些财务状况呢? 同样,作为合众思壮公司的管理者,又会重点关注财务报表的哪些方面呢?

我们就以合众思壮公司公开发布的 2010 年财务报表为例,从三个不同的角度来分析该公司的财务报表。

合众思壮公司的财务报表如表 3-2～表 3-4 所示。

3.1.2　投资者对财务报表数据的关注点

企业与投资者之间是利益共享、风险共担的关系。投资者拥有企业的收益权和剩余财产分配权。投资收益权只有在企业分红时才能实现,剩余财产分配权只有在破产清算时才能实现。

投资者对于财务报表数据的关注点主要集中在以下几个方面。

(1) 投资回报率是否足够高,是否需要追加投资。

(2) 企业的资金结构和盈利能力、发展潜力。

(3) 企业的利润分配政策。

表 3-2　2010 年度北京合众思壮科技股份有限公司资产负债表

单位：元

资产类	期末余额	期初余额	负债和所有者权益类	期末余额	期初余额
流动资产：			流动负债：		
货币资金	1 048 769 432.92	192 850 085.50	短期借款	200 000.00	30 000 000.00
交易性金融资产：			应付票据		
应收票据	6 133 000.00	7 558 258.02	应付账款	31 344 508.01	35 567 225.90
应收账款	84 003 967.32	83 540 307.57	预收款项	4 078 799.53	5 499 376.60
预付款项	115 766 038.70	8 927 479.42	应付职工薪酬	3 398 443.25	3 290 221.20
应收利息			应交税费	1 561 912.68	9 017 307.85
应收股利			应付利息		
其他应收款	17 148 254.85	5 470 902.53	应付股利		
存货	149 039 252.64	91 444 525.83	其他应付款	17 049 264.37	14 017 177.64
一年内到期的非流动资产			一年内到期的非流动负债		
其他流动资产	587 333.00		其他流动负债	3 080 000.00	
流动资产合计	1 421 447 279.43	389 791 558.87	流动负债合计	60 712 927.84	97 391 309.19
非流动资产：			非流动负债：		
可供出售金融资产			长期借款		
持有至到期投资			应付债券		
长期应收款			长期应付款		
长期股权投资	20 000 000.00		专项应付款		3 315 000.00
投资性房地产	13 439 552.26	13 723 762.49	预计负债		
固定资产净值	46 366 755.46	45 541 471.95	递延所得税负债	625 051.71	342 132.10

续表

资产类	期末余额	期初余额	负债和所有者权益类	期末余额	期初余额
在建工程	9 650 917.12	8 660 632.13	其他非流动负债	625 051.71	3 657 132.10
工程物资			非流动负债合计		
固定资产清理			负债合计	61 337 979.55	101 048 441.29
生产性生物资产			股东权益:		
油气资产			股本	120 000 000.00	90 000 000.00
无形资产	24 305 461.28	7 550 262.81	资本公积	1 073 156 360.09	44 407 295.57
开发支出	6 214 619.79		盈余公积	34 848 874.65	29 960 142.61
商誉	2 152 390.06	2 152 390.06	未分配利润	253 871 882.60	205 485 062.17
长期待摊费用	666 268.06	1 056 425.14	外币报表折算差额	382 084.60	-185 387.57
递延所得税资产	2 553 587.98	2 239 050.62	归属于母公司所有者权益合计	1 482 259 201.94	369 667 112.78
其他非流动资产			少数股东权益	3 199 649.95	
非流动资产合计	125 349 552.01	80 923 995.20	股东权益合计	1 485 458 851.89	369 667 112.78
资产总计	1 546 796 831.44	470 715 554.07	负债和股东权益总计	1 546 796 831.44	470 715 554.07

表 3-3　2010 年度北京合众思壮科技股份有限公司利润表　　　　单位：元

项　　目	2010 年	2009 年
一、营业收入	402 604 179.8	426 136 788.96
减：营业成本	233 965 994.90	251 483 003.95
营业税金及附加	2 411 566.19	4 247 832.16
销售费用	51 747 507.47	29 265 421.80
管理费用	89 380 755.56	63 129 833.64
财务费用	16 871 903.48	−651 513.80
资产减值损失	1 809 885.10	1 795 483.64
加：公允价值变动收益（损失以"−"号填列）		
投资收益（损失以"−"号填列）		337 281.09
其中：对联营企业和合营企业的投资收益		−98 922 58
二、营业利润（亏损以"−"号填列）	40 160 374.07	77 204 008.66
加：营业外收入	19 220 125.14	1 6 072 543.72
减：营业外支出	9 641 847 17	263 771.87
其中：非流动资产处置损失	251 846.96	109 817.19
三、利润总额（亏损总额以"−"号填列）	58 415 652.04	93 012 780.51
减：所得税费用	5 590 449.62	9 067 068.44
四、净利润（净亏损以"−"号填列）	52 825 202.42	83 945 712.07

（资料来源：http：//www.szse.cn）

表 3-4　2010 年度北京合众思壮科技股份有限公司现金流量表　　　　单位：元

项　　目	行次	2010 年	2009 年
一、经营活动产生的现金流量			
销售商品、提供劳务收到的现金	1	453 589 130.95	429 193 675.48
收到的税费返还	2	7 968 322.35	6 016 565.60
收到的其他与经营活动有关的现金	3	20 408 016.84	16 756 199.79
现金流入小计	4	481 965 470.14	451 966 440.87
购买商品、接受劳务支付的现金	5	354 553 083.62	260 433 861.30
支付给职工以及为职工支付的现金	6	57 040 008.77	47 303 165.13
支付的各项税费	7	29 526 308.06	40 479 404.94
支付的其他与经营活动有关的现金	8	81 353 152.99	39 742 956.36
现金流出小计	9	522 472 553.44	387 959 387.73

续表

项　目	行次	2010 年	2009 年
经营活动产生的现金流量净额	10	−40 507 083.30	64 007 053.14
二、投资活动产生的现金流量			
收回投资所收到的现金	11		
取得投资收益所收到的现金	12		
处置固定资产、无形资产和其他长期资产所收回的现金净额	13	337 956.96	322 474.11
处置子公司及其他营业单位收到的现金净额	14		
收到的其他与投资活动有关的现金	15		
现金流入小计	16	337 956.96	322 474.11
购建固定资产、无形资产和其他长期资产所支付的现金	17	110 716 282.36	18 438 109.91
投资所支付的现金	18	20 000 000.00	
取得子公司及其他营业单位支付的现金净额	19		
支付的其他与投资活动有关的现金	20		
现金流出小计	21	130 716 282.36	18 438 109.91
投资活动产生的现金流量净额	22	−130 378 325.40	−18 115 638.80
三、筹资活动产生的现金流量			
吸收投资所收到的现金	23	1 071 015 000.00	
取得借款收到的现金	24	40 000 000.00	30 000 000.00
收到的其他与筹资活动有关的现金	25		
现金流入小计	26	1 111 015 000.00	30 000 000.00
偿还债务所支付的现金	27	69 800 000.00	32 000 000.00
分配股利、利润或偿付利息所支付的现金	28	771 458.40	18 553 382.50
支付的其他与筹资活动有关的现金	29	13 827 764.52	
现金流量小计	30	84 399 222.92	50 553 382.50
筹资活动产生的现金流量净额	31	1 026 615 777.08	−20 553 382.50
四、汇率变动对现金的影响	32	188 979.04	6 057.82
五、现金及现金等价物净增加额	33	855 919 347.42	25 344 089.66
加：期初现金及现金等价物余额	34	192 850 085.50	167 505 995.84
六、期末现金及现金等价物余额	35	1 048 769 432.92	192 850 085.50

（资料来源：http://www.SZSE.cn/）

以合众思壮公司的财务报表为例(如表 3-2～表 3-4 所示)。作为投资者的姚明重点关注财务报表中的指标主要有:资产负债表中的股东权益、股本、未分配利润、资本公积、盈余公积等;利润表中的净利润、营业收入、营业成本、期间费用、所得税等;现金流量表中的现金及现金等价物净增加额、经营活动产生的现金流量净额、投资活动产生的现金流量净额、筹资活动产生的现金流量净额等。相对指标有:净资产收益率、销售净利润、成本费用利润率等。详细的指标如表 3-5 所示。

表 3-5　投资者重点关注的财务报表指标

资产负债表关注点	利润表关注点	现金流量表关注点	比率指标
股东权益	净利润	全部现金净流量	净资产收益率
股本	营业收入	经营活动现金净流量	销售净利率
未分配利润	营业成本	投资活动现金净流量	成本费用利润率
资本公积	期间费用	筹资活动现金净流量	总资产报酬率
盈余公积	所得税	⋮	⋮
⋮	⋮		

从投资者的角度分析,合众思壮公司的财务状况是这样的:2010 年的股东权益较去年大幅增加,增加的主要原因是股本增加 3 000 万元,资本公积增加 10.28 亿元,盈余公积和未分配利润均有所增加。这表明该公司的自有资本在不断增值,公司的资金实力大幅提升。

从利润表来看,2010 年净利润减少 3 100 万元,营业收入减少 2 300 万元,营业成本同比减少 1 750 万元,销售费用增加 2 200 万元,管理费用增加 2 600 万元,由此不难看出,该公司利润下降的主要原因是营业收入的减少和销售费用、管理费用的大幅增加。

从现金流量表来看,现金及现金等价物净增加额较去年大幅提升,现金流贡献较大的主要是筹资活动产生的现金净流量,而经营活动产生的现金净流量为负值,这表明该公司尽管净现金流量较多,但主要是借钱获得的,并非是由经营活动产生的,因此其现金流量的状况仍然存在隐忧。

从比率指标看,合众思壮公司的净资产收益率为 5.7%,销售净利率为 13.12%,成本费用利润率为 16.19%,与同行业相比,该公司的盈利能力尚可,但需要警惕盈利能力下降的苗头。

从投资者角度看,合众思壮公司的股东回报率较高,但营业收入和净利润的下降令人担忧。

3.1.3　债权人对财务报表数据的关注点

企业的债权人主要包括贷款银行、供应商、融资租赁出租方等,企业与债权人之间是债权资金的取得与本息偿还的关系。债权人为了能够确保得到本金和利息,一般非常关注企业的偿债能力和支付能力,重点关注点集中在以下几方面。

(1) 企业的短期偿债能力和长期偿债能力。

(2) 企业用来偿还债务本息的资产是否充足,流动资产的质量、固定资产的价值等。

(3) 企业获得现金收入和现金支出情况,是否有充足的现金结余来偿付债务。

(4) 企业的获利能力如何,持续盈利能力是否较强。

(5) 是否应该收回债权或继续贷款。

假如有一家商业银行准备向合众思壮公司授信并计划投放贷款,现在商业银行的授信人员将要对该公司财务报表进行审核,那么商业银行应重点关注哪些指标呢?

商业银行作为债权人,与投资者不同的是,其更多的是关注贷款资金的安全、贷款企业的偿债能力,重点是从企业的偿债能力和债务风险方面来分析企业的财务报表。由于企业的偿债能力是与盈利能力、成长性、现金流等密切相关的,因此商业银行也会非常关注企业的业务增长情况、盈利能力、资金周转情况,具体的指标如表 3-6 所示。

表 3-6　商业银行重点关注的财务报表指标

资产负债表关注点	利润表关注点	现金流量表关注点	比率指标
股东权益	净利润	全部现金净流量	净资产收益率
股本	营业利润	经营活动现金净流量	产权比率
未分配利润	营业收入	经营活动现金流入与流出	已获利息倍数
货币资金	营业成本	投资活动现金净流量	带息债务比率
应收账款	期间费用	筹资活动现金净流量	或有负债比率
存货	投资收益	⋮	销售净利率
短期借款	所得税		成本费用利润率
长期借款	⋮		总资产报酬率
总负债			⋮
⋮			

当然,商业银行考察的内容也不限于财务报表的内容,对于企业的主营业务市场状况、竞争情况、市场开发、内部管理、公司治理结构、关联企业等方面,银行也会非常关注。

那么,假如不考虑其他因素,以 2010 年的财务状况和经营成果,商业银行愿不愿意给合众思壮公司贷款呢?

首先看债务风险,2010 年的资产负债率为 3.96%,2009 年为 21.46%,近两年的资产负债率都比较低,2010 年产权比率为 4.13%,2009 年为 21.47%,负债与股东权益的比率也比较低,这表明该公司的债务负担较轻,偿债压力不大。最近两年的财务费用均为负值,表明利息支出的金额较小,仅仅利息收入就足以弥补利息支出,所以利息偿付压力很小。

再看该公司的短期偿债能力,2010 年流动比率为 23.41,速动比率为 20.96,2009 年流动比率为 4,速动比率为 3.06,近两年的流动比率、速动比率指标均比较高,可见该公司的短期偿债能力比较强。

从现金来看,尽管经营活动产生的净现金流量为负值,但是目前该公司有息债务仅为 20 万元,总负债仅 6 100 万元,而其每年销售商品、提供劳务收到的现金都在 4 亿元以上,而且其筹资能力也比较强,因此该公司的债务风险不高。

从整体来看,该公司短期偿债能力和长期偿债能力都比较强,公司的负债率较低,债务负担较轻,偿债压力较小,债务的安全性较高,这种财务状况应该能够从商业银行获得一个比较好的信用级别。

3.1.4　经营管理者对财务报表数据的关注点

企业经营者对企业的各方面情况都是非常关注的,在作出借款、投资、扩大生产规模等经营决策时,都需要通过财务报表分析来寻找决策的依据。具体来说,企业经营管理者主要关注财务报表的要点如下。

（1）企业的财务状况。资金结构是否合理、经营协调性、资产负债率等。

（2）企业的经营成果。经营业务的盈利能力（毛利率、销售利润率等），资产的获利能力（净资产收益率、总资产报酬率等）。

（3）现金流量。现金收入是否充足，现金支出结构是否合理，现金支付压力大小等。

（4）企业经营有无资金潜力可挖，能否通过压缩成本和控制费用增加利润，或者通过扩大销售来提升盈利能力。

（5）企业是否需要增加投资、筹资或者转产，如何进行利润分配。

需要说明的是，本书进行的财务分析基本上是站在经营管理者的角度，对公司的整个财务状况、经营成果进行的全面分析。

3.1.5　财务报表分析的内容

财务分析的对象主要包括企业财务状况的分析和经营成果的分析。企业的财务状况，主要包括企业的资金使用、分配、调度管理的现状，是企业资金在时间上和数量上相互协调情况的描述和反映。企业的经营成果是企业生产、供应和销售各环节经营活动的成果，揭示企业经营活动的效率或效益，一般是由企业实现的利润数额来表示，如表 3-7 所示。

表 3-7　财务报表分析内容

项　　目	分　　类	主　要　指　标
财务状况分析	资金结构分析	流动资产比率、固定资产比率、流动负债率、有息债务比等
	偿债能力	流动比率、速动比率、资产负债率、已获利息倍数、产权比率、经营净现金/流动负债比等
	营运能力分析	存货周转率、应收账款周转率、总资产剧转率、流动资产周转率等
经营成果分析	盈利能力	主营业务利润率、销售净利率、总资产报酬率、净资产收益率等
	成本水平	成本收入比、费用收入比等
	发展能力	主营业务增长率、营业利润增长率、总资产增长率、资本积累率等
现金流量分析	经营活动现金流量分析	现金收入构成、现金支出构成、现金收入比等
	投资活动现金流量分析	投资现金收入分析、现金支出分析等
	筹资活动现金流量分析	筹资能力分析等

尽管对于不同的报表使用者，财务分析的内容会有所不同，但是概括起来，财务报表分析的主要内容包含资产结构分析、偿债能力分析、盈利能力分析、营运能力分析、现金流量分析和成本费用分析几个部分。

1. 资金结构分析

企业在生产经营过程中全部资金来源于两个方面：向债权人借款和企业自有资金（权益资金）两部分，这两部分资金是以不同的形态分配和使用。

资金结构的合理与否直接关系到企业经济实力的充实和经营基础的稳定与否。分析资本结构对企业的经营者、投资者或债权人都具有十分重要的意义。

2. 偿债能力分析

举债经营几乎是每个企业都会采取的策略,分析企业的偿债能力和债务风险,有利于管理者作出正确的筹资决策。而对债权人来说,偿债能力的强弱是其作出贷款决策的基本依据。

举债经营运用得当,可以通过财务杠杆的作用获得更大的收益,但是如果运用失策,则可能给企业带来灾难。通过偿债能力分析,可以及时掌握企业的短期偿债风险和长期偿债风险,可以测算出企业的债务负担是否沉重,偿债压力是否很大,以便为下一步的经营未雨绸缪。

3. 盈利能力分析

获取利润是企业的最终目的,也是投资者投资的基本目的。盈利能力的大小显示着企业经营管理的成败和企业未来前景的好坏。

盈利能力主要包括两部分:一部分是经营业务的盈利能力,比如公司的产品销售,或者提供的劳务或服务,这些业务的获利能力是决定公司竞争能力的重要方面;另一部分是资产的获利能力,比如每投入 1 元钱的资产,能够获得多少收益,反映了资产的经营效益。

有些经营业务盈利能力很强的公司,但是其资产的投入过大,导致资产的盈利能力很小,这表明公司开展业务需要投入更大的资产才能获得,其盈利能力要大打折扣的。

4. 资金运用效率分析

资金利用效率分析也叫营运能力分析,该指标的高低直接关系到企业获利能力的大小,预示着企业未来的发展前景。资金利用效率主要是资产的周转速度,比如存货周转率、应收账款周转率、流动资产周转率、总资产周转率等,一般情况下,资产的周转速度越快,其效率越高。当然,营业周期的长短也能够反映企业的资金运用效率高低,营运周期是由存货周转天数和应收账款周转天数决定的。

一般来说,资金的运用效率与企业的盈利能力也是正相关的。比如对于商品流通企业来说,其存货的周转速度越快,相应的其盈利能力就会明显越强。

5. 现金流量分析

现金流量分析主要包括现金收入构成分析和现金支出分析。通过现金流量分析,也可以分析企业现金回收是否及时、企业现金支付能力、现金对债务的保障能力。

通过现金流量分析,可以揭示公司是否能够获得稳定的现金收入,现金支出的方向是否合理。

企业的资金链风险实质上就是现金流量风险,通过分析现金流量,可以评估企业的资金链是否紧张,是否需要提前筹备资金等。

6. 成本费用分析

在市场经济条件下,产品的价格是市场决定的。企业如果能降低成本、减少费用,就会获得较高的利润。成本占收入比、费用占收入比、成本费用利润率等都是成本费用分析的主要内容。

财务报表究竟反映了企业什么状况?财务报表编制的原则或原理是什么?财务报表的结构、内容是什么?不同的财务报表之间有什么钩稽关系?对这些有关财务报表的基本知识和概念必须有所了解,才能做出更为专业、更有价值的财务分析。本章内容重点从财务报表结构、报表之间的钩稽关系、报表的内容以及报表主要项目对财务管理的启示等方面进行论述。

3.1.6　揭示财务报表之间的钩稽关系

财务报表的编制是专业性很强的工作,资产负债表、利润表、现金流量表之间存在着严密的钩稽关系,了解一些常见的钩稽关系,对于我们做好财务分析有很大的帮助。

所谓钩稽关系主要是指在不同的财务报表之间以及同一财务报表的不同会计科目或报表项目之间存在一定的关联或逻辑对应关系。

钩稽关系一般可分为两种情况,一种是表内的钩稽关系,另一种是表间的钩稽关系。

对于表内钩稽关系来说,主要有这样几种:

$$资产＝负债＋所有者权益$$

$$收入－成本－费用＝利润$$

$$现金流入－现金流出＝现金净流量$$

表内钩稽关系一般比较简单,但表间的钩稽关系就比较复杂了,因为表间的钩稽关系一般涉及两张或两张以上的报表,比如资产负债表与利润表项目之间的钩稽关系,资产负债表与现金流量表之间的钩稽关系,利润表与现金流量表之间的钩稽关系等。

下面重点介绍几种易于理解,并且对财务分析有帮助的表间钩稽关系。

1. 资产负债表与利润表间的钩稽关系

资产负债表与利润表之间存在钩稽关系的项目主要涉及库存商品与营业成本、长期股权投资与投资收益、应付职工薪酬与管理费用、销售费用中的工资福利费、有息债务(长短期投资等)与财务费用、营业税金及附加与应交税费等。

(1) 库存商品与营业成本

根据库存商品、发出商品等存货贷方发生额,与营业成本的借方发生额相对比,以核对两者的钩稽关系是否一致。如不一致,则应该进一步检查营业成本结转的合理性。

(2) 长期股权投资与投资收益

根据资产负债表中交易性金融资产、持有至到期投资、长期股权投资等会计科目,关注利润表中"投资收益"的合理性。

(3) 应付职工薪酬与管理费用、销售费用等中的工资、福利费

根据资产负债表中的"应付职工薪酬"本期贷方发生额与生产成本、管理费用、制造费用、销售费用、在建工程中的工资、福利费以及社会保险费金额等项目相钩稽,如有差异或差异较大,应查找差异的原因,如是否存在直接以现金、银行存款支付应付职工薪酬,而未通过应付职工薪酬科目核算的情况,必要时应作出调整。

(4) 长短期借款与财务费用

根据短期借款、长期借款平均余额、平均借款利率测算当期利息费用,与财务费用中的利息费用、在建工程中的利息资本化金额等进行比较,以核查借款利息计算的合理性。

(5) 营业税金及附加与应交税费相应明细科目

利润表中营业税金及附加各明细科目应与资产负债表中应交税费相应明细科目的贷方发生额相对应,如钩稽不一致,则应查明是否存在相关税费未计入税金及附加中,必要时应做调整。

检查城市维护建设税、教育费附加等项目的计算依据是否与本期应纳增值税、营业税、消费税合计数一致,是否按照适用的税率或费率计算,从而复核本期应纳城建税、教育费附加是否具有合理性。

(6) 各项税费与利润、收入之间的钩稽关系

一般情况下,一般流转税占收入比例应相对稳定,且同业之间不会存在太大差异。如公

司营业税金及附加占收入的比重突然下降,或者显著低于同业水平,则公司可能存在虚增收入或者偷漏税款的可能。

由于会计和税法在目标、功能等方面存在差异,两者对收入、费用、资产、负债的确认时间和范围也不尽相同,因而税前会计利润和应纳税所得之间存在差异是正常的。但是,如果账面税率显著小于法定税率,则说明大部分税前会计利润在税法中不能确认为应纳税所得,通常情况下,这种显著差异会折射出公司存有虚假利润或偷逃税款之风险。

2. 现金流量表与各报表间的钩稽关系

现金流量表与各报表间的钩稽关系,能大致检查现金流量表编制项目的合理性,在实际情现下,两者可能并不一定严格对等,但总体口径应该大体一致,如不一致应该考虑现金流量表各项目数据的合理性。

其中主要的钩稽关系有以下几种。

(1) 资产负债表"货币资金"项目期末与期初差额,与现金流量表中"现金及现金等价物净增加"钩稽应合理。一般来说,"现金及现金等价物"所包括的内容应与"货币资金"明细项目存在一定的对应关系。

(2)"销售商品、提供劳务收到的现金"大致等于(主营业务收入＋其他业务收入)×(1＋增值税税率)＋预收账款增加额－应收账款(未被认定为现金的应收票据)增加额。

(3) 购买商品、接受劳务支付的现金大致等于(营业成本＋其他业务成本＋存货增加额)×(1＋增值税税率)＋预付账款增加额－应付账款增加额－应付票据增加额。

(4) 支付给职工以及为职工支付的现金大致会等于管理费用、销售费用(制造费用、生产成本人工成本、在建工程等)中职工薪酬(福利费)的合计,或应付职工薪酬借方发生额＋应交税费中个人所得税借方发生额。

(5) 取得借款所收到的现金大致等于本期借款(长期借款、短期借款、发行债券)贷方发生额,而偿还债务所支付的现金大致会等于本期借款(长期借款、短期借款、偿还债券)借方发生额,分配股利、利润或偿付利息所支付的现金大致会等于应付股利的借方发生额与应付利息的借方发生额的合计数。

3.2　财务报表分析的方法与技巧

财务分析是一项比较复杂的工作,为了达到财务分析的目的,必须选择科学的分析方法和分析步骤。进行财务分析,就是要根据分析目的,选择基本分析方法、分析指标和分析概念,用基本分析方法对分析指标加以比较和说明。

3.2.1　基本分析方法

最常用的财务分析方法主要有：比较分析法、比率分析法,此外,为了适应提高企业管理水平的要求,一些新的分析方法,比如因素替代法和假设分析法也逐渐发展起来。

1. 比较分析法

所谓比较分析法,是通过对比两期或连续数期财务报告中的相同指标,确定其增减变动的方向、金额和幅度,来说明企业财务状况或经营成果变动趋势的一种方法。采用这种方法,可以分析引起变化的主要原因、变动的性质,并预测企业未来的发展趋势。

在实际工作具体应用中,主要有三种方式,分别为:重要财务指标的比较、会计报表的比较和财务报表项目构成的比较。

(1) 重要财务指标的比较

重要财务指标的比较是指将不同时期财务报告中的相同指标或比率进行横向比较,直接观察其增减变动情况及活动幅度,考察其发展趋势,预测其发展前景。不同时期财务指标的比较主要有以下两种方法。

定期动态比率。是以某一时期的数额为固定的基数数额而计算出来的动态比率。其计算公式为

$$定期动态比率=(分析期数额÷固定基期数额)×100\%$$

环比动态比率。是以每一分析期的数据与上期数据相比计算出来的动态比率。其计算公式为

$$环比动态比率=(分析期数额÷前期数额)×100\%$$

(2) 会计报表的比较

会计报表的比较是指将连续数期的会计报表的金额并列起来,比较各项指标不同时期的增减变动金额和幅度,据以判断企业财务状况和经营成果发展变化的一种方法。具体包括资产负债表比较、利润表比较和现金流量表比较等。

案例 3-2

北京万通有限公司 2011 年资产总计 1 046 625.61 元,较上年减少 5.96%;负债总计 670 244.91 元,较上年增加 99.67%,所有者权益为 432 059.82 元,较上年减少 44.41%,如表 3-8 和表 3-9 所示。

表 3-8　2010—2011 年北京万通有限公司资产负债表对比(1)

资　产　类	2010 年/元	2011 年/元	增减额/元	增幅/%
流动资产:				
货币资金	524 871.28	456 541.99	−68 329.29	−13.02
交易性金融资产				
应收票据				
应收账款	61 898.67	78 998.66	17 099.99	27.63
预付款项	75 611.36	40 980.00	−34 631.36	−45.80
应收利息				
应收股利				
其他应收款	8 913.51	6 780.12	−2 133.39	−23.93
存货	56 780	77 680.87	20 900.87	36.81
一年内到期的非流动资产				
其他流动资产				
流动资产合计	728 074.82	660 981.64	−67 093.18	−9.22

续表

资　产　类	2010 年/元	2011 年/元	增减额/元	增幅/%
非流动资产：				
可供出售金融资产				
持有至到期投资				
长期应收款				
长期股权投资	350 000.00	350 000.00	0.00	0.00
投资性房地产				
固定资产净值	4 854.89	5 643.97	789.08	16.25
在建工程	10 000.00			
工程物资				
固定资产清理				
生产性生物资产				
油气资产				
无形资产	20 000.00	30 000.00	10 000.00	50.00
开发支出				
商誉				
长期待摊费用				
递延所得税资产				
其他非流动资产				
非流动资产合计	384 854.89	385 643.97	789.08	0.21
资产总计	1 112 929.71	1 046 625.61	−66 304.10	−5.96

表 3-9　2010—2011 年北京万通有限公司资产负债表对比（2）

负债和所有者权益类	2010 年/元	2011 年/元	增减额/元	增幅/%
流动负债：				
短期借款	20 000.00	30 000	10 000.00	50.00
交易性金融负债				
应付票据				
应付账款	89 665.60	8 790.77	−80 874.83	−90.20
预收款项				
应付职工薪酬	56 291.07	77 890.54	21 599.47	38.37
应交税费	94 601.30	109 800.63	15 199.33	16.07
虚付利息				

续表

负债和所有者权益类	2010 年/元	2011 年/元	增减额/元	增幅/%
应付股利				
其他应付款	2 968.71	370 762.74	367 794.03	12 389.02
一年内到期的非流动负债				
其他流动负债				
流动负债合计	263 526.68	597 244.68	333 718.00	126.64
非流动负债：				
长期借款	727 141.84	73 000.23	30 647.24	4.19
应付债券				
长期应付款				
专项应付款				
预计负债				
递延所得税负债				
其他非流动负债				
非流动负债合计				
负债合计	335 668.52	670 244.91	334 576.39	99.67
所有者权益：				
实收资本（或股本）	333 400.00	333 400.00	0.00	0.00
资本公积				
减：库存股				
盈余公积	38 776.90	42 980.70	4 203.80	10.84
未分配利润	405 084.29	55 679.12	−349 405.17	−86.25
所有者权益合计	777 264.19	432 059.82	−345 201.37	−44.41
负债和所有者权益总计	1 112 929.71	1 102 304.73	−10 624.98	−0.95

下面我们采用比较分析法来分析北京万通有限公司 2010—2011 年这两年的财务状况。首先来看资产负债表，如表 3-8 和表 3-9 所示。2011 年北京万通有限公司的总资产与上年相比减少了 66 304.10 元，下降幅度为 5.96%，那么总资产减少的原因是什么？通过总资产构成的各个项目，我们可以看到，流动资产下降是总资产下降的主要原因，2010 年流动资产减少 67 093.19 元，减少幅度为 9.22%。我们继续往下追寻，在流动资产构成中，货币资金、预付账款、其他应收款均在减少，这三个项目减少是导致流动资产也是总资产减少的最主要原因。比较分析如果仅仅停留在这一层面还不够，应该继续向下探寻，继续寻找货币资金、预付账款、其他应收款下降的原因是什么，像这样一层层分解，最终找到影响财务变动的原因。同理，对于负债、所有者权益的比较分析也是如此。

对于利润表比较分析的基本思路是：从净利润出发，向上层层分解，逐步找出影响利润变化的根本因素。

仍以万通公司为例来分析 2011 年该公司的利润变化原因,如表 3-10 所示。

表 3-10　2010—2011 年北京万通有限公司利润表对比

项　目	2010 年/元	2011 年/元	增减额/元	增幅/%
一、营业收入	639 720.65	877 045.98	237 325.33	37.10
减:营业成本	302 749.66	363 299.59	60 549.93	20.00
营业税金及附加	15 184.63	17 609.43	2 424.80	15.97
销售费用	42 268.50	56 712.90	14 444.40	34.17
管理费用	21 490.43	31 808.45	10 318.02	48.01
财务费用	9 347.87	10 761.00	1 413.13	15.12
资产减值损失				
加:公允价值变动收益				
投资收益				
其中:对联营企业和合营企业的投资收益				
二、营业利润(亏损以"一"号填列)	248 679.56	396 854.61	148 175.05	59.58
加:营业外收入	239.12	1 232.85	993.73	415.58
减:营业外支出	512.99	13.87	−499.12	−97.30
典中:非流动资产处置损失				
三、利润总额(亏损总额以"一"号填列)	248 405.69	398 073.59	149 667.90	60.25
减:所得税费用	62 101.42	99 518.40	37 416.97	60.25
四、净利润(净亏损以"一"号填列)	186 304.27	298 555.19	112 250.92	60.25

2011 年北京万通有限公司净利润增加 112 250.92 元,增幅为 60.25%,那么净利润增加的原因是什么? 首先来看主营业务收入,主营业务收入增加 237 325.33 元,而相应的营业成本、营业税金及附加、销售费用、管理费用、财务费用合在一起仅增加 89 150.28 元,这直接促使营业利润增加 148 175.05 元。也就是说,主营业务收入的快速增长是营业利润和净利润大幅增加的主要原因。那么主营业务增幅的原因是什么? 可能是公司的新产品受市场欢迎,销售火爆,或者是市场需求大幅增加等。除了看主营业务收入之外,主营业务成本为什么增幅远低于营业收入? 可能是原材料价格下跌,也可能是公司在采购方面通过批量采购降低了成本等。

总之,通过比较分析,可以逐个找出导致利润变化的各个因素,从而为管理层提供促进收入、降低成本、增加利润等有价值的决策依据。

对于现金流量表采用比较分析法的要点是这样:首先看"现金及现金等价物净增加额"这一项的增减变化情况,这一项是由三个部分构成:经营活动产生的现金流量净额、投资活动产生的现金流量净额、筹资活动产生的现金流量净额。因此,在分析"现金及现金等价物净增加额"这一项时,应重点从经营活动、投资活动和筹资活动产生的现金流量中寻找变动的原因。

再以表 3-11 中的数据为例,我们分析北京万通有限公司的现金流量变化状况。

表 3-11 2010—2011 年北京万通有限公司现金流量表对比

项　　目	行次	2010 年/元	2011 年/元	增减额/元	增幅/%
一、经营活动产生的现金流量:					
销售商品、提供劳务收到的现金	1	492 535.71	653 922.46	161 386.75	32.77
收到的税费返还	2				
收到的其他与经营活动有关的现金	3				
现金流入小计	4	492 535.71	653 922.46	161 386.75	32.77
购买商品、接受劳务支付的现金	5	39 550.27	169 878.88	130 328.61	21.73
支付给职工以及为职工支付的现金	6	66 234.14	86 488.95	20 257.81	30.59
支付的各项税费	7	5 266.53	112 606.63	107 340.10	2 038.16
支付的其他与经营活动有关的现金	8	57 438.62	96 355.40	38 916.78	67.75
现金流出小计	9	168 486.56	465 329.86	296 843.30	176.18
经营活动产生的现金流量净额	10	224 049.15	188 592.60	−35 456.55	−15.83
二、投资活动产生的现金流量:	11				
收到投资中收到的现金	12				
取得投资收益所收到的现金	13				
处置固定资产、无形资产和其他长期资产所收回的现金净额	14				
收到的其他与投资活动有关的现金	15				
现金流入小计	16				
购建固定资产、无形资产和其他长期资产所支付的现金	17	17 946.37	162 330.00	−55 616.37	−25.52
投资所支付的现金	18				
支付的其他与投资活动有关的现金	19				
	20				

续表

项　目	行次	2010 年/元	2011 年/元	增减额/元	增幅/%
现金流出小计	21	217 946.37	162 330.00	-55 616.37	-25.52
投资活动产生的现金流量净额	11	-217 946.37	-162 330.00	55 616.37	25.52
三、筹资活动产生的现金流量:	23				
吸收投资所收到的现金	24				
借款所收到的现金	25	10 000.00	10 000.00		0.00
收到的其他与筹资活动有关的现金	26				
现金流入小计	27	10 000.00	10 000.00		0.00
偿还债务所支付的现金	28				
分配股利、利润或偿付利息所支付的现金	29				
支付的其他与筹资活动有关的现金	30				
现金流出小计	31				
筹资活动产生的现金流量净额	32	10 000.00	10 000.00		0.00
四、汇率变动对现金的影响	33				
五、现金及现金等价物净增加额	34	16 102.78	36 262.60	20 159.82	125.19

2011 年北京万通有限公司的"现金及现金等价物净增加额"较上年增加 20 159.82 元，增幅为 125.19％，增幅很大，大幅增长的原因是什么呢？首先来看经营活动产生的现金流量，2011 年经营活动产生的现金流量净额较上年减少 35 456.55 元，这表明经营活动产生的现金流对整个公司的现金流贡献是负值。同样，筹资活动产生的现金流量与去年持平。最后再看投资活动产生的现金流量净额，2011 年投资活动产生的现金流量净额较上年增加 55 616.77 元，同比增长 25.52％，因此可见，投资活动产生的现金流增加，是促使该公司"现金及现金等价物净增加额"大幅增长的原因。

进一步分析，再看投资活动产生的现金净流量为什么增加那么多？通过比较 2010 年和 2011 年的投资活动的现金收入和支出情况可以看出，主要是因为 2011 年"购建固定资产、无形资产和其他长期资产所支付的现金"较上年大幅减少。

通过上述分析可以看出，尽管该公司 2011 年的"现金及现金等价物净增加额"大幅增长，但是，该公司的现金流仍然存在很大问题，最重要的问题是其经营活动产生的现金净流量出现较大幅度的下降。而经营活动现金流量下降的原因在于采购物资大幅增加，员工工资及福利大幅增加，同时公司在成本费用控制方面存在问题，虽然销售商品、提供劳务收到的现金仍然保持 32.77％的增幅，但由于相关成本费用的大幅增长，逐渐在蚕食该公司的现金流和利润。

2. 比率分析法

比率分析法是通过计算各种比率指标来确定财务活动变动程度的方法。比率指标的类型主要有构成比率、效率比率和相关比率三类。

（1）构成比率

构成比率又称结构比率，是某项财务指标的各组成部分数值占总体数值的百分比，反映部分与总体的关系。利用构成比率，可以考察总体中某个部分的形成和安排是否合理，以便协调各项财务活动。其计算的基本公式为

$$构成比率＝（某个组成部分数值÷总体数值）×100％$$

比如，存货、应收账款占流动资产的百分比，流动资产占总资产的百分比，短期借款占流动负债的百分比，流动负债占总负债的百分比等。利用构成比率可以考察总体中某个部分的形成和安排是否合理，以便协调各项财务活动。

以北京万通有限公司 2011 年的资产负债表为例，来看其资产、负债构成情况。从表 3-12 中可以看出，2011 年北京万通有限公司的总资产中流动资产占六成，固定资产仅占 0.54％，表明该公司以流动资产为主。从流动资产构成看，货币资金所占比例最高，高达 69.07％，应收账款仅占 7.55％，存货占 11.75％，表明流动资产的质量还是比较高的，应收账款和存货占用资金的比重比较低。

表 3-12　2011 年北京万通有限公司资产负债构成比例表

项　　目	比例/％
流动资产/总资产	63.15
固定资产/总资产	0.54
货币资金/流动资产	69.07

续表

项 目	比例/%
应收账款/流动资产	7.55
存货/流动资产	11.75
流动负债/总负债	89.11
短期借款/流动负债	5.02
应付账款/流动负债	1.47
应付职工薪酬/流动负债	13.04
应交税费/流动负债	18.38
其他应付款/流动负债	62.08
长期借款/总负债	10.89
所有者权益/总资产	39.20

在负债构成中,流动负债占总负债的89.11%,长期借款占10.89%,表明该公司的负债主要由流动负债构成。流动负债中,以其他应付款为主,占62.08%,应付账款仅占1.47%,应付职工薪酬占13.04%,应交税费占18.38%,总体看,该公司的负债构成并不合理。其他应付款所占比重过高,而应付账款所占比重远远低于其他应付款的比重,这违背企业经营正常的情况。但究竟是什么原因导致其他应付款过高而应付账款过低,这些要更深入地了解该公司的财务情况才能解释清楚。

（2）效率比率

效率比率是指某项财务活动中所费与所得的比率,反映投入与产出的关系。利用效率比率指标,可以进行得失比较,考察经营成果,评价经济效益。

比如,将利润项目与销售成本、销售收入、资本金等项目对比,可以计算出成本利润率、销售利润率和资本金利润率等获利能力指标,从不同角度观察比较企业的获利能力高低及其增减变化情况。

以北京万通有限公司2011年的资产负债表和利润表,计算出该公司的效率指标,如表3-13所示。

表 3-13 2011 年北京万通有限公司效率指标

效 率 指 标	数 值
销售净利率/%	34.04
主营业务利润率/%	56.57
成本费用利润率/%	82.90
净资产收益率/%	69.10
总资产报酬率/%	39.06

表3-10项目中,销售净利率、主营业务利润率、成本费用利润率这三个指标反映的是公司经营业务的获利能力,另外两个指标净资产收益率和总资产报酬率反映的是该公司资产

的利用效率。这是从两个不同的方面来反映公司的经营效率和资产利润效率。

（3）相关比率

所谓相关比率，就是指以一个项目与其有关但又不同的项目加以对比所得的比率，反映企业经济活动所具有的某种关系。相关比率指标可以考察企业相互关联的业务之间运行是否协调、顺畅。

比如，将流动资产与流动负债相比，计算出流动比率，可以判断企业的短期偿债能力，将负债总额与资产总额相比，得出资产负债率，可以判断企业长期偿债能力。

北京万通有限公司 2011 年的相关指标（如表 3-14 所示），流动比率和速动比率还是不错的，反映该公司的短期偿债能力较好，资产负债率略偏高，利息保障倍数较大，通过这几个相关指标，我们可以看出该公司的偿债能力较好。

表 3-14　2011 年北京万通有限公司相关指标

相 关 指 标	数　值
流动比率	4.11
速动比率	0.98
资产负债率/%	60.80
利息保障倍数	37.99

3. 因素替代法

因素替代法是通过对决定某一指标各因素的逐个替换，来说明因素指标变动对分析指标的影响程度的一种方法。该方法常用于同指标计划数值的比较以及指标的变动预测和变动影响分析。由于这一分析过程反映出分析指标对各因素变化的敏感程度，因此又称敏感性分析法。

4. 假设分析法

在比较分析法的基础上，确定某项指标的最高水平数值，然后假设在该指标达到最高水平的情况下，企业的经营及财务状况将会发生什么变化。在这种假设情况下，进一步分析其他各影响因素又要达到什么水平才能实现企业现有潜力的较充分发挥。因此，这种分析方法主要用于对企业发展趋势和发展潜力的预测。

3.2.2　常用分析指标

财务分析具体分析指标主要有三种：绝对值指标、百分比指标和比率指标。这三个指标从不同的角度、侧面来揭示数据背后的意义。

1. 绝对值指标

绝对值指标指通过数字的绝对值变化就能说明一定问题的指标，比如总资产、净资产、流动资产、总负债、流动负债、营业收入、营业成本、营业利润、净利润等，这些都属于绝对值指标。绝对值指标主要反映绝对值的增减变化。

绝对值指标的分析主要是分析增减额（量）的变动情况，在实际工作中，如果仅仅依靠绝对值分析，往往很难得出客观全面的结论，因此绝对值指标分析必须与百分比指标、财务比率指标结合起来进行分析。下面通过案例 3-3 来简单说明绝对值指标的分析。

📁 **案例 3-3**

凯多公司是一家从事服装加工生产、销售的公司,该公司 2010—2011 年的资产负债情况以及收入利润情况如表 3-15 所示。

表 3-15　2010—2011 年凯多公司绝对值指标　　　　　　　　　　　单位:元

项　　目	2010 年	2011 年	绝对值增减变化
总资产	128 900.00	155 969.00	27 069.00
流动资产	67 985.11	83 261.98	15 276.87
固定资产	41 328.87	51 007.93	9 679.06
总负债	58 769.13	61 110.65	2 341.52
流动负债	3 487.65	42 194.70	7 323.05
净资产	70 130.87	84 818.35	14 687.48
营业收入	376 900.65	418 559.72	41 659.07
营业成本	301 520.52	394 991.88	93 471.36
营业利润	131 915.23	105 532.18	−26 383.05
净利润	98 936.42	88 053.41	−10 883.01

2011 年,凯多公司总资产增加 27 069.00 元,其中流动资产增加 15 276.87 元。固定资产增加 9 679.06,由此可见,该公司总资产的增加主要是由流动资产的增加所贡献。

凯多公司营业收入增加 41 659.07 元,但是其营业成本大幅增加 93 471.36 元,营业成本的增加额远远高于营业收入的增加额,由此导致了 2011 年营业利润大幅减少 26 383.05 元。可见,仅仅从绝对值指标的增减变化就能大致找到企业利润变化的主要原因,在某些时候绝对值指标的分析也是非常重要的。

2. 百分比指标

百分比指标是反映指标绝对值增减变化的幅度或者所占的比重。财务分析中的百分比指标一般有两种:第一种就是反映增长变化的幅度,这些指标有主营业务收入增长率、营业利润增长率、固定资产增长率、流动资产增长率、总资产增长率、净资产增长率等;另一种就是反映所占的比重,比如流动资产率、固定资产率、流动负债率、资产负债率等,如表 3-16 所示。

表 3-16　2010—2011 年凯多公司百分比指标

指　　标	数　　值	
	2011 年	2010 年
总资产增长率/%	21.00	19.10
流动资产增长率/%	22.47	10.51
固定资产增长率/%	23.42	12.86
总负债增长率/%	3.98	12.00

续表

指　　标	数　　值	
	2011 年	2010 年
流动负债增长率/%	21.00	1.95
净资产增长率/%	20.94	14.88
营业收入增长率/%	11.05	29.13
营业成本增长率/%	31.00	30.87
营业利润增长率/%	−20.00	7.89
净利润增长率/%	−11.00	3.75

3. 财务比率指标

财务比率指标主要揭示不同的会计科目之间的对比关系,比如流动比率,反映的是流动资产对流动负债的保障能力,销售净利率反映的是每 100 元的销售收入能创造多少钱的净利润等。

财务比率是相对指标,因此在财务分析体系中占据重要地位,弄清楚每一个财务比率之间的关系、反映的问题和意义,对于做好财务分析至关重要。

本书所涉及的财务比率指标均属于最常用也是最重要的财务指标,在实际工作中,还可能遇到一些其他指标,但只要我们真正掌握了财务指标的含义、财务指标的分析方法,就能够举一反三,触类旁通。

表 3-17 所示的四大部分财务比率指标,也是进行财务报表分析中最常用的指标,运用这些财务指标,可以综合分析企业的财务状况和经营成果。

表 3-17　财务比率指标体系表

财务状况	相关指标
盈利能力	净资产收益率　总资产报酬率　销售净利率　营业利润率　主营业务利润率成本费用利润率
偿债能力	资产负债率　产权比率经营现金净流量/流动负债比　已获利息倍数　流动比率速动比率
资金营运效率	总资产周转率　流动资产周转率　资产现金回收率　应收账款周转率　存货周转率
发展能力	营业收入增长率　营业利润增长率　总资产增长率　所有者权益增长率

3.2.3　财务分析主要步骤

做任何事情都需要有一个步骤,先做什么,后做什么,财务分析工作程序包括确定分析目的、制定分析方案、收集财务数据和信息、撰写分析报告四个步骤。

1. 确定分析目的

财务分析的目的决定了财务指标的选用和财务分析方法的选择,因此在做财务分析之前必须要有明确的财务分析目的。财务分析的目的由于报表使用者的不同也会有较大差异,比如投资者的目的主要是投资价值分析、投资前景分析、经营状况分析,商业银行等债权人主要是信用分析,包括偿债能力分析和债务风险分析,而经营管理者则要求是公司的偿债能力、盈利能力、营运能力、发展能力、现金流状况等所有方面做一个综合的分析和评价。

另外,按照分析性质来讲,财务分析包括日常经营数据分析、定期财务分析(月报分析、季报分析、年报分析等)、预算分析等。

2. 制定分析方案

确定好财务分析的目的之后,要根据分析工作量的大小,分析问题的难度和深度,制定出合理的分析方案。假如是专项分析,比如销售分析,那么就重点搜集销售额、销售量、销售毛利,以及不同产品、不同部门、不同区域的销售数据,总之与销售有关的数据都要尽可能地搜集完整,而与销售关系不大的数据就可以少搜集或不搜集。假如是全面财务状况分析,那么就需要搜集、掌握整个企业的财务数据,包括盈利能力数据、偿债能力数据、营运数据、市场销售数据、投融资数据等。

在制定分析方案时,还要确定哪些需要简化分析,哪些需要重点分析,哪些需要协助进行,哪些需要别的部门和人员分工负责,要列出分析项目,安排工作进度,确定完成内容、完成的标准和完成的时间。

3. 收集财务数据和信息

会计信息只能部分地反映当前的财务状况,而不能全面揭示形成的原因,因此需要分析者收集相关资料信息。

一般财务分析需要收集的内容包括:行业统计数据、市场发展状况、竞争对手经营状况、产业政策、企业市场占有率、企业内部的销售政策和措施、产品的种类、销售的区域、公司战略等。详细的内容如表 3-18 所示。

表 3-18　影响公司财务状况的因素及需要收集的信息

外 部 因 素	内 部 因 素
产业政策	销售政策
宏观经济环境	企业发展战略
市场竞争	核心竞争力
市场供需	人力资源
市场占有率	投融资情况
产业周期	生产流程、工艺
行业统计数据	采购情况

当然,收集完各种信息资料之后,还需要核实这些数据的真实性、准确性和完整性,是否与财务报表的数据有较大出入,如发现收集的财务资料、数据存在不真实、不完整的问题,就需要找到问题的原因,寻求真实的情况。财务数据的核实是非常重要的一环,没有一个真实、准确、完整的原始数据,再好的财务分析方法也是没有任何价值的。

4. 撰写分析报告

根据财务分析的目标和内容,评价所收集的资料,寻找数据之间的因果关系,联系企业所处的经营环境,逐步揭示企业经营的业绩,寻找企业经营存在的问题,并提出分析的意见和建议,深入探讨改进的办法和途径。

财务分析的基本思路就是:分析过去已经发生的数据、评价目前的经营现状,提出改进的建议和方案,并对未来的发展前景作出客观的展望和预测。

3.2.4　如何撰写优秀的财务分析报告

有很多拥有十几年甚至二十几年经验的会计人员,他们在账务处理、税收筹划、组织沟通等方面都有很强的能力,对于本企业的经营状况也非常熟悉,当然对于各种财务数据也都了解,但是其中有相当大一部分人写不出合格的财务分析报告。其主要原因是不了解财务分析报告的撰写要求,没有掌握财务分析报告撰写的技巧。

1. 写给谁看:要明确阅读的对象

就好比做演讲,首先要了解你的听众都是哪些人,大学生和小学生关注的话题和对演讲的理解能力迥然不同,对于不同层次、不同职位的对象自然要区别对待。财务分析报告的撰写同样如此,报告的阅读对象和使用对象不同,报告的撰写内容、范围、深度都应有所区别。

如果财务分析报告的阅读者是财务部经理、财务总监、财务副总经理等专业型人员,那么,这样的财务分析报告就应该本着专业性强的方向努力,尽量采用财务专业人员都很熟悉的措辞,少用一些过于通俗的语言来表达。另外,要尽可能有深度,在与实际业务结合的过程中,尽可能运用财务的一些理论知识来阐述或验证自己的分析结论。

如果阅读的对象属于非财务专业人员,比如销售经理、销售副总经理、人力资源部总监等,由于他们对于过于专业的语言和理论不容易理解,因此,在撰写报告时应该站在非财务人员的角度来撰写,力求写得通俗易懂。

其次,在明确了报告阅读的对象之后,还需要弄清楚报告阅读者关注的焦点,要充分了解他们所重点关注的地方在哪里。比如销售经理,他可能主要关注销售收入的增减情况,毛利率的变化情况,不同商品、不同区域、不同部门的销售情况和利润情况,那么,在撰写财务分析报告时就应该把重心放在与销售有关的分析上面,而对于偿债能力等方面可以适当简化。

如果是融资部经理,主要关注的是偿债压力、偿债能力等方面的信息,因此就应该在负债构成状况、资产负债率情况、利息支出情况、现金流情况做重点分析。

如果是总经理或董事长,需要了解的是整个公司的运营情况及财务状况,无论是盈利能力、偿债能力、营运能力、现金流量等,还是生产、销售、采购等情况,他都会关注,这样就需要把财务分析报告的范围放大,站在整个公司的角度进行分析和撰写。

总之,在撰写财务分析报告之前,了解报告阅读的对象及其关注的重点范围,是写好财务分析报告的第一步。

2. 打破砂锅问到底:追问为什么

优秀的财务分析人员一定要具备"打破砂锅问到底"的精神,财务分析的过程,大多数时候都是在追问"为什么"的过程。

财务分析要遵循的一个重要原则是"发现差异→找出原因→提出建议"。财务分析的根本目的不仅仅是停留在反映问题、揭示问题上,而是要通过对问题的层层剖析,提出切实可行的解决办法,帮助管理者做好决策,这才是财务分析的根本目的。

我们通过案例 3-4 说明财务分析的这条原则是如何运用到实际工作中去的。

📁 案例 3-4

凯多公司在进行 2011 年年度财务分析,财务分析部新来的小王在撰写财务分析报告时,有这样一部分内容:

"消费电子事业部 2011 年销售收入为 1 200 万元,仅完成全年预算额的 60%。2011 年 4 个季度销售收入增长率分别为:21%、12.65%、-10.9%、-20.18%。由此可见,消费电子事业部 4 个季度的销售增幅逐季下降,尤其是第四季度,下降幅度高达 20.18%。"

部门经理看到后就追问小王:"消费电子事业部的销售收入为什么逐季下降呢? 你了解下降的原因吗?"

小王就给消费电子事业部的经理打电话,询问为什么该部门销售收入逐季下降,而且仅仅完成了全年预算的 60%。对方回答说,他们部门收入下降的原因是人员流动太大,新招聘的销售人员很难在短期内拿到订单。

了解到这一情况,小王就在财务分析报告中加上这么一句话:"消费电子事业部之所以收入逐季下滑,全年未完成预算的主要原因是该部门人员流动太大,很多招进来的销售人员干了几个月就辞职了,新员工又不能在短期内拿到销售订单,由此导致了该部门的销售业绩下滑。"

小王以为这次找到原因了,经理应该满意了。但是财务分析经理看到小王修改后的报告,又问:"为什么他们部门的人员流动那么大呢? 为什么那些销售人员干几个月就纷纷辞职呢? 这其中一定另有原因啊!"

小王无奈,之后再次给消费电子事业部的经理打电话,对方回答说:"之所以他们干一段时间都辞职,是因为他们感觉压力太大,完不成任务,扣奖金、扣工资,所以一般经过两三个月,他们就顶不住了,只有辞职。"

当小王把这一信息再次写入报告时,财务分析经理仍然不满意,他问小王:"为什么消费电子事业部的销售人员大多数都完不成任务呢?"

小王通过和消费电子事业部其他的员工沟通后才发现,原来是该部门的年度预算任务定得太高,以该部门的人员和能力很难完成,那么又是什么原因导致年度预算任务定那么高呢?

再经过深入了解,小王才发现,这个部门的事业部经理是年初刚刚从销售员提升为经理的,一是没有管理经验,二是性格偏弱势,对于集团公司下达的预算指标,虽然感觉有些高,但他并未提出异议,由此才导致一年后的一系列结果的出现。

当小王把这些了解的信息全部写入财务分析报告时,财务分析经理终于露出了满意的笑容。后来经过协商,下个年度制定预算时,结合消费电子事业部的实际情况,对其预算任务做了减少。

从这个案例中,我们可以看出,这个财务经理就是坚持了一条原则:不断地探寻问题的实质,刨根问底,找到根本原因,最后找到解决的办法。

这个案例可以用一个表格来展示财务分析的过程,如表 3-19 所示。

表 3-19 逐级分析问题的实质流程表

问题	消费电子事业部未完成预算任务,销售收入逐季下降
表现原因	部门人员流动太快,新进销售人员短期难出单
	多数销售人员完不成任务,被扣工资奖金,迫于压力辞职
根本原因	预算指标过高,新上任的销售经理缺乏经验
借鉴措施	下年度定预算时,视情况减少该部门的预算任务

3. "聚焦法": 分析重点内容

通常情况下,一篇财务分析报告会涉及很多方面的内容,假如对所有的内容都面面俱到,没有主次之分,那么这篇财务分析报告就会显得散乱,没有重点。因此对于重点问题要深入论述,要善于从零散的分析中筛选出一两个较典型的问题,这种方法叫作"聚焦法",如图 3-1 所示。

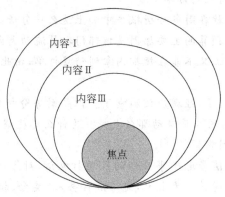

图 3-1 聚焦法

那么,究竟哪些问题可以作为焦点内容重点分析呢?事实上,不同的企业面临的情况会千差万别,有经验的财务分析人员一般通过前面零星的分析就能够敏锐地觉察到哪些问题可以作为焦点来写。笔者通过多年的财务分析经验,总结出这样几点可供参考。

(1) 利润的大幅变动,一般可作为重大焦点问题深入分析。无论是净利润、营业利润还是主营业务利润,或者是毛利,这些指标的大幅增加或者减少,都会受到企业管理者的高度关注,因此,这些内容是值得深入挖掘和分析的。

(2) 营业收入的增减变化也是企业管理者重点关注的问题。营业收入包括主营业务收入和其他业务收入,营业收入的一增一减都会牵动企业管理者的心,因为收入是企业前进的动力,收入没有增长或者负增长,说明企业的销售出了问题。尤其是在特殊阶段,比如说销售旺季、促销时期、新产品投放市场时期等,这些阶段都是管理者非常重视销售数字的阶段,因此在这些特殊时期,在财务分析时要将销售方面的数据分析全面、透彻,把它作为焦点问题重点论述绝对是必要的,也会引起管理者的高度关注。

(3) 应收账款问题。对于那些销售商品以赊销为主,账面上挂有大量应收账款的企业来说,定期进行应收账款的账龄分析以及应收款回笼速度分析是非常必要的。

目前很多企业成立专门的部门来管理应收账款,比如有的称为信用管理部,有的叫风险部,他们的职责就是控制赊销风险,降低坏账损失,增加企业利润。

对于那些应收账款占收入比重较大的企业来说,财务分析中将应收账款作为焦点问题分析是很有必要的。

(4) 存货问题。在流动资产管理中,存货是很重要的一块,尤其是以商品销售为主的企业,如商场超市、经销商、代理商等,存货周转的快慢、购销是否协调,直接关系到其是否能够盈利,甚至关系到企业的生死存亡。

因此在做财务分析时,可以把这一块作为重点问题做专题论述。

(5) 债务风险问题。当企业需要融资的时候,企业的管理者就会关注自己的企业债务风险是否高,偿债能力是否强,能不能从商业银行贷到款,能贷多少款等。在这种时候,财务分析员要不失时机地对债务风险方面的内容分析得深一些、细一些。

总之,一个原则,财务分析中的焦点问题都是和企业的经营情况紧密结合在一起的,作为一个专业的财务分析人员,要时刻了解公司的动态和经营现状,随时掌握财务中的热点问题、重点问题,从而在财务分析报告中能够做出一两个“焦点”的专题,焦点问题的分析往往能够为财务分析报告增添很多亮色。

4. 紧密结合企业自身经营业务

财务分析假如不与企业的经营业务结合在一起,是没有任何意义的。事实上,财务报表中每一个数字的背后都蕴含着丰富的内容,每一个数字的增减变动都昭示着企业经营政策、投资策略、筹资方式的变化,有些是企业主动变化,有些是被动变化。财务分析就需要找到这些差异变化的原因,分析那些主动变化所带来的积极影响和消极影响,同样要分析那些被动变化带来的风险和问题。

那么财务分析怎样与经营业务结合在一起分析呢?我们通过案例 3-5 来进行说明。

案例 3-5

帝王石化公司是一家生产、销售润滑油的民营企业,成立于 2000 年,经过 10 年的发展,已经由一家仅有 5 名员工,年销售收入 10 万元的小厂,快速成长为一家拥有 3 000 名员工,年销售收入超过 40 亿元的大型工业润滑油生产企业。我们仅以应付账款和营业收入这两个项目的数字为例,来说明了解企业的实际经营情况的重要性。

从表 3-20 中看到,2009—2011 年,营业收入增速尽管有所下滑,但是仍然保持着比较高的增长速度,但是我们看到应付账款在最近 3 年增幅非常小,2010 年仅比 2009 年增加118.95 万元,而同期营业收入增加 11 亿元,2011 年应付账款较上年增加 3 053.57 万元,而同期营业收入大幅增加了 12.82 亿元。

表 3-20　2009—2011 年帝王石化公司财务数据

项　　目	金额/万元	2009 年同比增长/%	金额/万元	2010 年同比增长/%	金额/万元	2011 年同比增长/%
应付账款	33 562.65	64.11	33 680.88	0.35	36 734.45	9.07
营业收入	189 852.22	120.56	299 966.51	58	428 232.18	42.76

一般来说,一家企业的营业收入大幅增加的同时,其采购货款的金额也会大幅增加,相应的应付账款也应该大幅增加才合乎常理,那么为什么帝王石化公司的营业收入和应付账

款的变化有些不同寻常呢？

事实上,造成这种状况的原因与帝王石化公司所处的行业环境有关。帝王石化的主营产品是润滑油,包括工业用润滑油、汽车用润滑油等,润滑油产品所需的原材料主要是基础油、添加剂、辅料等,其中基础油所用比例最大,但是中国的润滑油生产原料的供应基本被中国石油、中国石化两家企业垄断,中国石油旗下有昆仑润滑油,中国石化旗下有长城润滑油,由于帝王石化销售额的突飞猛进已经严重"侵犯"了昆仑润滑油和长城润滑油的市场利益,因此,中国石油和中国石化联合起来,千方百计地限制国内的基础油供应商向帝王石化供应基础油、添加剂、辅料等,这等于掐住了民营企业帝王石化的脖子,导致帝王石化在采购润滑油原材料时出现了困难,不得不采用现金支付的方式从国外、国内其他渠道采购,因此,即使是销售收入大幅增长的情况下,其应付账款也没有明显增加。

正是由于国企垄断润滑油原料的供应这种体制的因素,才导致了作为民营企业的帝王石化不得不以现金支付的方式来尽可能多地采购到生产原料。

对于帝王石化企业来说,应该在基础油采购方面投入更多的人力,从国外或者国内其他公司寻找更多能够购得原材料的供应商。

这个案例就是从一个侧面来说明这样一个问题：有些看起来不正常的财务指标,如果排除做假账的因素,往往是由其特殊的经营环境或者经营模式造成的,如果不了解企业的实际情况,凭空想象,往往会得出让人啼笑皆非的结论。

5. 财务分析中不要轻易下结论

财务分析最后需要有结论性的论述,但是在下结论时一定要慎重,尽可能不用过于武断的措辞,对于结论性语言一定要字斟句酌,每一个结论性的词语都要了解其给报告使用者带来的影响。

比如在分析企业的资产负债率时,不能用这样的结论性语句："本年度我公司的资产负债率高达 80%,这表明我公司的债务风险很高,偿债能力很差"。实际上,资产负债率很高也并不见得企业的债务风险就高,还要结合其资产的变现能力、负债的构成、现金流量的大小、业务增长的情况等多方面的因素来考虑,决不能仅凭一两个指标,就武断地得出"财务风险高,偿债能力很差"的结论。

再比如,假如企业的净利润为负值,那么就判断该公司的盈利能力很差,这显然是不行的。要分析造成亏损的原因是什么,是主营业务收入下降,还是主营业务成本的大幅上升所致,是投资损失过大还是营业外支出过大,是销售费用大幅增加还是筹资过多导致财务费用大幅增加所致等,要结合企业的具体情况具体分析,不能简单地根据亏损就得出盈利能力差的结论。

此外,由于非财务人员大多数不能真正读懂财务报表,他们对于财务分析报告中的结论性语言是很看重的,如果草率下结论,很可能会形成误导,从而给经营决策带来负面影响。

为了写好财务分析结论,分析人员对于一些结论性的措辞要非常清楚它的含义,例如,很好、较好、一般、尚可、较差、很差等,这些措辞都是在不同程度地表达财务状况的优劣程度,在表达时,一定要仔细斟酌使用哪一个词更能代表实际的经营状况。

3.3　财务分析综合案例

汽车制造业属于充分竞争的行业,目前中国汽车市场仍是外资品牌的汽车占据绝对主导地位,国产内资汽车在特种车、运输车等方面还有一定优势,在轿车领域全面处于下风。

人民币升值、原材料上涨、人工成本增加以及限购政策、环保政策的趋严,都给汽车制造业带来不利影响。

对汽车制造业公司的财务分析重点,是要考察其收入增长、利润变动、经营周期的长短以及现金流量的优劣。汽车制造业属于传统的工业制造行业,因此对工业制造业的财务分析应该对财务状况的各个方面都重视。

3.3.1　公司概况

北汽福田汽车股份有限公司(以下简称"福田汽车")成立于 1996 年 8 月 28 日,是一家国有控股上市公司。总部位于北京市昌平区,现有员工近 4 万人,是一个以北京为管理中心,在京、津、鲁、冀、湘、鄂、辽、粤、新 9 个省市区拥有整车和零部件事业部,研发分支机构分布在中国大陆、日本、德国、中国台湾等国家和地区的大型企业集团。2010 年,福田汽车各种车型销量为 682 895 辆。目前福田汽车旗下拥有欧曼、欧 V、欧马可、蒙派克、迷迪、风景、传奇、奥铃、萨普、拓路者、时代 11 个品牌。

2010 年福田汽车营业收入达到 534.92 亿元,较上年增长 19.30%,利润总额 9.14 亿元,较上年增长 49.63%,总资产为 246.41 亿元,较上年增长 39.55%,所有者权益为 80.61 亿元,较上年增长 97.85%。

福田汽车的主营业务范围主要是制造和销售汽车、低速汽车(不含小轿车)、农用车、机械电器设备、汽车零部件等产品。公司销售的产品主要有中重卡、轻卡、轻客、大中客等,2010 年产品销售占比如图 3-2 所示。

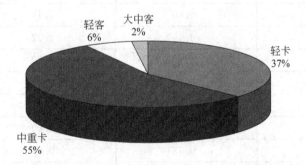

图 3-2　2010 年福田汽车主要业务收入中各产品构成比例

3.3.2　资金结构分析

从福田汽车公司的资金占用方面来看,2010 年流动资产占总资产的比例为 63.53%,固定资产占总资产的比例为 16.16%,在建工程占 8.13%。流动资产中,货币资金占总资产的比例为 21.81%,较上年下降 1.59%。存货占总资产的比例为 26.99%,较上年下降 0.73%。应收账款占总资产的比例为 3.98%,较上年下降 0.2%。预付账款占总资产的比例为 8％,较上年增加 0.82％。

可以看出,流动资产中,货币资金在最近两年的比例都在 20％以上,还是比较高的。存货占总资产的比例较高,应收账款所占比例比较低。

从非流动资产来看,固定资产占总资产的百分比有所下降,在建工程所占比例增加较多。长期股权投资减少了 1.2 个百分点。

从资金来源看,福田汽车来源于债务资金占 67.29％,较上年减少 9.64 个百分点,来源于权益资金占 32.71％。

在负债构成中,短期借款占总负债的百分比有所增加,2010 年为 1.21％,较上年增加 0.62％。应付账款占总负债的百分比为 36.54％,较上年增加 0.8％,预收款项占 28.07％,较上年增加 3.22％。长期借款占总负债的百分比为 8.33％,较上年增加 1.82％。

权益资金中,股本占股东权益的比重为 13.09％,资本公积占股东权益的百分比为 46.19％,盈余公积占股东权益的百分比为 11％,未分配利润占百分比为 29.73％。

总的来看,福田汽车资金结构呈现这样的特点:流动资产占主导地位,固定资产所占比重下降,债务资金所占比重降低,权益资金比重上升。在债务资金中,包括短期借款、长期借款等有息债务所占比重有所增加。2010 年福田汽车资金结构趋于稳健。

福田汽车 2009—2000 年资金结构百分比变动表如表 3-21 所示。

表 3-21　福田汽车 2009—2010 年资金结构百分比变动表

资产类 流动资产	2010 年期末 占总资产的百分比/％	2009 年期末 占总资产的百分比/％	变动/％
货币资金	21.81	23.39	−1.58
交易性金融资产	0.00	0.00	0.00
应收票据	1.31	0.00	1.31
应收账款	3.98	4.18	−0.20
预付账款	8.00	7.18	0.82
其他应收款	4.19	0.72	0.47
存货	26.99	27.72	−0.73
其他流动资产	0.05	0.07	−0.02
流动资产合计	63.53	63.34	0.19
非流动资产	0.00	0.00	0.00
可供出售金融资产	0.73	0.67	0.06
长期应收款	0.23	0.77	−0.53
长期股权投资	2.18	3.38	−1.20
投资性房地产	0.00	0.00	0.00
固定资产	16.61	20.66	−4.05
在建工程	8.13	1.79	6.34
固定资产清理	0.00	0.00	0.00

续表

资产类 流动资产	2010 年期末 占总资产的百分比/%	2009 年期末 占总资产的百分比/%	变动/%
无形资产	6.20	7.49	1.29
商誉	0.00	0.00	0.00
长期待摊费用	0.11	0.07	0.04
递延所得税资产	4.10	0.97	0.13
其他流动资产	0.12	0.12	0.00
非流动资产合计	36.47	36.66	−0.19
资产合计	100.00	100.00	0.00
流动负债			
短期借款	1.21	0.59	0.62
交易性金融负债	0.00	0.00	0.00
应付票据	0.25	7.21	−6.96
应付账款	36.54	35.74	0.80
预收款项	28.07	24.85	3.22
应付职工薪酬	5.11	3.75	1.37
应交税费	−2.03	0.04	−2.07
应付利息	0.09	0.10	−0.02
应付股利	0.02	0.03	−0.01
其他应付款	8.24	14.19	−2.95
一年内到期的非流动负债	1.66	1.06	0.61
其他流动负债	0.00	0.00	0.00
流动负债合计	79.16	84.55	−5.40
非流动负债	0.00	0.00	0.00
长期借款	8.33	6.51	1.82
应付债券	5.97	7.26	1.30
长期应付款	0.00	0.00	0.00
专项应付款	0.00	0.00	0.00
预计负债	0.00	0.00	0.00
递延所得税负债	0.12	0.08	0.04
其他非流动负债	6.42	1.59	4.83
非流动负债合计	20.84	11.45	5.40
负债合计	100.00	100.00	0.00
所有者权益（股东权益）	占股东权益的百分比	占股东权益的百分比	

资产类	2010 年期末	2009 年期末	变动/%
流动资产	占总资产的百分比/%	占总资产的百分比/%	
股本	13.09	22.49	−9.41
资本公积	46.19	33.27	12.92
盈余公积	11.00	12.47	−1.47
未分配利润	29.73	31.77	−2.04
外币报表折算差额	0.00	0.00	0.00
归属于母公司所有者权益	0.00	0.00	0.00
少数股东权益	0.00	0.00	0.00
所有者权益(股东权益)	100.00	100.00	0.00

3.3.3 偿债能力分析

2010 年福田汽车流动比率、速动比率、现金比率均较 2009 年有所提高,表明短期偿债能力有所增强,但流动比率、速动比率指标值仍偏低。资产负债率较上年下降 9.64 个百分点,产权比率由 2009 年的 333.37%下降到 205.67%,负债率的下降表明公司正进行去杠杆化的努力初见成效,杠杆效应的降低会降低财务风险。

2010 年的已获利息倍数为 30.84,较上年有所增加,表明公司利润对利息支出的保障能力增强,带息债务比率略有增加。

整体来看,福田汽车在 2010 年的短期偿债能力一般,但较上年有所增强,长期偿债能力也明显增强,公司有息债务有所增加,但利润对利息支出的保障能力较强,公司的偿债压力并不算大,债务风险有所下降,负债率略偏高,但仍在可控范围之内。

福田汽车 2009—2010 年偿债能力指标如表 3-22 所示。

表 3-22　福田汽车 2009—2010 年偿债能力指标

偿债能力指标	2010 年	2009 年	变　化
流动比率	4.19	0.97	0.22
速动比率	0.69	0.55	0.14
现金比率	0.41	0.36	0.05
资产负债率/%	67.29	76.93	−9.64
产权比率/%	205.67	333.37	−127.70
已获利息倍数	30.84	24.48	6.36
带息负债比率/%	17.25	15.52	1.73
或有负债比率/%	0.00	0.00	0.00

3.3.4　盈利能力分析

从 2010 年的盈利能力指标来看,毛利率、主营业务利润率、营业利润率、成本费用利润率、销售净利率、总资产报酬率均有所增加,虽然净资产收益率和资本收益率有所降低,但是 20.42% 的净资产收益率和 34.45% 的资本收益率仍然是很高的。

因此,可以说福田汽车 2010 年的盈利能力是较强的,并且比 2009 年有所提高。福田汽车 2009—2010 年盈利能力指标如表 3-23 所示。

表 3-23　福田汽车 2009—2010 年盈利能力指标

盈利能力指标	2010 年	2009 年	变　　化
毛利率/%	11.83	14.18	0.65
主营业务利润率/%	11.37	10.72	0.65
营业利润率/%	3.27	2.72	0.55
成本费用利润率/%	3.72	2.95	0.77
销售净利率/%	3.08	2.31	0.76
净资产收益率/%	20.42	25.46	−5.04
总资产报酬率/%	8.03	7.56	0.48
资本收益率/%	34.45	45.65	−11.20

3.3.5　营运能力分析

2010 年福田汽车的应收账款周转率、存货周转率、流动资产周转率、总资产周转率均有所下降,营业周期增加了 7 天,总体来看,营运能力有所下降。

但从指标数值来看,应收账款周转率为 54.48 次,还是比较高的,存货周转率 7.09 次,两项均高于行业平均值。

总体来看,福田汽车的营运能力较强,但较 2009 年有所下降。福田汽车 2009—2010 年营运能力指标如表 3-24 所示。

表 3-24　福田汽车 2009—2010 年营运能力指标

营运能力指标	2010 年	2009 年	变　　化
应收账款周转率/次	54.48	60.69	−6.21
存货周转率/次	7.09	8.14	−1.05
流动资产周转率/次	3.42	4.01	−0.59
总资产周转率/次	2.17	2.54	−0.37
营业周期/天	57	50	7

3.3.6　发展能力分析

2010 年福田汽车的营业收入增长率、营业利润增长率、净利润增长率较 2009 均出现大幅降低,表明该公司的业务增长速度以及利润增长速度都在下降。

总资产增长率下降 40.01％,资本保值增值率提高 62.51％。

2010 年营业收入增长率达到 19.3％,还是比较快的,营业利润增长率达到 43.37％,净利润增长率达到 58.69％,都比较高。

由此可见,福田汽车目前的营业收入、利润增长仍保持较高的增速,但是增长速度已经开始降低。总资产增长仍比较快,资本保值增值的速度也很快。福田汽车 2009—2010 年发展能力指标如表 3-25 所示。

表 3-25　福田汽车 2009—2010 年发展能力指标

发展能力指标	2010 年	2009 年	变　化
营业收入增长率/％	19.30	49.12	−29.82
营业利润增长率/％	43.37	682.43	−639.06
净利润增长率/％	58.69	200.18	−141.48
总资产增长率/％	39.55	79.56	−40.01
资本保值增值率/％	97.85	35.34	62.51

3.3.7　现金流量分析

2010 年福田汽车"现金及现金等价物净增加额"为 1 725 941 962.05 元,较 2009 年减少 1 373 080 950.24 元。其中"经营活动产生的现金流量净额"为 1 075 689 140.38 元,较上年减少 3 012 721 355.31 元,"投资活动产生的现金流量净额"为 −2 241 112 300.32 元,"筹资活动产生的现金流量净额"为 2 891 705 330.07 元。福田汽车 2009—2010 年现金流量指标如表 3-26 所示。

1. 经营活动产生的现金流量

"销售商品、提供劳务收到的现金"为 31 980 691 156.64 元,较 2009 年增加 267 986 563.96 元,"收到的其他与经营活动有关的现金"为 231 620 716.87 元,较上年增加 165 682 344.32 元。现金支出方面,"购买商品、接受劳务支付的现金"为 24 681 866 939.23 元,较上年增加 1 182 106 296.93 元,"支付给职工以及为职工支付的现金"为 2 240 541 607.24 元,较上年增加 920 138 544.37 元,"支付的各项税费"为 1 843 551 225.12 元,较上年增加 812 805 723.81 元。

2. 投资活动产生的现金流量

2010 年"取得投资收益所收到的现金"为 141 513.39 元,较上年减少 83 260.68 元,"处置固定资产、无形资产和其他长期资产所收回的现金净额"为 3 293 336.55 元,较上年减少 1 744 192.97 元,"收到的其他与投资活动有关的现金"为 1 008 352 343.40 元,较上年增加 831 028 545.10 元。

投资活动现金支出方面,2010 年"购建固定资产、无形资产和其他长期资产所支付的现金"为 3 089 898 936.37 元,较上年增加 2 330 561 762.70 元。

3. 筹资活动产生的现金流量

筹资活动现金收入方面,2010 年"吸收投资所收到的现金"为 2 457 997 038.00 元,"借款所收到的现金"为 1 433 659 738.64 元,较上年减少 186 340 261.36 元。

表3-26　福田汽车2009—2010年现金流量指标

单位：元

项　目	2010 年	2009 年	变　化
一、经营活动产生的现金流量：			
销售商品、提供劳务收到的现金	31 980 691 156.64	31 712 704 592.68	267 986 563.96
收到的税费返还	318 622 462.03	324 231 463.41	-5 609 001.38
收到的其他与经营活动有关的现金	231 620 716.87	65 938 372.55	165 682 344.32
现金流入小计	32 530 934 335.54	32 102 874 428.64	428 059 906.90
购买商品、接受劳务支付的现金	24 681 866 939.23	23 499 760 642.30	1 182 106 296.93
支付给职工以及为职工支付的现金	2 240 541 607.24	1 320 403 062.87	920 138 544.37
支付的各项税费	1 843 551 225.12	1 030 745 501.31	812 805 723.81
支付的其他与经营活动有关的现金	2 689 285 423.57	2 163 554 726.47	525 730 697.10
现金流出小计	31 455 245 195.16	28 014 463 932.95	3 440 781 262.21
经营活动产生的现金流量净额	1 075 689 140.38	4 088 410 495.69	-3 012 721 355.31
二、投资活动产生的现金流量：			
收回投资所收到的现金			0.00
取得投资收益所收到的现金	141 513.39	224 774.07	-83 260.68
处置固定资产、无形资产和其他长期资产所收回的现金净额	3 293 336.55	5 037 529.52	-1 744 192.97
处置子公司及其他营业单位收到的现金净额		-990 210.28	990 210.28
收到的其他与投资活动有关的现金	1 008 352 343.40	177 323 798.30	831 028 545.10
现金流入小计	1 011 787 193.34	1 817 595 891.61	830 191 301.73
购建固定资产、无形资产和其他长期资产所支付的现金	3 089 898 936.37	759 337 173.67	2 330 561 762.70
投资所支付的现金	15 970 557.29	134 828 097.85	118 857 540.56
对子公司及其他营业单位支付的现金净额		112 946.15	-112 946.15
支付的其他与投资活动有关的现金	147 030 000.00	147 030 000.00	147 030 000.00

续表

项　　目	2010 年	2009 年	变　化
现金流出小计	3 252 899 493.66	894 278 217.67	2 358 621 275.99
投资活动产生的现金流量净额	−2 241 112 300.32	−712 682 326.06	−1 528 429 974.26
三、筹资活动产生的现金流量：			0.00
吸收投资所收到的现金	2 457 997 038.00		2 457 997 038.00
借款所收到的现金	1 433 659 738.64	1 620 000 000.00	−186 340 261.36
发行债券所收到的现金		986 000 000.00	−986 000 000.00
收到的其他与筹资活动有关的现金			0.00
现金流入小计	3 891 656 776.64	2 606 000 000.00	1 285 656 776.64
偿还债务所支付的现金	679 294 803.79	2 759 065 795.68	−2 079 770 991.89
分配股利、利润或偿付利息所支付的现金	302 866 021.92	115 668 878.11	187 197 143.81
支付的其他与筹资活动有关的现金	17 790 620.86	8 375 000.00	9 415 620.86
现金流出小计	999 951 446.57	2 883 109 673.79	−1 883 158 227.22
筹资活动产生的现金流量净额	2 891 705 330.07	−277 109 673.79	3 168 815 003.86
四、汇率变动对现金的影响	−340 208.08	404 416.45	−744 624.53
五、现金及现金等价物净增加额	1 725 941 962.05	3 099 022 912.29	−1 373 080 950.24
六、现金流量比率指标			
销售收现率/%	59.79	70.72	−10.94
盈余现金保障倍数	0.65	3.94	−3.29
债务保障率/%	1 541.35	332.23	1 209.12
固定资产再投资率/%	287.25	18.57	268.68

筹资活动现金支出方面,"偿还债务所支付的现金"为 679 294 803.79 元,较上年减少 2 079 770 991.89 元,"分配股利、利润或偿付利息所支付的现金"为 302 866 021.92 元,较上年增加 187 197 143.81 元。

从 2010 年福田汽车现金流量来看,现金收入主要来自于经营活动获得的现金,筹资活动通过吸收投资、借款获得的现金收入也比较多。

现金支出方面,福田汽车支付的税费、支付给员工的现金支出、购买商品现金支出、购买固定资产的现金支出、偿还借款、分配股利、偿付利息等支付的现金都比较多。

总体来看,福田汽车的现金流量比较正常、良好,现金收入完全能够满足现金支出的需求,经营活动仍然能够创造足够的现金收入。

从现金流量相对指标来看,销售收现率和盈余现金保障倍数都比较高,表明销售商品获得的现金较好,利润中的现金含量较高,营业收入和利润的质量都比较好。

债务保障率很高,表明负债占经营活动产生的现金流量较大,现金偿债压力较大。

固定资产再投资率大幅提高,2010 年高达 287.25%,表明公司在固定资产方面的投入大幅增加。

3.3.8　财务分析结论

2009—2010 年福田汽车的财务状况和经营成果有以下几个特点。

第一,福田汽车 2010 年的负债率大幅下降,表明公司已经有意识地控制债务风险,但目前 67.29% 的资产负债率仍偏高,尤其是经营活动产生的现金流量对于债务的保障能力并不是很强。但由于公司拥有较强的融资能力,通过吸收投资、银行借款、发行债券等各方面获得较多的资金,债务风险并不高。

第二,福田汽车 2010 年的盈利能力较好,而且较去年有所增强。

第三,福田汽车公司的应收账款占资产的比重很小,应收账款回笼速度很快,存货周转速度也比较快。公司的营运能力还是比较强的,但是与上年相比,有所下降。

第四,尽管 2010 年福田汽车的营业收入、营业利润都保持了较高的增长速度,但是增长速度与去年相比大幅降低。增速下降的原因与经营大环境有关。金融危机的影响仍存在,福田汽车出口增速下降,国内汽车限购政策的实施,这些抑制了消费需求。

第五,福田汽车的现金流量表现良好,经营活动创造的现金收入仍较为充沛。

第4章

企业纳税实务综合实训

4.1 企业纳税实务综述

在现实经济生活中存在各种性质与类型的企业,不同的企业所从事的具体经济业务千差万别,所以涉及的具体税种也各不相同,应根据企业的具体情况确定应纳税种、税额计算方法、涉税会计处理方法、纳税申报方法与程序等。

4.1.1 工业企业纳税综述

工业企业在生产经营中,主要经过筹集资金、采购材料、生产产品、销售货物或提供劳务、回收货款、结算收益并进行利润分配等步骤,在这一系列的生产经营过程中,将主要涉及以下税种。

1. 印花税

工业企业在经济活动和经济交往中,发生书立、使用、领受具有法律效力的凭证的行为时,都需要缴纳印花税。

(1)权利、许可证照。工业企业领取的工商营业执照、房屋产权证、商标注册证、专利证、土地使用证等权利、许可证照,应按每件5元贴花。

(2)营业账簿。工业企业的营业账簿,除记载实收资本、资本公积的资金账簿按所载资金的0.5‰贴花外,其他账簿按每本5元贴花。

(3)产权转移书据。工业企业发生产权买卖、交换、赠与、分割等行为时,由立书据人按所载金额的0.5‰贴花,立书据人未贴花的,由持有人负责补贴印花;如果所立书据以合同方式签订,则应由持有书据的各方分别按所载金额的0.5‰贴花。股权转让书据,按所载金额的1‰贴花。

(4)经济合同。工业企业签订的借款合同应按借款金额的0.05‰贴花;购销合同、技术合同应按所载金额的0.3‰贴花;加工承揽合同、货物运输合同应按所载金额的0.5‰贴花;财产租赁合同、仓储保管合同、财产保险合同应按所载金额的1‰贴花。

2. 增值税

工业企业在我国境内销售货物、进口货物或提供应税劳务、应税服务、销售不动产、转让无形资产,应就其增值额缴纳增值税。

(1)销售货物。作为一般纳税人的工业企业销售货物时,应按所销售货物适用的税率计算销项税额,在抵扣进项税额后,就销项税额大于进项税额的差额缴纳增值税;小规模工业企业,按其不含税销售额的 3% 计算缴纳增值税。

(2) 提供应税劳务。作为一般纳税人的工业企业提供加工、修理修配劳务时,应按提供劳务收入的 17% 计算销项税额,在抵扣经过认定的进项税额后,就销项税额大于进项税额的差额缴纳增值税;小规模工业企业提供加工、修理修配劳务时,应按提供劳务不含税的收入额的 3% 计算缴纳增值税。

(3) 进口货物。作为一般纳税人的工业企业进口货物时,应在报关进口时在海关核定的关税完税价格的基础上按适用税率计算缴纳增值税,进口过程中交纳的增值税作为工业企业的进项税额核算;小规模工业企业进口货物时计算缴纳的增值税直接计入进口货物的成本。

(4) 提供应税服务。工业企业提供如租赁、运输等应税服务时,应按应税服务的适用税率计算缴纳增值税。

(5) 转让无形资产。工业企业转让土地使用权、专利权、非专利技术、商标权、著作权、商誉等无形资产时,应按转让价格计算缴纳增值税。

(6) 销售不动产。工业企业售建筑物或构筑物、销售其他土地附着物等不动产时,应计算缴纳增值税。

3. 消费税

生产应税消费品的工业企业,应就其生产加工、委托加工、自产自用及进口的应税消费品,按适用税率计算缴纳消费税。

(1) 加工应税消费品。工业企业生产应税消费品,应就其不含增值税的销售额按适用税率计算缴纳消费税。

(2) 自产自用应税消费品。工业企业将自产的应税消费品用于在建工程、管理部门、非生产机构、提供劳务、生产非应税消费以及用于馈赠、赞助、集资、广告、样品、职工福利、奖励等方面,应按移送使用数量,计算缴纳消费税。

(3) 委托加工应税消费品。工业企业委托加工的应税消费品应由受托方代收代缴消费税,工业企业收回加工的应税消费品后,如果用于连续生产消费品的,其已纳消费税款准予按照规定从连续生产的应税消费品应纳消费税税额中抵扣,如果收回加工的应税消费品后直接用于销售的,在销售时不再缴纳消费税,此时工业企业应将受托方代收代缴的消费税随同应支付的加工费一并计入委托加工的应税消费品成本之中。

(4) 进口应税消费品。工业企业进口的应税消费品,应在进口时计算缴纳消费税,缴纳的消费税应计入进口应税消费品的成本。

不涉及应税消费品的进口、生产的工业企业不需缴纳消费税。

4. 城市维护建设税

工业企业应就其当期实际缴纳的增值税、消费税的金额的一定比例计算缴纳城市维护建设税,其税率分别为市区 7%,县城和建制镇 5%,不在市区、县城或建制镇 1%。

5. 教育费附加

工业企业应就其当期实际缴纳的增值税、消费税的金额的 3% 计算缴纳教育费附加。

6. 关税

工业企业进出口货物时,应按进出口货物的完税价格及适用税率计算缴纳关税。

(1) 进口关税。工业企业进口货物时,应按进口货物的完税价格及适用税率计算缴纳关税,所缴纳的关税税额应计入进口货物的成本。

(2) 出口关税。工业企业出口享有出口免税的货物以外的货物时,应按出口货物的完税价格及适用税率计算缴纳出口关税,缴纳的出口关税税额计入当期的"增值税金及附加"账户。

7. 房产税

工业企业应每年就其房产价格或房产租金收入的一定比例计算缴纳房产税。

(1) 从价计征房产税。依照企业房产原值一次减除 10%～30% 后的余值按 1.2% 的比例计算缴纳房产税。

(2) 从租计征房产税。工业企业将自有房产出租的,应按房产的租金收入的 12% 计算缴纳房产税。

8. 城镇土地使用税

我国境内的城市、县城、建制镇、工矿区范围内拥有土地使用权的工业企业,应就其实际占用的土地面积为计税依据,按各地规定的单位税额计算缴纳城镇土地使用税。

9. 车船使用税

工业企业应就其在我国境内依法已在公安、交通、农业、渔业、军事等管理部门办理登记的车辆、船舶,根据其种类,按照规定的计税单位和年税额标准计算缴纳车船使用税。

10. 企业所得税

工业企业应就其生产经营所得和其他所得按 25% 的税率计算缴纳企业所得税。

11. 个人所得税

企业应就其员工的工资、薪金所得,雇用员工的劳务报酬等按适用税率代扣代缴个人所得税。

除上述税种外,工业企业在生产经营过程中,如涉及土地使用权、地上建筑物的转让,还须就转让土地使用权或地上建筑物的增值额按适用税率计算缴纳土地增值税;如涉及购买车辆,还须就购买车辆的价款计算缴纳车辆购置税,并将缴纳的车辆购置税计入所购车辆的成本;如涉及土地、房屋权属的购入,应按所购土地或房屋的价值计算缴纳契税,并将所缴纳的契税款项计入所购土地或房屋的成本。

4.1.2　商品流通企业纳税综述

商品流通企业在生产经营中,主要经过筹集资金、采购商品、销售商品、回收货款、结算收益并进行利润分配等步骤,在这一系列的经营过程中,将主要涉及以下税种。

1. 印花税

商品流通在经济活动和经济交往中,发生书立、使用、领受具有法律效力的凭证的行为时,都需要缴纳印花税。

(1) 权利、许可证照。商品流通企业领取的工商营业执照、房屋产权证、商标注册证、专利证、土地使用证等权力、许可证照,应按每件 5 元贴花。

(2) 营业账簿。商品流通企业的营业账簿,除记载实收资本、资本公积的资金账簿按所载资金的 0.5‰ 贴花外,其他账簿按每本 5 元贴花。

(3) 产权转移书据。工商品流通企业发生产权买卖、交换、赠与、分割等行为时,由立书据人按所载金额的 0.5‰ 贴花,立书据人未贴花的,由持有人负责补贴印花;如果所立书据以合同方式签订,则应由持有书据的各方分别按所载金额的 0.5‰贴花。股权转让书据,按所载金额的 1‰贴花。

(4) 经济合同。商品流通企业签订的借款合同应按借款金额的 0.05‰贴花;购销合同应按所载金额的 0.3‰贴花;货物运输合同应按所载金额的 0.5‰贴花;财产租赁合同、仓储保管合同、财产保险合同应按所载金额的 1‰贴花。

2. 增值税

商品流通企业在我国境内销售货物、进口货物、提供应税服务、销售不动产、转让无形资产,应就其增值额缴纳增值税。

(1) 销售货物。作为一般纳税人的商品流通企业销售货物时,应按所销售货物适用的税率计算销项税额,在抵扣进项税额后,就销项税额大于进项税额的差额缴纳增值税;小规模商品流通企业,按其不含税销售额的 3%比例计算缴纳增值税。

(2) 进口货物。作为一般纳税人的商品流通企业进口货物时,应在报关进口时在海关核定的关税完税价格的基础上按适用税率计算缴纳增值税,进口过程中缴纳的增值税作为商品流通企业的进项税额核算;小规模商品流通企业进口货物时计算缴纳的增值税直接计入进口货物的成本。

(3) 提供应税服务。商品流通企业提供交通运输服务、邮政服务、电信服务、金融服务、现代服务、生活服务时应按应税服务收入的适用税率计算缴纳增值税。

(4) 销售不动产。商品流通企业售建筑物或构筑物、销售其他土地附着物等不动产时,应计算缴纳增值税。

(5) 转让无形资产。商品流通企业转让土地使用权、专利权、非专利技术、商标权、著作权、商誉等无形资产时,应按转让价格计算缴纳增值税。

3. 城市维护建设税

商品流通企业应就其当期实际缴纳的增值税、消费税的金额的一定比例计算缴纳城市维护建设税,其税率分别为市区 7%,县城和建制镇 5%,不在市区、县城或建制镇 1%。

4. 教育费附加

商品流通企业应就其当期实际缴纳的增值税、消费税的金额的 3%计算缴纳教育费附加。

5. 关税

商品流通企业进出口货物时,应按进出口货物的完税价格及适用税率计算缴纳关税。

(1) 进口关税。商品流通企业进口货物时,应按进口货物的完税价格及适用税率计算缴纳关税,所缴纳的关税税额应计入进口货物的成本。

(2) 出口关税。商品流通企业出口享有出口免税的货物以外的货物时,应按出口货物的完税价格及适用税率计算缴纳出口关税,缴纳的出口关税税额计入当期的"增值税金及附加"账户。

6. 房产税

商品流通企业应每年就其房产价格或房产租金收入的一定比例计算缴纳房产税。

(1) 从价计征房产税。依照企业房产原值一次减除 10%～30%后的余值按 1.2%的比例计算缴纳房产税。

(2) 从租计征房产税。商品流通企业将自由房产出租的,应按房产的租金收入的 12%

计算缴纳房产税。

7. 城镇土地使用税

我国境内的城市、县城、建制镇、工矿区范围内拥有土地使用权的商品流通企业,应就其实际占用的土地面积为计税依据,按各地规定的单位税额计算缴纳城镇土地使用税。

8. 车船使用税

商品流通企业应就其在我国境内依法已在公安、交通、农业、渔业、军事等管理部门办理登记的车辆、船舶,根据其种类,按照规定的计税单位和年税额标准计算缴纳车船使用税。

9. 企业所得税

商品流通企业应就其生产经营所得和其他所得按 25% 的税率计算缴纳企业所得税。

10. 个人所得税

企业应就其员工的工资、薪金所得,雇用员工的劳务报酬等按适用税率代扣代缴个人所得税。

除上述税种外,商品流通企业在经营过程中,如涉及土地使用权、地上建建筑的转让,还须就转让土地使用权或地上建筑物的增值额按适用税率计算缴纳土地增值税;如涉及购买车辆,还须就购买车辆的价款计算缴纳车辆购置税,并将缴纳的车辆购置税计入所购车辆的成本;如涉及土地、房屋权属的购入,应按所购土地或房屋的价值计算缴纳契税,并将所缴纳的契税款项计入所购土地或房屋的成本;如涉及零售金银饰品、销售自酿啤酒等,应就其不含增值税的销售额计算缴纳消费税。

4.1.3 服务性企业纳税综述

服务性企业在经营中,主要经过筹集资金、提供劳务、回收款项、结算收益并进行利润分配等步骤,在这一系列的经营过程中,将主要涉及以下税种。

1. 印花税

服务性企业在经济活动和经济交往中,发生书立、使用、领受具有法律效力的凭证的行为时,都需要缴纳印花税。

(1) 权利、许可证照。服务性企业领取的工商营业执照、房屋产权证、商标注册证、专利证、土地使用证等权利、许可证照,应按每件 5 元贴花。

(2) 营业账簿。服务性企业的营业账簿,除记载实收资本、资本公积的资金账簿按所载资金的 0.5‰ 贴花外,其他账簿按每本 5 元贴花。

(3) 产权转移书据。服务性企业发生产权买卖、交换、赠与、分割等行为时,由立书据人按所载金额的 0.5‰ 贴花,立书据人未贴花的,由持有人负责补贴印花;如果所立书据以合同方式签订,则应由持有书据的各方分别按所载金额的 0.5‰ 贴花。股权转让书据,按所载金额的 1‰ 贴花。

(4) 经济合同。服务性企业签订的借款合同应按借款金额的 0.05‰ 贴花;购销合同、建筑安装工程承包合同、技术合同应按所载金额的 0.3‰ 贴花;加工承揽合同、建设工程勘察设计合同、货物运输合同应按所载金额的 0.5‰ 贴花;财产租赁合同、仓储保管合同、财产保险合同应按所载金额的 1‰ 贴花。

2. 增值税

服务性企业在中华人民共和国境内提供应税服务、转让无形资产或销售不动产时应计算缴纳增值税。

（1）提供增值税应税服务。服务性企业提供如文化体育、旅游、租赁、娱乐服务等增值税应税劳务时，应按服务收入的适用税率计算缴纳增值税。

（2）转让无形资产。服务性企业转让土地使用权、专利权、非专利技术、商标权、著作权、商誉等无形资产时，应按转让价格计算缴纳增值税。

（3）销售不动产。服务性企业售建筑物或构筑物、销售其他土地附着物等不动产时，应计算缴纳增值税。

3. 城市维护建设税

服务性企业应就其当期实际缴纳的增值税金额的一定比例计算缴纳城市维护建设税，其税率分别为市区 7％，县城和建制镇 5％，不在市区、县城或建制镇的 1％。

4. 教育费附加

服务性企业应就其当期实际缴纳的增值税的金额 3％计算缴纳教育费附加。

5. 房产税

服务性企业应每年就其房产价格或房产租金收入的一定比例计算缴纳房产税。

（1）从价计征房产税。依照企业房产原值一次减除 10％～30％后的余值按 1.2％的比例计算缴纳房产税。

（2）从租计征房产税。服务性企业将自由房产出租的，应按房产的租金收入的 12％计算缴纳房产税。

6. 城镇土地使用税

我国境内的城市、县城、建制镇、工矿区范围内拥有土地使用权的工业企业，应就其实际占用的土地面积为计税依据，按各地规定的单位税额计算缴纳城镇土地使用税。

7. 车船使用税

服务性企业应就其在我国境内依法已在公安、交通、农业、渔业、军事等管理部门办理登记的车辆、船舶，根据其种类，按照规定的计税单位和年税额标准计算缴纳车船使用税。

8. 企业所得税

服务性企业应就其生产经营所得和其他所得按 25％的税率计算缴纳企业所得税。

9. 个人所得税

企业应就其员工的工资、薪金所得，雇用员工的劳务报酬等按适用税率代扣代缴个人所得税。

除上述税种外，服务性企业在生产经营过程中，如涉及土地使用权、地上建筑物的转让，还须就转让土地使用权或地上建筑物的增值额按适用税率计算缴纳土地增值税；如涉及购买车辆，还须就购买车辆的价款计算缴纳车辆购置税，并将缴纳的车辆购置税计入所购车辆的成本；运输企业在从事运输服务的同时还销售货物的，应一并缴纳增值税。

4.1.4　其他企业纳税综述

1. 金融企业纳税综述

金融企业在经营中，主要经过筹集资金、提供金融服务、结算收益并进行利润分配等步骤，在这一系列的经营过程中，将主要涉及印花税、增值税、城市维护建设税、教育费附加、房产税、城镇土地使用税、车船使用税、企业所得税、代扣代缴个人所得税，此外，金融企业在经营过程中,还可能涉及土地增值税、车辆购置税、契税等。

2．房地产开发企业纳税综述

房地产开发企业在经营中,主要经过筹集资金、房地产开发和销售、回收销售款、结算收益并进行利润分配等步骤,在这一系列的经营过程中,将主要涉及印花税、增值税、土地增值税、城市维护建设税、教育费附加、房产税、城镇土地使用税、车船使用税、企业所得税,代扣代缴个人所得税,此外,房地产企业在经营过程中,还可能涉及车辆购置税、契税等。

3．采掘类企业纳税综述

采掘类企业在生产经营中,主要经过筹集资金、开采矿产资源或生产盐、回收货款、结算收益并进行利润分配等步骤,在这一系列的生产经营过程中,将主要涉及印花税、增值税、资源税、城市维护建设税、教育费附加、房产税、城镇土地使用税、车船使用税、企业所得税、代扣代缴个人所得税,此外,采掘类企业在经营过程中,还可能涉及耕地占用税、土地增值税、车辆购置税、契税等。

4.2　企业纳税实务综合案例

4.2.1　案例资料

1．企业概况

(1) 纳税人名称:哈尔滨市军工酒业股份有限公司

(2) 纳税人类型:股份有限责任公司(增值税一般纳税人)

(3) 法定代表人:王明星

(4) 地址及电话:哈尔滨市香坊区和平路 100 号;0451-82937812

(5) 开户行及账号:工商银行哈尔滨市香坊区支行 35000431090002277420

(6) 税务登记号:230110690112633

(7) 主管国税机关:哈尔滨市香坊区国家税务局

主管地税机关:哈尔滨市香坊区地方税务局

2．业务资料

(1) 一般业务资料

该公司执行新会计准则与现行税收政策,会计核算健全。公司总股份为 10 000 万股,总股本为 10 000 万元。主要生产粮食白酒和薯类白酒,设有加工车间和负责全厂动力供应的动力车间,另设有一内部职工医院。在职人员 560 人,办税人员王丽萍。其他相关资料如下。

① 2013 年 3 月 1 日与哈尔滨市永利有限责任公司共建一联营企业——哈尔滨市育才有限责任公司,占其投资的比例 30%,采用权益法核算。2015 年 1 月 1 日对哈尔滨市华美公司投资,投资比例为 10%,不具有重大影响,采用成本法核算。

② 年末按“应收账款余额百分比法”计提坏账准备,计提比例为 5%。

③ 存货的收发按实际成本核算。本月入库产成品的实际成本于月终根据“产成品成本汇总表”一次结转;本月领用的材料、包装物等按先进先出法于月终编制汇总表一次结转;本月销售发出的产成品实际成本随销随转,薯类白酒与粮食白酒单位成本均按 2 000 元/吨结

转成本。

④ 固定资产提取折旧均采用平均年限法,其中房屋建筑物折旧期限 50 年,机器设备 10 年,运输工具 5 年,其他 10 年。假设所有固定资产净残值率均为 5%。

⑤ 流转税不享受税收优惠政策,该企业为增值税一般纳税人,增值税税率为 17%。经主管税务机关核定,纳税期限为 1 个月。

⑥ 粮食白酒和薯类白酒消费税税率的比例税率为 20%,定额税率为 0.5 元/斤(1 斤 = 500 克);酒精和其他酒的消费税税率分别为 5% 和 10%。该公司纳税期限为 1 个月,月末一次性集中计算消费税并进行会计处理。

⑦ 增值税核定为查账征收,城市维护建设税和教育费附加分别按流转税额的 7% 和 3% 计算缴纳。纳税期限均为 1 个月。

⑧ 工资薪金所得按七级超额累进税率计算代扣代缴的个人所得税,工资薪金所得的扣费标准为 3500 元/(人·月)。

⑨ 企业所得税不享受税收优惠政策,公司的所得税税率为 25%,采用按月预缴,年终汇算清缴的征收方法。截至 12 月 31 日已预缴 1—11 月的企业所得税 23 331 000 元。

⑩ 合同和其他证照已按规定贴印花税。

⑪ 房产税、车船税和城镇土地使用税假定按月计提,年终一次缴纳,企业自行申报车船税。相关资料如下。

a. 公司生产经营用房的会计账簿记载为房产原值 6 000 万元,包括冷暖通风等设备 300 万元和门面房 6 间;该公司拥有的内部职工医院的房产原值为 400 万元;在郊区以外的农村拥有一个仓库,房产原值 600 万元。当地规定允许减除房产原值的 30%。

b. 公司土地使用证书记载生产经营用房除门面房 6 间占地面积 1 760.834 平方米,属二等地段外,其他占用土地面积为 13 100 平方米,经确定属一等地段;内部职工医院坐落在市区的三等地段,共占地 2 000 平方米;仓库占地面积为 2 400 平方米(哈尔滨市城镇土地使用税的纳税等级规定为:每平方米年纳税额一级土地 30 元,二级土地 24 元,三级土地 18 元,四级土地 12 元,五级土地 3 元,六级土地 1.5 元)。

c. 公司拥有车辆情况如下:拥有轿车 2 辆;拥有乘人客车 8 辆,均为 26 座,其中 6 辆用于接送本单位职工上下班,2 辆由其内部职工医院专用;拥有自重吨位为 10 吨的载货汽车 4 辆;另有 4 辆无行驶执照,仅在厂区内部行驶的载货汽车,自重吨位均为 2.5 吨(哈尔滨市车船税的每年税额为:大型客车 600 元,中型客车 540 元,小型客车 480 元,微型客车 300 元,摩托车 120 元,载货汽车按自重吨位每吨 96 元)。

⑫ 公司按各月应付工资总额计提各月职工养老保险金、职工工伤保险金、职工失业保险金、职工医疗保险金、职工生育保险金及职工住房公积金,该公司对这五类基本社会保险费及住房公积金的计提比例分别是 20%、1%、2%、6%、1% 和 10%。基本社会保险费和住房公积金的缴存基数和比例符合当地政府的规定。

⑬ 月末进行纳税调整时,假定 1—11 月除工资、职工福利费、职工教育经费、工会经费、公益性捐赠、业务招待费、广告费及业务宣传费需要在年末调整外,没有其他应纳税调整事项。1—12 月每月的工资费用相同,1—11 月实际发生的职工福利费累计为 1 999 818 元;1—11 月实际发生的职工教育经费累计为 349 960 元。企业依法建立了工会组织,每月按照全部职工工资总额的 2% 向工会拨缴工会经费。

⑭ 2015 年 12 月 1 日的期初余额如表 4-1 所示。

表 4-1　期初余额表

单位：元至角分

总账科目	明细科目	借方余额	贷方余额
库存现金		7 600.00	
银行存款		45 223 205.24	
	——工行	44 245 299.24	
	——中行（美元户）	977 906.00	
其他货币资金		60 000.00	
	——存出投资款	60 000.00	
交易性金融资产		1 412 000.00	
	——成本——永谊	12 000.00	
	——成本——兴旺	1 400 000.00	
应收票据		1 640 000.00	
	——江山公司	40 000.00	
	——元亨公司	1 600 000.00	
应收账款		800 000.00	
应收利息		15 880.70	
其他应收款		18 000.00	
坏账准备			2 000.00
	——应收账款		2 000.00
预付账款		420 000.00	
	——凯利公司	420 000.00	
原材料		1 894 200.00	
	——甲原料	1 000 000.00	
	——乙原料	894 200.00	
库存商品		1 670 520.00	
	——粮食白酒	842 120.00	
	——薯类白酒	600 400.00	
	——其他酒	228 000.00	
委托加工物资	——食用酒精	168 000.00	
周转材料		60 980.00	
	——包装物	60 980.00	

续表

总账科目	明细科目	借方余额	贷方余额
存货跌价准备			
持有至到期投资		400 000.00	
长期股权投资		40 000 000.00	
	——育才	30 000 000.00	
	——华美	10 000 000.00	
固定资产		74 880 000.00	
累计折旧			15 692 066.00
固定资产减值准备			
在建工程		2 880 000.00	
工程物资		1 982 000.00	
固定资产清理		19 320.00	
无形资产		1 471 200.00	
	——1 号专利权	271 200.00	
	——2 号专利权	1 200 000.00	
累计摊销			131 200.00
无形资产减值准备			
短期借款			1 072 000.00
应付账款			326 546.66
	——黎明农场		142 380.00
	——方正天明公司		184 166.66
应付票据			1 000 000.00
	——双城粮食基地		1 000 000.00
应付职工薪酬			556 104.08
应交税费			1 643 994.98
	——未交增值税		30 000.00
	——应交消费税		570 000.00
	——应交城建税		44 800.00
	——应交增值税		40 000.00
	——应交个人所得税		13 620.00
	——应交房产税		437 800.00
	——应交车船税		7 370.00

续表

总账科目	明细科目	借方余额	贷方余额
	——应交城镇土地使用税		398 985.26
	——应交企业所得税		82 216.72
	——应交教育费附加		19 200.00
应付利息			1 800.00
	——计提利息		1 800.00
长期借款			22 347 320.00
股本			100 000 000.00
资本公积			13 860 000.00
盈余公积			6 886 600.00
本年利润			7 239 650.16
利润分配			5 723 624.06
生产成本		1 460 000.00	
基本生产成本	——粮食白酒	1 040 000.00	
	——薯类白酒	420 000.00	
合计		176 482 905.94	176 482 905.94

⑮ 2015 年 1—11 月的利润表见表 4-2。

表 4-2 利润表
2015 年 11 月

编制单位：哈尔滨市军工酒业股份有限责任公司　　　　　　　　　　　　单位：元

项　　目	行次	本月数	本年累计数
一、营业收入	1		48 933 965.92
减：营业成本	4		17 784 000.00
增值税金及附加	5		17 132 257.78
销售费用	14		400 350.00
其中：广告费和业务宣传费			200 000.00
管理费用	15	（略）	4 806 489.00
其中：业务招待费			380 000.00
财务费用	16		246 793.26
资产减值损失			
加：公允价值变动损益（损失以"－"号填列）	19		1 760 000.00
投资收益（损失以"－"号填列）			
其中：对联营企业和合营企业的投资收益			10 324 075.88
二、营业利润（亏损以"－"号填列）	18		
加：营业外收入	23		1 845 111.00
减：营业外支出	25		2 516 320.00

续表

项　　目	行次	本月数	本年累计数
其中：公益性捐赠			1 280 000.00
非流动资产处置损失	27		
三、利润总额（亏损总额以"－"号填列）			9 652 866.88
减：所得税费用	28		2 413 216.72
四、净利润（净亏损以"－"号填列）	30		7 239 650.16
五、每股收益			
（一）基本每股收益			
（一）稀释每股收益			

（2）本月模拟业务资料

企业 2015 年 12 月发生的主要经济业务如下。

【业务 1】　12 月 1 日，行政办公室购买办公用品，以现金 370 元付讫。

【业务 2】　12 月 1 日，向哈尔滨市元亨公司开出转账支票一张，购买甲原料 800 千克，单价 650 元，价款 520 000 元；增值税 88 400 元，对方代垫运费 6 000 元，共计 614 400 元。材料已到达企业，并验收入库。

【业务 3】　12 月 1 日，在哈尔滨市证券交易营业所售出本年购入用于短期获利的 000581 公司债券，收到 12 261.48 元，其账面余额为购入的成本 12 000 元。

【业务 4】　12 月 2 日，管理人员发现上月购进的甲原料 105 千克被盗，金额 63 000 元（其中含分摊的运输费用 9 300 元）。

【业务 5】　12 月 2 日，销售使用过的厂房一幢，原值 40 000 000 元，已提折旧 1 200 000 元，取得销售额 42 840 000 元。

【业务 6】　本企业的一台机床在 11 月 20 日因意外事故遭受严重毁损，已于 11 月份取得保险赔偿金 8 000 元。12 月 2 日，计算出清理净损失为 19 320 元。

【业务 7】　12 月 2 日，公司开出 3 个月期的无息商业承兑汇票，从哈尔滨市南山公司购买乙原料 400 千克，单价 550 元，价款 220 000 元，增值税 37 400 元，共计 257 400 元。材料已验收入库。

【业务 8】　12 月 3 日，经有关部门批准从美国进口自用小轿车 6 辆，进口申报价格为离岸价格（FOB）每辆 20 000 美元，运抵我国海关前发生的运输费用和保险费用占货价的比例分别为 2‰和 3‰。上述款项 122 760 美元通过中行美元账户支付，当日的人民币外汇牌价中间价为 ＄100＝￥685。

【业务 9】　12 月 3 日，开出转账支票，支付街道绿化赞助支出 16 000 元。

【业务 10】　12 月 3 日，以现金支付管理部门职工家属丧葬补助费 2 140 元。

【业务 11】　12 月 4 日，购入 LG 计算机 48 台，价款共计 408 000 元，增值税 69 360 元，共计 477 360 元，款项用转账支票付讫。计算机在当天交付管理部门使用。

【业务 12】　12 月 4 日，海关填发税款缴纳凭证，当日的人民币外汇牌价中间价为 ＄100＝￥685，小轿车关税税率 25％、按气缸容量适用的消费税税率为 9％。公司当天向海关缴纳了关税 210 226.50 元、增值税 196 365.42 元和消费税 103 955.16 元，并取得了完税凭证。

当天企业又向国税局申请并缴纳了车辆购置税 115 509.06 元。

【业务 13】　12 月 4 日,用工行存款支付管理人员资料费 40 000 元。

【业务 14】　12 月 5 日,以银行存款支付食堂购买炊事用具款 2 620 元。

【业务 15】　上月 20 日提供一批生产食用酒精的材料 160 000 元给华润集团公司,委托其加工酒精,受托方上月已代垫辅助材料 8 000 元。本月应支付的加工费为 30 000 元(不含税)。受托方同类消费品的销售价格为 270 000 元。12 月 5 日,以银行存款向受托方付清加工费和相关税金 48 600 元。该批酒精准备全部用于销售。

【业务 16】　12 月 5 日,报销产品展销费 6 400 元,以转账支票付讫。

【业务 17】　12 月 5 日,收回华润集团公司加工成的食用酒精,支付给运输单位的运输费用 16 000 元,取得普通发票。委托加工的产品成本共计 226 380 元,产品已经入库。

【业务 18】　12 月 6 日,以银行存款支付粮食白酒车间职工顾小红的产假补助 2 800 元。

【业务 19】　12 月 6 日,带包装销售粮食白酒 40 吨,白酒单价 5 800 元,价款 232 000 元,包装物价款 50 000 元,增值税 47 940 元,价税合计 329 940 元。款项已经存入银行。粮食白酒的成本为 2 000 元/吨(假定当月销售的粮食白酒成本均为 2 000 元/吨)。

【业务 20】　12 月 6 日,用支票直接向方正天顺农场收购用于生产加工的农产品一批,已验收入库,收购凭证上注明价款为 252 000 元。

【业务 21】　12 月 7 日,转让 1 号专利权的所有权,收取价款 270 000 元,已办理进账手续。该专利权的账面余额为 271 200 元,累计摊销为 30 000 元。另外用支票支付转让咨询费 4 000 元。

【业务 22】　12 月 7 日,用自产粮食白酒 20 吨抵偿黎明农场大米款 142 380 元,不足或多余部分不再结算。该粮食白酒每吨本月售价在 5 500～6 500 元浮动,平均售价为 6 000 元。

【业务 23】　12 月 7 日,购买印花税票以备自行贴花,款项 2 520 元以银行支票支付。

【业务 24】　12 月 8 日,公司向红太阳超市销售用上月外购酒精生产的粮食白酒 100 吨,每吨售价 6 000 元,共计 600 000 元,增值税 102 000 元,价税合计 702 000 元(外购酒精支付含增值税价款为 163 800 元,酒精的消费税税率为 5%),款项尚未收到,给予对方(2/10,1/20,n/30)的现金折扣条件。

【业务 25】　12 月 8 日,支付本月应付职工工资共计 1 278 400 元,同时代扣个人所得税额为 13 620 元。

【业务 26】　12 月 8 日,从哈尔滨市元亨公司购入甲原料 4 000 千克,单价 750 元,价款 3 000 000 元,增值税 510 000 元,价税合计 3 510 000 元。材料已验收入库,款项尚未支付。

【业务 27】　12 月 9 日,收到红太阳超市的货款 690 000 元,存入银行。

【业务 28】　12 月 9 日,收到职工李威违章操作罚款现金 7 601 元。

【业务 29】　12 月 10 日,缴纳上月的未交增值税 30 000 元和消费税 570 000 元。上月共计销售白酒 250 吨,计税销售收入为 1 600 000 元(其中粮食白酒的计税销售收入为 1 000 000 元,薯类白酒的计税销售收入为 60 000 元),与其配比的可扣除进项税额为 242 000 元(其中粮食白酒为 150 000 元,薯类白酒为 92 000 元)。

【业务 30】　12 月 10 日,缴纳上月营业税 40 000 元、城建税 44 800 元、教育费附加 19 200 元及代扣代缴的个人所得税 13 620 元。上月应交营业税属于转让特许经营权取得 800 000 元收入所致。个人所得税中适用 5% 税率的工资薪金为 938 400 元,共计 460 人;适用 10% 税率的工资薪金为 156 000 元,共计 60 人;适用 15% 税率的工资薪金为 184 000 元, 共计 40 人。

【业务 31】　12 月 10 日,缴纳上月税收滞纳金 27 171 元。

【业务 32】　12 月 11 日,采用转账支票结算方式向哈尔滨市振东公司销售粮食白酒 40 吨,单价 6 000 元,价款 240 000 元,增值税 40 800 元,价税合计 280 800 元。已办理进账 手续。

【业务 33】　12 月 11 日,将生产用的乙原料 350 千克移送本企业蒸馏车间基建工程使 用,材料采购成本为 168 000 元。

【业务 34】　12 月 12 日,按照预付货款购货合同,哈尔滨市凯利公司把乙原料 750 千克 发运到本公司,单价 480 元,价款 360 000 元,增值税 61 200 元,价税合计 421 200 元。材料 已验收入库。

【业务 35】　12 月 13 日,为解决本企业职工子女入学问题,开出转账支票一张,向一三 七小学直接捐款 60 000 元。

【业务 36】　12 月 14 日,向大地公司销售粮食白酒 160 吨,单价 6 200 元,价款 992 000 元,增 值税 168 640 元,价税合计 1 160 640 元。同时,出借旧包装物给大地公司,并收取押金 46 800 元,款项以转账支票结清,已办妥进账手续。出借包装物采用一次摊销法。

【业务 37】　12 月 15 日,开出转账支票,捐赠给哈尔滨市减灾委员会 100 000 元。

【业务 38】　12 月 15 日,向宏发公司发出薯类白酒 240 吨,单价 4 500 元,价款 1 080 000 元,增值税 183 600 元,价税合计 1 263 600 元。该批商品的单位成本为 2 000 元, 价税款以转账支票结清,已办妥进账手续。

【业务 39】　12 月 16 日,购入一批生产用甲材料,取得普通发票,金额 70 200 元,材料 已入库,材料款用支票支付。另支付运输部门运杂费 6 000 元,其中运费 4 400 元,建设基金 600 元,装卸费 640 元,保险费 360 元。

【业务 40】　12 月 17 日,经过清理往来账户,发现一笔确实无法支付的应付账款,金额 184 166.66 元。

【业务 41】　12 月 18 日,以委托收款结算方式向盛京公司销售粮食白酒 60 吨,单价 5 900 元,价款 354 000 元,增值税 60 180 元,价税合计 414 180 元,已办妥托收手续。以支 票支付销售运费 7 000 元。另支付银行手续费 100 元。

【业务 42】　12 月 19 日,销售使用过的小汽车 1 辆,原值 250 000 元,已提折旧 140 000 元,取 得销售额 90 000 元。

【业务 43】　12 月 19 日,生产加工一批保健酒 600 箱,每箱成本价 380 元,该新产品无 同类产品市场价格,按成本价全部售给本企业职工,取得销售额 228 000 元。

【业务 44】　12 月 20 日,根据实存账存报告单反映,乙原料发生非常损失,盘亏 80 千 克,该批材料购进单价为 500 元,进项税税率为 17%。

【业务 45】　12 月 20 日,开出转账支票一张,通过公益性社会团体爱心基金会向希望工程捐款 20 000 元。

【业务 46】　12 月 21 日,开出转账支票,支付因环境污染被环保局处罚的 40 000 元罚款。

【业务 47】　12 月 22 日,归还到期的短期借款本金 72 000 元和利息 2 160 元。

【业务 48】　12 月 22 日,支付银行结算手续费 240 元。

【业务 49】　12 月 22 日,预提 12 月份的长期借款利息 100 000 元,该笔借款系 2010 年 1 月 1 日向银行借入,金额 20 000 000 元,年利率为 6%,期限为两年,到期一次还本付息。其中 16 000 000 元用于蒸馏车间基建工程,4 000 000 元用于生产经营周转用款。

【业务 50】　12 月 23 日,向银行支付银行罚息 20 000 元。

【业务 51】　12 月 23 日,收取中行存款利息 536.52 元。

【业务 52】　12 月 24 日,接到委托收款付款通知,支付香坊区自来水公司水费 17 808 元,其中包括增值税 1 008 元。

【业务 53】　12 月 25 日,接委托收款付款通知,支付香坊区国家电网公司电费 103 428 元,其中包括增值税 15 028 元。

【业务 54】　12 月 26 日,以工行存款支付车辆管理费 4 000 元。

【业务 55】　12 月 27 日,委托华润集团公司加工成的食用酒精全部用于销售,其售价为 290 000 元,款已收到。

【业务 56】　12 月 28 日,将 11 月 26 日签发的三个月期无息商业承兑汇票 40 000 元向银行贴现,月贴现利率 0.5%。

【业务 57】　12 月 29 日,支付广告费 400 000 元,以转账支票付讫。

【业务 58】　12 月 29 日,向个体消费者销售粮食白酒 1 吨,开具普通发票,取得银行存款 7 020 元。

【业务 59】　12 月 30 日,用银行支票支付职工教育费用 33 560 元。

【业务 60】　12 月 30 日,因质量问题,东方公司退回本月所购的粮食白酒 4 吨,价款 24 000 元,增值税 4 080 元,价税合计 28 080 元。均已通过转账支票退款。企业开出红字增值税专用发票,并以银行存款支付退还款项。

【业务 61】　12 月 31 日,企业自 2015 年 1 月 1 日起将原值为 1 000 万元的闲置房屋出租给哈尔滨商务酒店使用,双方签订的租房合同上载明租赁金额为月租金 40 000 元,租赁期自 2010 年 1 月 1 日起至 2012 年 1 月 31 日止。租房合同上已贴足印花税票,按月收取租金,当月的租金已经收到。

【业务 62】　12 月 31 日,用银行转账支付职工元旦慰问金 80 000 元。

【业务 63】　12 月 31 日,厂部决定:乙原料的非正常损失,应由保管员李志宇负担 1 000 元,其他作营业外支出处理。

【业务 64】　12 月 31 日,厂部决定:被盗甲原料的非正常损失转作营业外支出处理。

【业务 65】　12 月 31 日对账面余额为 1 200 000 元的 2♯专利权进行摊销,摊销期 10 年,本月摊销 10 000 元。

【业务 66】　12 月 31 日,计提固定资产折旧。生产成本——辅助生产成本——动力(折旧费)43 200 元;制造费用 452 000 元;管理费用 176 032 元;销售费用 9 920 元;其他业务成本(出租房屋折旧费)20 000 元。

【业务 67】　月末,酒店将本月的餐费账单转给企业,共计 40 000 元,款项下月 10 号前必须支付。

【业务 68】　12 月 31 日,结转发出材料成本 1 528 000 元。粮食白酒基本生产成本 1 152 000 元;薯类白酒基本生产成本 296 000 元;管理费用 80 000 元;其中甲原料 628 000 元;乙原料 900 000 元。

【业务 69】　12 月 31 日,分配水费 16 800 元,辅助生产成本(动力用水电费)13 440 元;制造费用(加工用水电费)1 260 元,管理费用(其他)1 260 元,销售费用 420 元,应付职工薪酬 420 元。

【业务 70】　12 月 31 日,将外购电费 88 400 元计入辅助生产成本。

【业务 71】　12 月 31 日,分配工资费用 1 278 400 元。粮食白酒基本生产成本的职工薪酬 471 000 元;薯类白酒基本生产成本的职工薪酬 456 000 元;辅助生产成本(动力用职工薪酬)121 000 元;制造费用的职工薪酬 50 400;管理费用的职工薪酬 100 000 元;销售费用的职工薪酬 40 000 元;属于职工福利的 40 000 元。

【业务 72】　12 月 31 日,按当月应付工资总额的 2% 计提本月职工工会经费 25 568 元。

【业务 73】　12 月 31 日,按当月应付工资总额的 2.5% 计提本月职工教育经费 31 960 元:粮食白酒(职工薪酬)11 775 元;薯类白酒(职工薪酬)11 400 元;辅助生产成本(动力车间职工薪酬)3 025 元;制造费用的职工薪酬 1 260 元;管理费用的职工薪酬 2 500 元;销售费用的职工薪酬 1 000 元;属于职工福利的 1 000 元。

【业务 74】　12 月 31 日,按本月应付工资总额的 20%、1%、2%、6%、1% 和 10% 分别计提本月职工养老保险金 255 680 元、职工工伤保险金 12 784 元、职工失业保险金 25 568 元、职工医疗保险金 76 704 元、生育保险金 12 784 元及职工住房公积金 127 840 元。"五险一金"按职工的岗位分别记入相应的成本费用科目:粮食白酒基本生产成本 188 400 元;薯类白酒基本生产成本 182 400 元;辅助生产成本(动力用职工薪酬)48 400 元;制造费用的职工薪酬 20 160 元;管理费用的职工薪酬 40 000 元;销售费用的职工薪酬 16 000 元;属于职工福利 16 000 元。

【业务 75】　12 月 31 日,分配本月实际发生的职工福利费 189 800 元。包括粮食白酒基本生产成本 49 900 元;薯类白酒基本生产成本 45 600 元;辅助生产成本(动力用职工薪酬)12 100 元;制造费用的职工薪酬 5 040 元;管理费用的职工薪酬 73 160 元;销售费用的职工薪酬 4 000 元。

【业务 76】　12 月 31 日,分配辅助生产成本(动力)328 355 元。包括制造费用(水电费)310 435 元;管理费用(其他)16 320 元;销售费用(水电费)1 600 元。

【业务 77】　12 月 31 日,结转制造费用 840 555 元,包括粮食白酒基本生产成本 480 555 元;薯类白酒基本生产成本 360 000 元。

【业务 78】　结转完工产品的成本,包括粮食白酒基本生产成本 2 214 444 元;薯类白酒基本生产成本 1 191 270 元。

【业务 79】　12 月 31 日,计提本月国库券利息 11 666 元。

【业务 80】　12 月 31 日,根据联营企业年终财务报告披露,实现年度净利润 2 000 000 元。

【业务 81】　12 月 31 日,华美公司宣告分配年度现金股利 120 000 元,所得税税率为 15%。

【业务 82】　期末调整外汇损益 20 000 美元。期初、期末即期人民币汇率中间价分别为 $100=¥685 和 $100=¥682。

【业务 83】　12 月 31 日,计提坏账准备。实际提取坏账准备 38 000 元,按税法规定应提坏账准备 12 000 元。

【业务 84】　12 月 31 日,计提本月房产税、城镇土地使用税和车船税。

【业务 85】　12 月 31 日,计算本月增值税,并结转未交增值税。

【业务 86】　12 月 31 日,计提本月销售货物应交纳的消费税、城市维护建设税和教育费附加。

【业务 87】　12 月 31 日,结转收入和费用账户余额。

【业务 88】　12 月 31 日,对本月利润总额进行纳税调整并计算本月应交所得税,确认所得税费用并转入本年利润账户。

【业务 89】　将本年利润转入利润分配账户。

4.2.2　案例要求与指导

1. 案例要求

(1) 根据企业发生经济业务进行会计处理。

(2) 根据相关账户编制科目汇总表、试算平衡表、资产负债表、利润表。

(3) 根据相关涉税账户填制所涉及税种的纳税申报表及附表。

2. 案例指导

(1) 向学生讲解企业日常经济业务会计处理方法并指导其处理。

(2) 向学生讲解财务报表的编制方法并指导其编制。

(3) 向学生讲解涉税申报表填制方法并指导其填制。

4.3　企业纳税实务案例处理

模拟操作涉及的通用记账凭证、三栏式明细账、会计处理所用表格、纳税申报表的样式如图 4-1、表 4-3～表 4-9 所示,供模拟操作时使用。

4.3.1　业务记账凭证制作

通用记账凭证具体格式参见图 4-1。

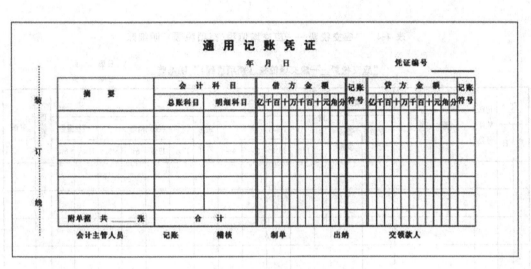

图 4-1　通用记账凭证

4.3.2　登记涉税明细账

1. 登记增值税明细账

增值税明细账具体名称与格式见表 4-3～表 4-7。

表 4-3　"应交税费——应交增值税"明细账

"应交税费——应交增值税"明细账													总第　　页 分第　　页	
年		记账凭证号数	摘要	页数	借　方					贷　方				借或贷	余额
月	日				进项税额	已交税金	减免税额	出口抵减税额	转出未交增值税额	销项税额	出口退税	进项税额转出	转出多交增值税额		

表 4-4 "应交税费——应交增值税（销项税额）"明细账

"应交税费——应交增值税（销项税额）"明细账　　　总第　　页　　分第　　页

年		记账凭证号数	摘　要	入账发票份数		借方	贷　方												借或贷	余额
月	日			专用发票	普通发票		货　物				应税劳务	视同销售				应税服务				
							17%	13%	6%	4%		17%	13%	6%	4%	11%	6%			

表 4-5 "应交税费——应交增值税（进项税额）"明细账

"应交税费——应交增值税（进项税额）"明细账　　　总第　　页　　分第　　页

年		记账凭证号数	摘　要	入账发票份数		贷　方						贷方	借或贷	余额
月	日			专用发票	普通发票	17%	13%	13%　农产品	11%	6%	3%			

表 4-6　"应交税费——应交增值税(进项税额转出)"明细账

"应交税费——应交增值税(进项税额转出)"明细账

总第　　页
分第　　页

年		记账凭证号数	摘　要	借方	贷　　方						借或贷	余额
月	日				11%	13%	13%农产品	11%	6%	3%		

表 4-7　"应交税费——未交增值税"明细账

"应交税费——未交增值税"明细账

总第　　页
分第　　页

年		记账凭证号数	摘　要	页数	借　　方		贷方	借或贷	余额
月	日				转入多交增值税额	缴纳未交增值税额	转入未交增值税额		

2. 登记其他涉税明细账

其他明细账包括:"应交税费——应交消费税"明细账;"应交税费——应交增值税"明细账;"应交税费——应交城建税"明细账;"应交税费——应交教育费附加"明细账;"应交税费——应交房产税"明细账;"应交税费——应交车船税"明细账;"应交税费——应交城镇土地使用税"明细账;"应交税费——应交个人所得税"明细账;"应交税费——应交企业所得税"明细账;"主营业务收入"明细账;"其他业务收入"明细账;"营业外收入"明细账;"投资收益"明细账;"主营业务成本"明细账;"增值税金及附加"明细账;"其他业务支出"明细账;"财务费用"明细账;"管理费用"明细账;"销售费用"明细账;"营业外支出"明细账;"所得税费用"明细账;"资产减值损失"明细账。

其他明细账格式参见表 4-8。

表 4-8　三栏式明细账

明　细　账

会计科目 _____　明细科目 _____

年		凭证册号	摘　　要	借　方											贷　方											核对号	借或贷	余　额										
月	日			亿	千	百	十	万	千	百	十	元	角	分	亿	千	百	十	万	千	百	十	元	角	分			亿	千	百	十	万	千	百	十	元	角	分

4.3.3　编制科目汇总表、试算平衡表

具体格式参见表 4-9 和表 4-10。

表 4-9　科目汇总表

科目汇总表

年　　月　　日

会计科目	借　方	贷　方

表 4-10　试算平衡表

试算平衡表

年　　月　　日

会计科目名称	期初余额		本期发生额		期末余额	
	借方	贷方	借方	贷方	借方	贷方

4.3.4 编制资产负债表、利润表

具体格式见表 4-11 和表 4-12。

表 4-11 资产负债表

编制单位：　　　　　　　　　　　年　月　日　　　　　　　　单位：元至角分

资　产	期末余额	年初余额	负债和所有者权益 （或股东权益）	期末余额	年初余额
流动资产：			流动负债：		
货币资金			短期借款		
交易性金融资产			交易性金融负债		
应收票据			应付票据		
应收账款			应付账款		
预付款项			预收款项		
应收利息			应付职工薪酬		
应收股利			应交税费		
其他应收款			应付利息		
存货			应付股利		
一年内到期的非流动资产			其他应付款		
其他流动资产			一年内到期的非流动负债		
流动资产合计			其他流动负债		
非流动资产：			流动负债合计		
可供出售金融资产			非流动负债：		
持有至到期投资			长期借款		
长期应收款			应付债券		
长期股权投资			长期应付款		
投资性房地产			专项应付款		
固定资产			预计负债		
在建工程			递延所得税负债		
工程物资			其他非流动负债		
固定资产清理			非流动负债合计		
生产性生物资产			负债合计		
油气资产			所有者权益（或股东权益）：		
无形资产			实收资本（或股本）		
开发支出			资本公积		
商誉			减：库存股		
长期待摊费用			盈余公积		

续表

资　产	期末余额	年初余额	负债和所有者权益 （或股东权益）	期末余额	年初余额
递延所得税资产			未分配利润		
其他非流动资产			所有者权益（或股东权益）合计		
非流动资产合计					
资产总计			负债和所有者权益（或股东权益）总计		

表 4-12　利润表

编制单位：　　　　　　　　　　　　　年　月　　　　　　　　　　单位：元至角分

项　　目	本月数	本年累计数
一、营业收入		
减：营业成本		
增值税金及附加		
销售费用		
管理费用		
财务费用		
资产减值损失		
加：公允价值变动收益（损失以"－"号填列）		
投资收益（损失以"－"号填列）		
其中：对联营企业和合营企业的投资收益		
二、营业利润（亏损"－"号填列）		
加：营业外收入		
减：营业外支出		
其中：非流动资产处置损失		
三、利润总额（亏损"－"号填列）		
减：所得税费用		
四、净利润（净亏损"－"号填列）		
五、每股收益		
（一）基本每股收益		
（二）稀释每股收益		

4.3.5　填制纳税申报表

纳税申报表具体格式见表 4-13～表 4-39。

1. 增值税一般纳税人申报表的附表和主表

增值税一般纳税人申报表的附表和主表见表 4-13～表 4-21。

表 4-13　增值税纳税申报表附列资料（一）

（本期销售情况明细）

税款所属时间：年 月 日 至 年 月 日

纳税人名称：（公章）　　　　　　　　　　　　　　　　　　　金额单位：元至角分

项目及栏次			开具税控增值税专用发票		开具其他发票		未开具发票		纳税检查调整		合计			服务、不动产和无形资产扣除项目本期实际扣除金额	扣除后	
			销售额	销项（应纳）税额	销售额	销项（应纳）税额	销售额	销项（应纳）税额	销售额	销项（应纳）税额	销售额	销项（应纳）税额	价税合计		含税（免税）销售额	销项（应纳）税额
			1	2	3	4	5	6	7	8	$9=1+3+5+7$	$10=2+4+6+8$	$11=9+10$	12	$13=11-12$	$14=13÷(1+税率或征收率)×税率或征收率$
一、一般计税方法计税	全部征税项目	17%税率的货物及加工修理修配劳务	1													
		17%税率的服务、不动产和无形资产	2													
		13%税率	3													
		11%税率	4													
		6%税率	5													
	其中：即征即退项目	即征即退货物及加工修理修配劳务	6	—	—	—	—	—	—	—	—	—	—	—	—	—
		即征即退服务、不动产和无形资产	7	—	—	—	—	—	—	—	—	—	—	—	—

续表

项目及栏次		开具税控增值税专用发票		开具其他发票		未开具发票		纳税检查调整		合计			服务、不动产和无形资产扣除项目本期实际扣除金额	扣除后	
		销售额	销项（应纳）税额	销售额	销项（应纳）税额	销售额	销项（应纳）税额	销售额	销项（应纳）税额	销售额	销项（应纳）税额	价税合计		含税（免税）销售额	销项（应纳）税额
		1	2	3	4	5	6	7	8	9=1+3+5+7	10=2+4+6+8	11=9+10	12	13=11-12	14=13÷(100%+税率或征收率)×税率或征收率
二、简易计税方法计税 全部征税项目	6%征收率　8							—	—	—	—	—	—	—	—
	5%征收率的货物及加工修配劳务　9a							—	—			—		—	—
	5%征收率的服务、不动产和无形资产　9b							—	—			—		—	—
	4%征收率　10							—	—			—	—	—	—
	3%征收率的货物及加工修配劳务　11							—	—			—	—	—	—
	3%征收率的服务、不动产和无形资产　12							—	—			—		—	—
	预征率　％　13a							—	—			—		—	—
	预征率　％　13b							—	—			—		—	—
	预征率　％　13c							—	—			—		—	—

续表

项目及栏次			开具税控增值税专用发票		开具其他发票		未开具发票		纳税检查调整		合计			服务、不动产和无形资产扣除项目本期实际扣除金额	扣除后	
			销售额	销项(应纳)税额	销售额	销项(应纳)税额	销售额	销项(应纳)税额	销售额	销项(应纳)税额	销售额	销项(应纳)税额	价税合计		含税(免税)销售额	销项(应纳)税额
		栏次	1	2	3	4	5	6	7	8	9=1+3+5+7	10=2+4+6+8	11=9+10	12	13=11-12	14=13÷(100%+税率或征收率)×税率或征收率
二、简易计税方法计税	其中：即征即退项目	即征即退货物及加工修理修配劳务	14													
		即征即退服务、不动产和无形资产	15	—	—	—	—	—	—	—	—	—	—	—	—	—
三、免抵退税		货物及加工修理修配劳务	16	—	—	—	—	—	—	—	—	—	—	—	—	—
		服务、不动产和无形资产	17	—	—	—	—	—	—	—	—	—	—	—	—	—
四、免税		货物及加工修理修配劳务	18	—	—	—	—	—	—	—	—	—	—	—	—	—
		服务、不动产和无形资产	19	—	—	—	—	—	—	—	—	—	—	—	—	—

表 4-14　增值税纳税申报表附列资料（二）

（本期进项税额明细）

税款所属时间：年　月　日　至　年　月　日

纳税人名称：（公章）　　　　　　　　　　　　金额单位：元至角分

一、申报抵扣的进项税额

项目	栏次	份数	金额	税额
（一）认证相符的增值税专用发票	1=2+3			
其中：本期认证相符且本期申报抵扣	2			
前期认证相符且本期申报抵扣	3			
（二）其他扣税凭证	4=5+6+7+8			
其中：海关进口增值税专用缴款书	5			
农产品收购发票或者销售发票	6		—	
代扣代缴税收缴款凭证	7			
其他	8			
（三）本期用于购建不动产的扣税凭证	9			
（四）本期不动产允许抵扣进项税额	10	—	—	
（五）外贸企业进项税额抵扣证明	11	—	—	
当期申报抵扣进项税额合计	12=1+4-9+10+11		—	

二、进项税额转出额

项目	栏次	税额
本期进项税额转出	13=14至23之和	
其中：免税项目	14	
集体福利、个人消费	15	
非正常损失	16	
简易计税方法征收项目	17	

续表

项目	栏次	份数	金额	税额
免抵退税办法不得抵扣的进项税额	18			
纳税检查调减进项税额	19			
红字专用发票信息表注明的进项税额	20			
上期留抵税额抵减欠税	21			
上期留抵税额退税	22			
其他应作进项税额转出的情形	23			

三、待抵扣进项税额

项目	栏次	份数	金额	税额
（一）认证相符的增值税专用发票	24			
期初已认证相符但未申报抵扣	25			
本期认证相符且本期未申报抵扣	26			
期末已认证相符但未申报抵扣	27			
其中：按照税法规定不允许抵扣	28			
（二）其他扣税凭证	29=30 至 33 之和			
其中：海关进口增值税专用缴款书	30			
农产品收购发票或者销售发票	31			
代扣代缴税收缴款凭证	32	—		
其他	33			
其他	34			

四、其他

项目	栏次	份数	金额	税额
本期认证相符的增值税专用发票	35	—	—	
代扣代缴税额	36	—	—	

表 4-15　增值税纳税申报表附列资料（三）

（服务、不动产和无形资产扣除项目明细）

纳税人名称：（公章）　税款所属时间：　年　月　日　至　年　月　日

本期服务、不动产和无形资产价税合计额（免税销售额）	服务、不动产和无形资产扣除项目				
	期初余额	本期发生额	本期应扣除金额	本期实际扣除金额	期末余额
1	2	3	4＝2＋3	5（5≤1 且 5≤4）	6＝4－5

表 4-16　增值税纳税申报表附列资料（四）

（税额抵减情况表）

税款所属时间：　年　月　日　至　年　月　日

纳税人名称：（公章）　　　　　　　　　　　　　　　　金额单位：元至角分

序号	抵减项目	期初余额	本期发生额	本期应抵减税额	本期实际抵减税额	期末余额
		1	2	3＝1＋2	4≤3	5＝3－4
1	增值税税控系统专用设备费及技术维护费					
2	分支机构预征缴纳税款					
3	建筑服务预征缴纳税款					
4	销售不动产预征缴纳税款					
5	出租不动产预征缴纳税款					

表 4-17　增值税纳税申报表附列资料（五）

（不动产分期抵扣计算表）

税款所属时间：　年　月　日　至　年　月　日

纳税人名称：（公章）　　　　　　　　　　　　　　　　金额单位：元至角分

期初待抵扣不动产进项税额	本期不动产进项税额增加额	本期可抵扣不动产进项税额	本期转入的待抵扣不动产进项税额	本期转出的待抵扣不动产进项税额	期末待抵扣不动产进项税额
1	2	3≤1＋2＋4	4	5≤1＋4	6＝1＋2－3＋4－5

表 4-18　固定资产(不含不动产)进项税额抵扣情况表

税款所属时间：年　月　日　至　年　月　日

纳税人名称：(公章)　　　　　填表日期：　年　月　日　　　　　金额单位：元至角分

项　　目	当期申报抵扣的固定资产进项税额	申报抵扣的固定资产进项税额累计
增值税专用发票		
海关进口增值税专用缴款书		
合　　计		

表 4-19　本期抵扣进项税额结构明细表

税款所属时间：年　月　日　至　年　月　日

纳税人名称：(公章)　　　　　　　　　　　　　　　金额单位：元至角分

项　　目	栏　　次	金额	税额
合计	1＝2＋4＋5＋10＋13＋15＋17＋18＋19		
17％税率的进项	2		
其中：有形动产租赁的进项	3		
13％税率的进项	4		
11％税率的进项	5		
其中：货物运输服务的进项	6		
建筑安装服务的进项	7		
不动产租赁服务的进项	8		
购入不动产的进项	9		
6％税率的进项	10		
其中：直接收费金融服务的进项	11		
财产保险的进项	12		
5％征收率的进项	13		
其中：购入不动产的进项	14		
3％征收率的进项	15		
其中：建筑安装服务的进项	16		
1.5％征收率的进项	17		
农产品核定扣除进项	18		
外贸企业进项税额抵扣证明注明的进项	19		

表 4-20　增值税预缴税款表

纳税人名称：（公章）

税款所属时间：年　月　日　至　年　月　日

金额单位：元至角分

一、减税项目

减税性质代码及名称	栏次	期初余额 1	本期发生额 2	本期应抵减税额 3=1+2	本期实际抵减税额 4≤3	期末余额 5=3−4
合计	1					
	2					
	3					
	4					
	5					
	6					

二、免税项目

免税性质代码及名称	栏次	免征增值税项目销售额 1	免税销售额扣除项目本期实际扣除金额 2	扣除后免税销售额 3=1−2	免税销售额对应的进项税额 4	免税额 5
合计	7					
出口免税	8	—	—	—	—	—
其中：跨境服务	9		—	—	—	—
	10					
	11					
	12					
	13					
	14					
	15					
	16					

表 4-21　增值税纳税申报表

（适用于增值税一般纳税人）

根据国家税收法律法规及增值税相关规定制定本表。纳税人不论有无销售额，均应按税务机关核定的纳税期限填写本表，并向当地税务机关申报。

税款所属时间：自　年　月　日　至　年　月　日　　填表日期：　年　月　日　　金额单位：元至角分

纳税人识别号							
纳税人名称			所属行业：				
开户银行及账号		法定代表人姓名		注册地址		生产经营地址	
		登记注册类型				电话号码	
项　目	栏　次	一般货物、劳务和应税服务		即征即退货物及劳务和应税服务	
		本月数	本年累计	本月数	本年累计
销售额	（一）按适用税率计税销售额	1				
	其中：应税货物销售额	2				
	应税劳务销售额	3				
	纳税检查调整的销售额	4				
	（二）按简易办法计税销售额	5				
	其中：纳税检查调整的销售额	6				
	（三）免、抵、退办法出口货物销售额	7				
	（四）免税货物及劳务销售额	8				
	其中：免税货物销售额	9				
	免税劳务销售额	10				
税款计算	销项税额	11				
	进项税额	12				
	上期留抵税额	13				
	进项税额转出	14				

续表

	项目	序号	计算公式	金额
税款计算	免、抵、退货物应退税额	15		
	按适用税率计算的纳税检查应补缴税额	16		
	应抵扣税额合计	17	17＝12＋13－14－15＋16	
	实际抵扣税额	18	18（如17＜11，则为17，否则为11）	
	应纳税额	19	19＝11－18	
	期末留抵税额	20	20＝17－18	
	简易计税办法计算的应纳税额	21		
	按简易计税办法计算的纳税检查应补缴税额	22		
	应纳税额减征额	23		0.00
	应纳税额合计	24	24＝19＋21－23	
税款缴纳	期初未缴税额（多缴为负数）	25		
	实收出口开具专用缴款书退税额	26		
	本期已缴税额	27	27＝28＋29＋30＋31	
	①分次预缴税额	28		
	②出口开具专用缴款书预缴税额	29		
	③本期缴纳上期应纳税额	30		
	④本期缴纳欠缴税额	31		
	期末未缴税额（多缴为负数）	32	32＝24＋25＋26－27	
	其中：欠缴税额（≥0）	33	33＝25＋26－27	一

续表

税款缴纳	本期应补（退）税额	$34=24-24-29$		
	即征即退实际退税额	35		
	期初未缴查补税额	36		
	本期入库查补税额	37		
	期末未缴查补税额	$38=16+22+36-37$		

授权声明：如果你已委托代理人申报，请填写下列资料：

为代理一切税务事宜，现授权_____（地址）_____为本纳税人的代理申报人，任何与本申报表有关的往来文件，都可寄予此人。

授权人签字：

申报人声明：本纳税申报表是根据国家税收法律法规及相关规定填报的，我确定它是真实的、可靠的、完整的。

声明人签字：

主管税务机关：　　　　接收人：　　　　接收日期：

2. 消费税纳税申报表主表及附表

消费税纳税申报表主表及附表如表 4-22 和表 4-23 所示。

表 4-22 酒类应税消费品消费税纳税申报表

税款所属期： 年 月 日至 年 月 日

纳税人名称(公章)： 纳税人识别号：

填表日期： 年 月 日 金额单位：元(列至角分)

项目 应税 消费品名称	适用税率		销售数量	销售额	应纳税额
	定额税率	比例税率			
粮食白酒	0.5元/斤	20%			
薯类白酒	0.5元/斤	20%			
啤酒	250元/吨	—			
啤酒	220元/吨	—			
黄酒	240元/吨	—			
其他酒	—	10%			
合 计	—	—	—	—	

本期准予抵减税额：	
本期减(免)税额：	
期初未缴税额：	
本期缴纳前期应纳税额：	(如果你已委托代理人申报,请填写) 　　　　授权声明 　　为代理一切税务事宜,现授权_____(地址)为本纳税人的代理申报人,任何与本申报表有关的往来文件,都可寄予此人。 授权人签章：
本期预缴税额：	
本期应补(退)税额：	
期末未缴税额：	

以下由税务机关填写

受理人(签章)： 受理日期： 年 月 日 受理税务机关(章)：

表 4-23 本期准予抵减税额计算表

税款所属期： 年 月 日至 年 月 日

纳税人名称(公章)： 纳税人识别号：

填表日期： 年 月 日 金额单位：元(列至角分)

一、当期准予抵减的外购啤酒液已纳税款计算	
1. 期初库存外购啤酒液数量	
2. 当期购进啤酒液数量	
3. 期末库存外购啤酒液数量	
4. 当期准予抵减的外购啤酒液已纳税款：	
二、当期准予抵减的进口葡萄酒已纳税款	
三、本期准予抵减税款合计	

3. 城市维护建设税纳税申报表

城市维护建设税纳税申报表如表 4-24 所示。

表 4-24　城市维护建设税纳税申报表

填表日期：　　年　　月　　日

纳税人识别号				金额单位：元(列至角分)		
纳税人名称		税款所属期间		年　月　日至　年　月　日		
计税依据	计税金额	税率	应纳税额	已纳税额	应补(退)税额	
1	2	3	4=2×3	5	6=4－5	
合 计						
如纳税人填报,由纳税人填写以下各栏		如委托代理人填报,由代理人填写以下各栏				备注
会计主管(签章)	纳税人(公章)	代理人名称		代理人(公章)		
		代理人地址				
		经办人		电话		
以下由税务机关填写						
收到申报表日期				接收人		

4. 教育费附加申报表

教育费附加申报表如表 4-25 所示。

表 4-25　教育费附加申报表

填表日期：　　年　　月　　日

纳税人识别号				金额单位：元(列至角分)		
纳税人名称		税款所属期间		年　月　日至　年　月　日		
计征依据	计征金额	附加率	应征额	已纳额	应缴(退)费	
1	2	3	4=2×3	5	6=4－5	
合 计						
如纳税人填报,由纳税人填写以下各栏		如委托代理人填报,由代理人填写以下各栏				备注
会计主管(签章)	纳税人(公章)	代理人名称		代理人(公章)		
		代理人地址				
		经办人		电话		
以下由税务机关填写						
收到申报表日期				接收人		

5. 车辆购置税纳税申报表

车辆购置税纳税申报表如表 4-26 所示。

表 4-26　车辆购置税纳税申报表

填表日期：　　年　　月　　日　　　　　行业代码：　　　　　　　　　　注册类型代码：

纳税人名称：　　　　　　　　　　　　　　　　　　金额单位：元（列至角分）

纳税人证件名称			证件号码		
联系电话		邮政编码		地址	

<table>
<tr><td colspan="6" align="center">车辆基本情况</td></tr>
<tr><td>车辆类别</td><td colspan="5">1. 汽车　2. 摩托车　3. 电车　4. 挂车　5. 农用运输车</td></tr>
<tr><td>生产企业名称</td><td></td><td colspan="2">机动车销售统一发票
（或有效凭证）价格</td><td colspan="2"></td></tr>
<tr><td>厂牌型号</td><td></td><td colspan="2">关税完税价格</td><td colspan="2"></td></tr>
<tr><td>发动机号码</td><td></td><td colspan="2">关税</td><td colspan="2"></td></tr>
<tr><td>车辆识别代号
（车架号码）</td><td></td><td colspan="2">消费税</td><td colspan="2"></td></tr>
<tr><td>购置日期</td><td align="center">年　月　日</td><td colspan="2">免（减）税条件</td><td colspan="2"></td></tr>
<tr><td>申报计税价格</td><td>计税价格</td><td>税率</td><td colspan="2">免税、减税额</td><td>应纳税额</td></tr>
<tr><td>1</td><td>2</td><td>3</td><td colspan="2">4＝2×3</td><td>5＝1×3 或 2×3</td></tr>
<tr><td></td><td></td><td></td><td colspan="2"></td><td></td></tr>
<tr><td></td><td></td><td></td><td colspan="2"></td><td></td></tr>
</table>

申报人声明	授权声明
此纳税申报表是根据《中华人民共和国车辆购置税暂行条例》的规定填报的，我相信它是真实的、可靠的、完整的。 　　　　　　　声明人签字：	如果你已委托代理人申报，请填写以下资料： 　　为代理一切税务事宜，现授权（　　　　），地址（ 　　）为本纳税人的代理申报人，任何与本申报表有关的往来文件，都可寄予此人。 　　　　　　　授权人签字：

<table>
<tr><td rowspan="5">纳税人签名或盖章</td><td colspan="2" align="center">如委托代理人的，代理人应填写以下各栏</td><td rowspan="5" align="center">代理人（章）</td></tr>
<tr><td>代理人名称</td><td></td></tr>
<tr><td>地址</td><td></td></tr>
<tr><td>经办人</td><td></td></tr>
<tr><td>电话</td><td></td></tr>
</table>

接收人：

接收日期：　　年　　月　　日　　　　　　　　　　主管税务机关（章）：

6. 车船税纳税申报表

车船税纳税申报表如表 4-27 所示。

表 4-27 车船税纳税申报表

填表日期: 年 月 日

金额单位: 元（列至角分）

纳税人识别码											
纳税人名称											
车船类别	数量	计税标准	计税依据	单位税额	全年应纳税额	年缴纳次数	税款所属时期				应补（退）税额
							年 月 日 至	年 月 日			
								本 期			
							应纳税额	已纳税额			
	2	3		4	5＝3×4	6	7＝5÷6	8			9＝7－8
合 计											

如纳税人填报，由纳税人填写以下各栏		如委托代理人填报，由代理人填写以下各栏	
纳税人（公章）		代理人（公章）	
		代理人名称	
		代理人地址	
		经办人姓名	电话
会计主管（签章）			

以下由税务机关填写

收到申报表日期		接收人	
申报表日期			

7. 房产税纳税申报表

房产税纳税申报表如表 4-28 所示。

表 4-28　房产税纳税申报表（汇总版）

填表日期：　年　月　日

税款所属期：自　年　月　日至　年　月　日

金额单位：元至角分；
面积单位：平方米

纳税人识别号：＿＿＿＿＿＿

纳税人信息	名称			纳税人分类		单位□　个人□
	登记注册类型			所属行业		*
	身份证件类型	身份证□　护照□　其他□		身份证件号码		
	联系人			联系方式		

一、从价计征房产税

	房产原值	其中：出租房产原值	计税比例	税率	所属期起	所属期止	本期应纳税额	本期减免税额	本期已缴税额	本期应补（退）税额
1										
2										
3										
4										
5										
6										
合计	*	*	*	*	*	*				

二、从租计征房产税

	本期申报租金收入	税率	本期应纳税额	本期减免税额	本期已缴税额	本期应补（退）税额
1						
2						
3						
合计	*	*				

以下由纳税人填写：

纳税人声明	此纳税申报表是根据《中华人民共和国房产税暂行条例》和国家有关税收规定填报的，是真实的、可靠的、完整的。		
纳税人签章		代理人签章	代理人身份证号

以下由税务机关填写：

受理人		受理日期　年　月　日	受理税务机关签章

本表一式两份，一份纳税人留存，一份税务机关留存。

8. 城镇土地使用税纳税申报表

城镇土地使用税纳税申报表如表 4-29 所示。

表 4-29　城镇土地使用税纳税申报表（汇总版）

税款所属期：自　年　月　日至　年　月　日　　填表日期：　年　月　日　　金额单位：元至角分；面积单位：平方米

纳税人识别号□

纳税人信息	名称		*	纳税人分类		单位□　个人□
	登记注册类型			所属行业		*
	身份证件类型	身份证□　护照□　其他□		身份证件号码		
	联系人			联系方式		

申报纳税信息	土地等级	税额标准	土地总面积	所属期起	所属期止	本期应纳税额	本期减免税额	本期已缴税额	本期应补（退）税额
合计									

以下由纳税人填写：

纳税人声明	此纳税申报表是根据《中华人民共和国城镇土地使用税暂行条例》和国家有关税收规定填报的，是真实的、可靠的、完整的。		
纳税人签章		代理人签章	代理人身份证号

以下由税务机关填写：

受理人		受理日期　年　月　日	受理税务机关签章

本表一式两份，一份纳税人留存，一份税务机关留存。

9. 印花税纳税申报表

印花税纳税申报表如表 4-30 所示。

表 4-30 印花税纳税申报（报告）表

税款所属期限：自 □□□□ 年 □ 月 □ 日至 □□□□ 年 □ 月 □ 日　　填表日期： 年 月 日

纳税人识别号 □□□□□□□□□□　　金额单位：元至角分

纳税人信息	名称		登记注册类型	
	身份证件类型		身份证件号码	
	联系方式		所属行业	

□单位　□个人

应税凭证	计税金额或件数	核定征收		适用税率	本期应纳税额	本期已缴税额	本期减免税额		本期应补（退）税额
		核定依据	核定比例				减免性质代码	减免税额	
	1	2	3	4	5＝1×4＋2×3×4	6	7	8	9＝5−6−8
购销合同				0.3‰					
加工承揽合同				0.5‰					
建设工程勘察设计合同				0.5‰					
建筑安装工程承包合同				0.3‰					
财产租赁合同				1‰					
货物运输合同				0.5‰					
仓储保管合同				1‰					
借款合同				0.05‰					
财产保险合同				1‰					
技术合同				0.3‰					

续表

产权转移书据		
营业账簿（记载资金的账簿）	—	0.5‰
营业账簿（其他账簿）	—	5
权利、许可证照	—	5
合计	—	—

以下由纳税人填写：

纳税人声明：　此纳税申报表是根据《中华人民共和国印花税暂行条例》和国家有关税收规定填报的，是真实的、可靠的、完整的。

纳税人签章：	代理人签章：	代理人身份证号

以下由税务机关填写：

受理人	受理日期	年　月　日	受理税务机关签章

本表一式两份，一份纳税人留存，一份税务机关留存。

减免性质代码：减免性质代码按照税务机关最新制发的减免税政策代码表中的最细项减免性质代码填报。

10. 扣缴个人所得税报告表

扣缴个人所得税报告表如表 4-31 所示。

扣缴义务人编码：☐☐☐☐

表 4-31　扣缴个人所得税报告表

扣缴义务人名称（公章）：

金额单位：元（列至角分）

填表日期：　年　月　日

序号	纳税人姓名	身份证照类型	身份证照号码	国籍	所得项目	所得期间	收入额	免税收入额	允许扣除的税费	费用扣除标准	准予扣除的捐赠额	应纳税所得额	税率/%	速算扣除数	应扣税额	已扣税额	备注
1	2	3	4	5	6	7	8	9	10	11	12	13	14	15	16	17	18
合计																	

扣缴义务人声明

我声明：此扣缴报告表是根据国家税收法律、法规的规定填报的，我确定它是真实的、可靠的、完整的。

声明人签字：

会计主管签字：　　　　　　　　负责人签字：　　　　　　　　扣缴单位（或法定代表人）（签章）：

受理人（签章）：　　　　　　　受理日期：　年　月　日　　　受理税务机关（章）：

本表一式二份，一份扣缴义务人留存，一份报主管税务机关。

国家税务总局监制

11. 企业所得月（季）度预缴申报表

企业所得月（季）度预缴申报表如表 4-32～表 4-51 所示。

表 4-32　中华人民共和国企业所得税月（季）度预缴纳税申报表（A 类）

税款所属期间：　　年　月　日至　年　月　日

纳税人识别号：

纳税人名称：　　　　　　　　　　　　　　　　　　　金额单位：人民币元（列至角分）

行次	项　目	本期金额	累计金额
1	一、按照实际利润额预缴		
2	营业收入		
3	营业成本		
4	利润总额		
5	加：特定业务计算的应纳税所得额		
6	减：不征税收入和税基减免应纳税所得额（请填附表 1）		
7	固定资产加速折旧（扣除）调减额（请填附表 2）		
8	弥补以前年度亏损		
9	实际利润额（4 行＋5 行－6 行－7 行－8 行）		
10	税率（25%）		
11	应纳所得税额（9 行×10 行）		
12	减：减免所得税额（请填附表 3）		
13	实际已预缴所得税额	—	
14	特定业务预缴（征）所得税额		
15	应补（退）所得税额（11 行－12 行－13 行－14 行）		
16	减：以前年度多缴在本期抵缴所得税额		
17	本月（季）实际应补（退）所得税额	—	
18	二、按照上一纳税年度应纳税所得额平均额预缴		
19	上一纳税年度应纳税所得额	—	
20	本月（季）应纳税所得额（19 行×1/4 或 1/12）		
21	税率（25%）		
22	本月（季）应纳所得税额（20 行×21 行）		
23	减：减免所得税额（请填附表 3）		
24	本月（季）实际应纳所得税额（22 行－23 行）		
25	三、按照税务机关确定的其他方法预缴		

续表

行次	项　目	本期金额	累计金额
26	本月(季)税务机关确定的预缴所得税额		
27	总分机构纳税人		
28	总机构	总机构分摊所得税额(15 行或 24 行或 26 行×总机构分摊预缴比例)		
29		财政集中分配所得税额		
30		分支机构分摊所得税额(15 行或 24 行或 26 行×分支机构分摊比例)		
31		其中：总机构独立生产经营部门应分摊所得税额		
32	分支机构	分配比例		
33		分配所得税额		

是否属于小型微利企业：　　　　　　　　　是 □　　　　　　　　　否 □

　　谨声明：此纳税申报表是根据《中华人民共和国企业所得税法》《中华人民共和国企业所得税法实施条例》和国家有关税收规定填报的，是真实的、可靠的、完整的。

法定代表人(签字)：　　　　　　　年　月　日		
纳税人公章： 会计主管：	代理申报中介机构公章： 经办人： 经办人执业证件号码：	主管税务机关受理专用章： 受理人：
填表日期：　年　月　日	代理申报日期：　年　月　日	受理日期：　年　月　日

表 4-33　中华人民共和国企业所得税年度纳税申报表(A 类，2014 年版)

税款所属期间：　　年　月　日至　年　月　日

　　纳税人识别号：

　　纳税人名称：　　　　　　　　　　　　　　　金额单位：人民币元(列至角分)

　　谨声明：此纳税申报表是根据《中华人民共和国企业所得税法》《中华人民共和国企业所得税法实施条例》有关税收政策以及国家统一会计制度的规定填报的，是真实的、可靠的、完整的。

法定代表人(签章)：　　　　　　　年　月　日

纳税人公章：	代理申报中介机构公章：	主管税务机关受理专用章：
会计主管：	经办人： 经办人执业证件号码：	受理人：
填表日期：　年　月　日	代理申报日期：　年　月　日	受理日期：　年　月　日

国家税务总局监制

表 4-34　企业所得税年度纳税申报表填报表单

表单编号	表单名称	选择填报情况	
		填报	不填报
A000000	企业基础信息表	√	×
A100000	中华人民共和国企业所得税年度纳税申报表（A 类）	√	×
A101010	一般企业收入明细表		☐
A101020	金融企业收入明细表	☐	☒
A102010	一般企业成本支出明细表		☐
A102020	金融企业支出明细表	☐	☒
A103000	事业单位、民间非营利组织收入、支出明细表	☐	☒
A104000	期间费用明细表		☐
A105000	纳税调整项目明细表		☐
A105010	视同销售和房地产开发企业特定业务纳税调整明细表	☐	☒
A105020	未按权责发生制确认收入纳税调整明细表		☐
A105030	投资收益纳税调整明细表		☐
A105040	专项用途财政性资金纳税调整明细表	☐	☒
A105050	职工薪酬纳税调整明细表		☐
A105060	广告费和业务宣传费跨年度纳税调整明细表		☐
A105070	捐赠支出纳税调整明细表		☐
A105080	资产折旧、摊销情况及纳税调整明细表		☐
A105081	固定资产加速折旧、扣除明细表	☐	☒
A105090	资产损失税前扣除及纳税调整明细表		☐
A105091	资产损失（专项申报）税前扣除及纳税调整明细表	☐	☒
A105100	企业重组纳税调整明细表		☐
A105110	政策性搬迁纳税调整明细表	☐	☒
A105120	特殊行业准备金纳税调整明细表	☐	☒
A106000	企业所得税弥补亏损明细表		☐
A107010	免税、减计收入及加计扣除优惠明细表		
A107011	符合条件的居民企业之间的股息、红利等权益性投资收益优惠明细表		☒
A107012	综合利用资源生产产品取得的收入优惠明细表	☐	☒

续表

表单编号	表 单 名 称	选择填报情况	
		填报	不填报
A107013	金融、保险等机构取得的涉农利息、保费收入优惠明细表	☐	☒
A107014	研发费用加计扣除优惠明细表	☐	☒
A107020	所得减免优惠明细表	☐	☒
A107030	抵扣应纳税所得额明细表	☐	☒
A107040	减免所得税优惠明细表	☐	☒
A107041	高新技术企业优惠情况及明细表	☐	☒
A107042	软件、集成电路企业优惠情况及明细表	☐	☒
A107050	税额抵免优惠明细表	☐	
A108000	境外所得税收抵免明细表		
A108010	境外所得纳税调整后所得明细表		
A108020	境外分支机构弥补亏损明细表	☐	☒
A108030	跨年度结转抵免境外所得税明细表	☐	☒
A109000	跨地区经营汇总纳税企业年度分摊企业所得税明细表	☐	☒
A109010	企业所得税汇总纳税分支机构所得税分配表	☐	☒

说明：企业应当根据实际情况选择需要填表的表单。

A000000

表 4-35 企业基础信息表

正常申报	更正申报☐	补充申报☐
100 基本信息		
101 汇总纳税企业	是(总机构☐ 按比例缴纳总机构☐) 否	

102 注册资本/万元		106 境外中资控股居民企业	是☐ 否
103 所属行业明细代码		107 从事国家限制和禁止行业	是☐ 否
104 从业人数		108 存在境外关联交易	是☐ 否
105 资产总额/万元		109 上市公司	是(境内☐境外☐) 否☐
200 主要会计政策和估计			

201 适用的会计准则或会计制度	企业会计准则(一般企业　银行□　证券□　保险□　担保□) 小企业会计准则□ 企业会计制度□ 事业单位会计准则(事业单位会计制度□　科学事业单位会计制度□　医院会计制度□　高等学校会计制度□　中小学校会计制度□　彩票机构会计制度□) 民间非营利组织会计制度□ 村集体经济组织会计制度□ 农民专业合作社财务会计制度(试行)□ 其他□			
202 会计档案的存放地		203 会计核算软件		
204 记账本位币	人民币 其他□	205 会计政策和估计是否发生变化	是□	否☒
206 固定资产折旧方法	年限平均法　工作量法□　双倍余额递减法□　年数总和法□　其他□			
207 存货成本计价方法	先进先出法□　移动加权平均法□　月末一次加权平均法□ 个别计价法□　毛利率法□　零售价法□　计划成本法□　其他□			
208 坏账损失核算方法	备抵法　直接核销法□			
209 所得税计算方法	应付税款法□　资产负债表债务法□　其他□			

300 企业主要股东及对外投资情况

301 企业主要股东(前 5 位)

股东名称	证件种类	证件号码	经济性质	投资比例	国籍(注册地址)

302 对外投资(前 5 位)

被投资者名称	纳税人识别号	经济性质	投资比例	投资金额	注册地址

A100000

表 4-36　中华人民共和国企业所得税年度纳税申报表(A 类)

行次	类别	项　目	金　额
1	利润总额计算	一、营业收入(填写 A101010\101020\103000)	
2		减：营业成本(填写 A102010\102020\103000)	
3		营业税金及附加	
4		销售费用(填写 A104000)	
5		管理费用(填写 A104000)	
6		财务费用(填写 A104000)	
7		资产减值损失	
8		加：公允价值变动收益	
9		投资收益	
10		二、营业利润(1−2−3−4−4−6−7+8+9)	
11		加：营业外收入(填写 A101010\101020\103000)	
12		减：营业外支出(填写 A102010\102020\103000)	
13		三、利润总额(10+11−12)	
14	应纳税所得额计算	减：境外所得(填写 A108010)	
15		加：纳税调整增加额(填写 A105000)	
16		减：纳税调整减少额(填写 A105000)	
17		减：免税、减计收入及加计扣除(填写 A107010)	
18		加：境外应税所得抵减境内亏损(填写 A108000)	
19		四、纳税调整后所得(13−14+14−16−17+18)	
20		减：所得减免(填写 A107020)	
21		减：抵扣应纳税所得额(填写 A107030)	
22		减：弥补以前年度亏损(填写 A106000)	
23		五、应纳税所得额(19−20−21−22)	
24	应纳税额计算	税率(25%)	
25		六、应纳所得税额(23×24)	
26		减：减免所得税额(填写 A107040)	
27		减：抵免所得税额(填写 A107050)	
28		七、应纳税额(24−26−27)	
29		加：境外所得应纳所得税额(填写 A108000)	
30		减：境外所得抵免所得税额(填写 A108000)	
31		八、实际应纳所得税额(28+29−30)	
32		减：本年累计实际已预缴的所得税额	
33		九、本年应补(退)所得税额(31−32)	
34		其中：总机构分摊本年应补(退)所得税额(填写 A109000)	
35		财政集中分配本年应补(退)所得税额(填写 A109000)	
36		总机构主体生产经营部门分摊本年应补(退)所得税额(填写 A109000)	
37	附列资料	以前年度多缴的所得税额在本年抵减额	
38		以前年度应缴未缴在本年入库所得税额	

A101010

表 4-37　一般企业收入明细表

行次	项　目	金　额
1	一、营业收入(2+9)	
2	（一）主营业务收入(3+5+6+7+8)	
3	1. 销售商品收入	
4	其中：非货币性资产交换收入	
5	2. 提供劳务收入	
6	3. 建造合同收入	
7	4. 让渡资产使用权收入	
8	5. 其他	
9	（二）其他业务收入(10+12+13+14+15)	
10	1. 销售材料收入	
11	其中：非货币性资产交换收入	
12	2. 出租固定资产收入	
13	3. 出租无形资产收入	
14	4. 出租包装物和商品收入	
15	5. 其他	
16	二、营业外收入(17+18+19+20+21+22+23+24+25+26)	
17	（一）非流动资产处置利得	
18	（二）非货币性资产交换利得	
19	（三）债务重组利得	
20	（四）政府补助利得	
21	（五）盘盈利得	
22	（六）捐赠利得	
23	（七）罚没利得	
24	（八）确实无法偿付的应付款项	
25	（九）汇兑收益	
26	（十）其他	

A102010

表 4-38 一般企业成本支出明细表

行次	项　目	金　额
1	一、营业成本(2＋9)	
2	(一)主营业务成本(3＋5＋6＋7＋8)	
3	1.销售商品成本	
4	其中：非货币性资产交换成本	
5	2.提供劳务成本	
6	3.建造合同成本	
7	4.让渡资产使用权成本	
8	5.其他	
9	(二)其他业务成本(10＋12＋13＋14＋15)	
10	1.材料销售成本	
11	其中：非货币性资产交换成本	
12	2.出租固定资产成本	
13	3.出租无形资产成本	
14	4.包装物出租成本	
15	5.其他	
16	二、营业外支出(17＋18＋19＋20＋21＋22＋23＋24＋25＋26)	
17	(一)非流动资产处置损失	
18	(二)非货币性资产交换损失	
19	(三)债务重组损失	
20	(四)非常损失	
21	(五)捐赠支出	
22	(六)赞助支出	
23	(七)罚没支出	
24	(八)坏账损失	
25	(九)无法收回的债券股权投资损失	
26	(十)其他	

A104000

表 4-39 期间费用明细表

行次	项　目	销售费用 1	其中:境外支付 2	管理费用 3	其中:境外支付 4	财务费用 5	其中:境外支付 6
1	一、职工薪酬		*		*	*	*
2	二、劳务费		*			*	*
3	三、咨询顾问费		*			*	*
4	四、业务招待费		*		*	*	*
5	五、广告费和业务宣传费		*		*	*	*
6	六、佣金和手续费						
7	七、资产折旧摊销费		*		*	*	*
8	八、财产折旧耗、盘亏及毁损损失		*		*	*	*
9	九、办公费		*		*	*	*
10	十、董事会费		*		*	*	*
11	十一、租赁费		*			*	*
12	十二、诉讼费		*		*	*	*
13	十三、差旅费		*		*	*	*
14	十四、保险费		*		*	*	*
15	十五、运输、仓储费					*	*
16	十六、修理费		*			*	*
17	十七、包装费		*		*	*	*
18	十八、技术转让费					*	*
19	十九、研究费用					*	*
20	二十、各项税费		*		*		
21	二十一、利息收支	*	*	*	*		
22	二十二、汇兑差额	*	*	*	*		
23	二十三、现金折扣	*	*	*			*
24	二十四、其他						
25	合计(1+2+3+…+24)						

注:因为该公司没有提供期间费用明细资料,所以期间费用明细表只有管理费用合计金额,销售费用合计金额,财务费用合计金额。

A105000

表 4-40　纳税调整项目明细表

行次	项目	账载金额 1	税收金额 2	调增金额 3	调减金额 4
1	一、收入类调整项目(2+3+4+5+6+7+8+10+11)	*	*		
2	(一)视同销售收入(填写 A105010)	*			*
3	(二)未按权责发生制原则确认的收入(填写 A105020)	*			
4	(三)投资收益(填写 A105030)				
5	(四)按权益法核算长期股权投资对初始投资成本调整确认收益	*	*	*	
6	(五)交易性金融资产初始投资调整	*	*		*
7	(六)公允价值变动净损益	*	*		
8	(七)不征税收入	*			
9	其中:专项用途财政性资金(填写 A105040)	*	*		
10	(八)销售折扣、折让和退回				
11	(九)其他				
12	二、扣除类调整项目 (13+14+15+16+17+18+19+20+21+22+23+24+26+27+28+29)	*	*		
13	(一)视同销售成本(填写 A105010)	*		*	
14	(二)职工薪酬(填写 A105050)				
15	(三)业务招待费支出				
16	(四)广告费和业务宣传费支出(填写 A105060)	*	*		*
17	(五)捐赠支出(填写 A105070)				*
18	(六)利息支出				
19	(七)罚金、罚款和被没收财物的损失	*			*
20	(八)税收滞纳金、加收利息	*	*		*

续表

行次	项　　目	账载金额 1	税收金额 2	调增金额 3	调减金额 4
21	（九）赞助支出		*		*
22	（十）与未实现融资收益相关在当期确认的财务费用				*
23	（十一）佣金和手续费支出		*		*
24	（十二）不征税收入用于支出所形成的费用	*	*		*
25	其中：专项用途财政性资金用于支出所形成的费用（填写 A105040）	*	*		*
26	（十三）跨期扣除项目				
27	（十四）与取得收入无关的支出		*		*
28	（十五）境外所得分摊的共同支出	*	*		*
29	（十六）其他				
30	三、资产类调整项目（31＋32＋33＋34）	*	*		
31	（一）资产折旧、摊销（填写 A105080）				
32	（二）资产减值准备金		*		
33	（三）资产损失（填写 A105090）	*			
34	（四）其他				
35	四、特殊事项调整项目（36＋37＋38＋39＋40）	*	*		
36	（一）企业重组（填写 A105100）				
37	（二）政策性搬迁（填写 A105110）	*	*		
38	（三）特殊行业准备金（填写 A105120）				
39	（四）房地产开发企业特定业务计算的纳税调整额（填写 A105010）	*			
40	（五）其他	*	*		
41	五、特别纳税调整应税所得	*	*		
42	六、其他	*	*		
43	合计（1＋12＋30＋35＋41＋42）	*	*		

A105020

表 4-41　未按权责发生制确认收入纳税调整明细表

行次	项　　目	合同金额(交易金额)	账载金额		税收金额		纳税调整金额
			本年	累计	本年	累计	
		1	2	3	4	5	6(4-2)
1	一、跨期收取的租金、利息、特许权使用费收入(2+3+4)						
2	(一)租金						
3	(二)利息						
4	(三)特许权使用费						
5	二、分期确认收入(6+7+8)						
6	(一)分期收款方式销售货物收入						
7	(二)持续时间超过12个月的建造合同收入						
8	(三)其他分期确认收入						
9	三、政府补助递延收入(10+11+12)						
10	(一)与收益相关的政府补助						
11	(二)与资产相关的政府补助						
12	(三)其他						
13	四、其他未按权责发生制确认收入						
14	合计(1+5+9+13)						

A105C30

表 4-42　投资收益纳税调整明细表

行次	项目	持有收益			处置收益						纳税调整金额
		账载金额	税收金额	纳税调整金额	会计确认的处置收入	税收计算的处置收入	处置投资的账面价值	处置投资的计税基础	会计确认的处置所得或损失	税收计算的处置所得	纳税调整金额	纳税调整金额
		1	2	3(2-1)	4	5	6	7	8(4-6)	9(4-7)	10(9-8)	11(3+10)
1	一、交易性金融资产											
2	二、可供出售金融资产											
3	三、持有至到期投资											
4	四、衍生工具											
5	五、交易性金融负债											
6	六、长期股权投资											
7	七、短期投资											
8	八、长期债券投资											
9	九、其他											
10	合计(1+2+3+4+5+6+7+8+9)											

A105050

表 4-43 职工薪酬纳税调整明细表

行次	项 目	账载金额	税收规定扣除率	以前年度累计结转扣除额	税收金额	纳税调整金额	累计结转以后年度扣除额
		1	2	3	4	5(1-4)	6(1+3-4)
1	一、工资薪金支出		*	*			*
2	其中：股权激励		*	*			*
3	二、职工福利费支出			*			*
4	三、职工教育经费支出		*				
5	其中：按税收规定比例扣除的职工教育经费						
6	按税收规定全额扣除的职工培训费用			*			*
7	四、工会经费支出			*			*
8	五、各类基本社会保障性缴款		*	*			*
9	六、住房公积金		*	*			*
10	七、补充养老保险			*			*
11	八、补充医疗保险			*			*
12	九、其他		*				
13	合计(1+3+4+7+8+9+10+11+12)						

A105060

表 4-44　广告费和业务宣传费跨年度纳税调整明细表

行次	项　　目	金　　额
1	一、本年广告费和业务宣传费支出	
2	减：不允许扣除的广告费和业务宣传费支出	
3	二、本年符合条件的广告费和业务宣传费支出(1-2)	
4	三、本年计算广告费和业务宣传费扣除限额的销售(营业)收入	
5	税收规定扣除率	
6	四、本企业计算的广告费和业务宣传费扣除限额(4×5)	
7	五、本年结转以后年度扣除额(3>6,本行=3-6;3≤6,本行=0)	
8	加：以前年度累计结转扣除额	
9	减：本年扣除的以前年度结转额[3>6,本行=0;3≤6,本行=8或(6-3)孰小值]	
10	六、按照分摊协议归集至其他关联方的广告费和业务宣传费(10≤3或6孰小值)	
11	按照分摊协议从其他关联方归集至本企业的广告费和业务宣传费	
12	七、本年广告费和业务宣传费支出纳税调整金额(3>6,本行=2+3-6+10-11;3≤6,本行=2+10-11-9)	
13	八、累计结转以后年度扣除额(7+4-9)	

A105070

表 4-45　捐赠支出纳税调整明细表

行次	受赠单位名称	公益性捐赠				非公益性捐赠	纳税调整金额
		账载金额	按税收规定计算的扣除限额	税收金额	纳税调整金额	账载金额	
	1	2	3	4	5(2−4)	6	7(5＋6)
1							*
2			*	*	*		*
3			*	*	*		*
4			*	*	*		*
5			*	*	*		*
6			*	*	*		*
7			*	*	*		*
8			*	*	*		*
9			*	*	*		*
10			*	*	*		*
11			*	*	*		*
12			*	*	*		*
13			*	*	*		*
14			*	*	*		*
15			*	*	*		*
16			*	*	*		*
17			*	*	*		*
18			*	*	*		*
19			*	*	*		*
20	合　计						

A105080

表 4-46　资产折旧、摊销情况及纳税调整明细表

行次	项目	账载金额			税收金额					纳税调整	
		资产账载金额	本年折旧、摊销额	累计折旧、摊销额	资产计税基础	按税收一般规定计算的本年折旧、摊销额	本年加速折旧额	其中：2014年及以后年度新增固定资产加速折旧额（填写A105081）	累计折旧、摊销额	金额	调整原因
		1	2	3	4	5	6	7	8	9(2−4−6)	10
1	一、固定资产（2+3+4+5+6+7）									0.00	
2	（一）房屋、建筑物									0.00	
3	（二）飞机、火车、轮船、机器、机械和其他生产设备										
4	（三）与生产经营活动有关的器具、工具、家具等									0.00	
5	（四）飞机、火车、轮船以外的运输工具										
6	（五）电子设备									0.00	
7	（六）其他										
8	二、生产性生物资产（9+10）							*			
9	（一）林木类						*	*			
10	（二）畜类						*	*			
11	三、无形资产（12+13+14+15+16+17+18）						*	*		0.00	
12	（一）专利权						*	*			
13	（二）商标权						*	*			

续表

行次	项目	账载金额			资产计税基础	税收金额				纳税调整 金额	调整原因
		资产账载金额	本年折旧、摊销额	累计折旧、摊销额		按税收一般规定计算的本年折旧、摊销额	本年加速折旧额	其中：2014年及以后年度新增固定资产加速折旧额（填写A105081）	累计折旧、摊销额		调整原因
		1	2	3	4	5	6	7	8	9(2-4-6)	10
14	（三）著作权						*	*			
15	（四）土地使用权						*	*			
16	（五）非专利技术						*	*			
17	（六）特许权使用费						*	*			
18	（七）其他						*	*			
19	四、长期待摊费用(20+21+22+23+24)						*	*			
20	（一）已足额提取折旧的固定资产的改建支出						*	*			
21	（二）租入固定资产的改建支出						*	*			
22	（三）固定资产的大修理支出						*	*			
23	（四）开办费						*	*			
24	（五）其他						*	*			
25	五、油气勘探投资						*	*			
26	六、油气开发投资						*	*			
27	合计(1+8+11+19+25+26)									0.00	*

A105090

表 4-47　资产损失税前扣除及纳税调整明细表

行次	项　目	账载金额	税收金额	纳税调整金额
		1	2	3(1－2)
1	一、清单申报资产损失(2+3+4+5+6+7+8)			
2	（一）正常经营管理活动中，按照公允价格销售、转让、变卖非货币资产的损失			
3	（二）存货发生的正常损耗			
4	（三）固定资产达到或超过使用年限而正常报废清理的损失			
5	（四）生产性生物资产达到或超过使用年限而正常死亡发生的资产损失			
6	（五）按照市场公平交易原则，通过各种交易场所、市场等买卖债券、股票、期货、基金以及金融衍生产品等发生的损失			
7	（六）分支机构上报的资产损失			
8	（七）其他			
9	二、专项申报资产损失(填写 A105091)			
10	（一）货币资产损失(填写 A105091)			
11	（二）非货币资产损失(填写 A105091)			
12	（三）投资损失(填写 A105091)			
13	（四）其他(填写 A105091)			
14	合计(1+9)			

A105100

表 4-48　企业重组纳税调整明细表

行次	项　目	一般性税务处理			特殊性税务处理			纳税调整金额
		账载金额	税收金额	纳税调整金额	账载金额	税收金额	纳税调整金额	
		1	2	3(2−1)	4	5	6(5−4)	7(3+6)
1	一、债务重组							
2	其中：以非货币性资产清偿债务							
3	债转股							
4	二、股权收购							
5	其中：涉及跨境重组的股权收购							
6	三、资产收购							
7	其中：涉及跨境重组的资产收购							
8	四、企业合并(9+10)							
9	其中：同一控制下企业合并							
10	非同一控制下企业合并							
11	五、企业分立							
12	六、其他							
13	其中：以非货币性资产对外投资							
14	合计(1+4+6+8+11+12)							

A106C00

表 4-49　企业所得税弥补亏损明细表

行次	项目	年度 1	纳税调整后所得 2	合并、分立转入（转出）可弥补的亏损额 3	当年可弥补的亏损额 4	以前年度亏损已弥补额						本年度实际弥补以前年度亏损额 10	可结转以后年度弥补的亏损额 11
						前四年度 5	前三年度 6	前二年度 7	前一年度 8	合计 9			
1	前五年度												*
2	前四年度					*							
3	前三年度					*	*						
4	前二年度					*	*	*					
5	前一年度					*	*	*	*	*			
6	本年度					*	*	*	*	*			
7	可结转以后年度弥补的亏损额合计												

A107050

表 4-50　税额抵免优惠明细表

行次	项目	年度	本年抵免应纳税额	本年允许抵免的专用设备投资额	本年可抵免税额	以前年度已抵免额						本年实际抵免的各年度税额	可结转以后年度抵免的税额
						前五年度	前四年度	前三年度	前二年度	前一年度	小计		
		1	2	3	4=3×10%	5	6	7	8	9	10 (5+6+7+8+9)	11	12(4-10-11)
1	前五年度												
2	前四年度						*	*	*				*
3	前三年度					*	*	*					
4	前二年度					*	*	*	*				
5	前一年度					*	*	*	*	*			
6	本年度					*	*	*	*	*	*		
7	本年实际抵免税额合计												
8	可结转以后年度抵免的税额												*
9	专用设备投资情况	本年允许抵免的环境保护专用设备投资额											
10		本年允许抵免节能节水的专用设备投资额											
11		本年允许抵免的安全生产专用设备投资额											

A108000

表 4-51　境外所得税收抵免明细表

行次	国家（地区）1	境外免税前所得 2	境外所得纳税调整后所得 3	弥补境外以前年度亏损 4	境外应纳税所得额 5(3-4)	抵减境内亏损 6	抵减境内亏损后的境外应纳税所得额 7(4-6)	税率 8	境外所得应纳税额 9(7×8)	境外所得可抵免税额 10	境外所得税抵免限额 11	本年可抵免境外所得税额 12	未超过境外所得税抵免限额的余额 13(11-12)	本年可抵免以前年度抵免境外所得税额 14	按简易办法计算：按低于12.5%的实际税率计算的抵免额 15	按简易办法计算：按12.5%计算的抵免额 16	按简易办法计算：按25%计算的抵免额 17	按简易办法计算：小计 18(15+16+17)	境外所得抵免所得税额合计 19(12+14+18)
1																			
2																			
3																			
4																			
5																			
6																			
7																			
8																			
9																			
10 合计																			250 000.00

第三部分

财务预算管理综合实训篇

模块四 算法与综合实践

第 5 章

财务预算管理综合实训

5.1 财务预算管理知识准备

5.1.1 财务预算的含义

全面预算是所有以货币及其他数量形式反映的有关企业未来一段时间内全部经营活动各项目标的行动计划与相应措施的数量说明。具体包括特种决策预算、日常业务预算与财务预算三大类内容。

其中特种决策预算最能直接体现决策的结果,它实际是中选方案的进一步规划,如资本支出预算,其编制的依据可追溯到决策之前搜集到的有关资料,只不过预算比决策估算更细致、更精确一些。

日常业务预算是指与企业日常经营活动直接相关的经营业务的各种预算。具体包括销售预算、生产预算、直接材料消耗及采购预算、直接工资及其他直接支出预算、制造费用预算、产品生产成本预算、经营及管理费用预算等,这些预算前后衔接,相互钩稽,既有实物量指标,又有价值量和时间量指标。

财务预算是一系列专门反映企业未来一定预算期内预计财务状况和经营成果,以及现金收支等价值指标的各种预算的总称,具体包括现金预算、预计利润表、预计资产负债表和预计现金流量表等内容。

财务预算作为全面预算体系中的最后环节,可以从价值方面总括地反映经营期决策预算与业务预算的结果,亦称为总预算,其余预算则相应称为辅助预算或分预算。显然,财务预算在全面预算体系中占有举足轻重的地位。

5.1.2 财务预算的编制方法

1. 固定预算法与弹性预算法

编制预算的方法按其业务量基础的数量特征不同,可分为固定预算法和弹性预算法两大类。

(1) 固定预算法

固定预算的方法简称固定预算,又称静态预算,是指根据预算期限内正常的、可实现的某一业务量(如生产量、销售量)水平作为唯一基础来编制预算的方法。传统预算大多采用固定预算方法。

由于固定预算法过于机械呆板并且可比性差,因此只能适用于那些业务量水平较为稳定的企业或非营利组织编制预算时采用。

(2) 弹性预算法

弹性预算法简称弹性预算,是为克服固定预算的缺点而设计的,又称变动预算或滑动预算。它是指在成本习性分析的基础上,以业务量、成本和利润之间的依存关系为依据,按照预算期可预见的各种业务量水平,编制能够适应多种情况预算的方法。

编制弹性预算所依据的业务量可以是产量、销售量、直接人工工时、机器工时、材料消耗量和直接人工工资等。

与固定预算相比,弹性预算的预算范围宽、可比性强,因此,弹性预算从理论上讲适用于编制全面预算中所有与业务量有关的各种预算,但从实用角度看,主要用于编制弹性成本费用预算和弹性利润预算等。在实务中,由于收入、利润可按照概率的方法进行风险分析预算,直接材料、直接人工可按标准成本制度进行标准预算,只有制造费用、推销及行政管理费用等间接费用应用弹性预算频率较高,以致有人将弹性预算误认为只是编制费用预算的一种方法。

2. 增量预算与零基预算

编制成本费用预算的方法按其出发点的特征不同,可分为增量预算法和零基预算法两大类。

(1) 增量预算法

增量预算法简称增量预算,是指以基期成本费用水平为基础,结合预算期业务量水平及有关降低成本的措施,通过调整有关原有费用项目而编制预算的一种方法。

传统的预算编制方法基本上采用的是增量预算方法,即以基期的实际预算为基础,对预算值进行增减调整。这种预算方法比较简便。

增量预算以过去的经验为基础,实际上是承认过去所发生的一切都是合理的,主张不需在预算内容上做较大改进,而是因循沿袭以前的预算项目。这种方法可能导致以下不足。

① 受原有费用项目限制,可能导致保护落后。由于按这种方法编制预算,往往不加分析地保留或接受原有的成本项目,可能使原来为合理的费用开支继续存在下去,形成不必要开支合理化,造成预算上的浪费。

② 滋长预算中的"平均主义"和"简单化"。采用此法,容易鼓励预算编制人员凭借主观臆断按成本项目平均削减预算或只增不减,不利于调动各部门降低费用的积极性。

③ 不利于企业未来的发展。按照这种方法编制的费用预算,对于那些未来实际需要开支的项目可能因没有考虑未来情况的变化而造成预算的不足。

(2) 零基预算法

零基预算的方法全称为"以零为基础编制计划和预算的方法",简称零基预算。是指在编制成本费用预算时,不考虑以往会计期间所发生的费用项目或费用数额,而是以所有的预算支出均为零为出发点,一切从实际需要与可能出发,逐项审议预算期内各项费用的内容及开支标准是否合理,在综合平衡的基础上编制费用预算的一种方法。

零基预算方法打破了传统的编制预算观念,不再以历史资料为基础进行调整,而是一切以零为基础。编制预算时,首先要确定各个费用项目是否应该存在,然后按项目的轻重缓急,安排企业的费用预算。

零基预算方法的缺点在于这种方法一切从零出发,需要企业现状和市场进行大量的调查研究,对现有资金使用效果和投入产出关系进行定量分析等,这势必耗费大量的人力、物力和财力,带来浩繁的预算工作量。

此法特别适用于产出较难辨认的服务性部门费用预算的编制。

3. 定期预算与滚动预算

编制预算的方法按其预算期的时间特征不同,可分为定期预算法和滚动预算法两大类。

(1) 定期预算法

定期预算法简称定期预算,是指在编制预算时以不变的会计期间(如日历年度)作为预算期的一种编制预算的方法。

采用定期预算法编制预算,能够使预算期间与会计年度相配合,便于考核和评价预算的执行结果。但定期预算法不利于对预算进行实时的、动态的调整和修正,还有可能导致资源的浪费。它更适用于那些生产经营活动相对比较稳定、预算执行过程中不会出现较大偏差的单位。

(2) 滚动预算法

滚动预算法又称动态预算法、永续预算法或连续预算法,是一种随着时间的推移,逐月或逐季地调整、修正现有预算,同时追加编制一个新的月份或季度的预算,从而使预算期始终都保持着 12 个月或 4 个季度时间跨度的一种预算编制方法。具有预算期的连续性、时间跨度的固定性、预算调整的动态性、预算编制的追加性等特点。

其具体做法是:每过一个季度(或月份),立即根据前一个季度(或月份)的预算执行情况,对以后季度(或月份)进行修订,并增加一个季度(或月份)的预算。这样如此以逐期向后滚动、连续不断地预算形式规划企业未来的经营活动。

滚动预算法由于对预算管理的技术水平和信息化程度要求比较高,因此它只适用于那些预算管理技术水平较高、信息化程度也较高的单位。

5.1.3 现金预算与预计财务报表的编制

1. 现金预算的编制

现金预算亦称现金收支预算,它是以日常业务预算和专门决策预算为基础编制的反映企业预算期间现金收支情况的预算。它反映现金收入、现金支出、现金收支差额、现金筹措使用情况以及期初期末现金余额,主要包括现金收入、现金支出、现金余缺和现金融通四个部分。

现金预算实际上是其他预算有关现金部分的汇总,以及收支差额平衡措施的具体计划。它的编制,要以其他各项预算为基础,或者说其他预算在编制时要为现金预算做好数据准备。下面分别介绍各项预算,以及它们如何为编制现金预算准备数据。

(1) 销售预算

销售预算是规定企业预算期内销售目标和实施计划的一种业务预算。它是编制企业预算的出发点,也是编制其他日常业务预算的基础。通过市场预测预计销售量和单价以后,便可根据产品的品种、数量、单价确定预算期销售收入,并根据预算期现金收入与回收赊销货款的可能情况反映现金收入,从而编制销售预算。

(2) 生产预算

生产预算是规定企业预算期内有关产品生产数量及品种构成的一种业务预算,可以销

售预算为基础编制。在确定产销量之间的关系时,必须考虑产品的存货水平。其相互关系可用下列公式表示:

$$预计生产量＝预计销售量＋预计期末存货量－预计期初存货量$$

上述公式中,"预计期末存货量"有时凭经验估计,有时经分析确定。通常,存货数量通常按下期销售量的一定百分比确定。年初存货是编制预算时设计的,年末存货根据长期销售规划来确定。

（3）直接材料消耗及采购预算

直接材料消耗及采购预算是规定企业预算期内各种材料消耗量水平,规定材料采购量及其成本的一种业务预算。这种预算以生产预算为基础编制,还必须考虑原材料存货水平。根据预算期现购材料支出和偿还前期所欠材料款的可能情况反映现金支出。

这种预算编制的程序如下。

① 按每种产品分别计算各种材料的消耗量,公式:

　某产品消耗某种材料数量＝该产品预计生产量×该产品耗用该种材料消耗定额

② 将各种产品消耗某种材料数量加总,求该种材料总耗用量。

③ 计算某种材料预计采购数量,公式:

某种材料预计采购量＝该种材料总耗用量＋该种材料期末存货量－该种材料期初存货量

④ 计算某种材料预计采购成本,公式:

　　　某种材料预计采购成本＝该种材料单价×该种材料预计采购量

⑤ 将各种材料预计采购成本加总,求预算期直接材料采购总成本。

（4）直接人工预算

直接人工预算是反映企业预算期内人工工时消耗水平,规定人工成本开支数额的一种业务预算。这种预算也以生产预算为基础编制,其预算金额都需要使用现金支付。直接人工预算编制的程序如下。

① 计算预算期各种产品直接人工总工时,公式:

　某产品预计直接人工总工时＝该产品预计生产量×该产品单位直接人工工时

② 计算预算期各种产品直接工资成本,公式为:

　　　某产品预计直接工资成本＝该产品直接人工总工时×小时工资率

③ 计算预算期各种产品其他直接支出,公式为:

　　　某产品预计其他直接支出＝该产品预计直接工资成本×提取百分比

④ 将预计直接工资成本和其他直接支出两部分汇总起来,即可编制直接人工成本预算。

（5）制造费用预算

制造费用预算是规定企业预算期内完成生产预算所规定的业务量所需的预期制造费用数额的一种预算。编制这种预算时,制造费用需按成本习性划分为变动制造费用与固定制造费用两部分。变动制造费用以生产预算为基础来预计,固定制造费用按实际需要的支付额逐项预计,并要分别确定变动（或固定）制造费用分配率,将变动（或固定）制造费用在各种产品之间进行分配。

$$变动（或固定）制造费用分配率＝\frac{预计变动（或固定）制造费用总额}{相关分配标准预算数}$$

（6）产品生产成本预算

产品生产成本预算是反映企业预算期内各种产品生产成本水平的一种预算。编制这种预算时,单位产品成本的有关数据来自直接材料消耗及采购预算、直接人工预算和制造费用预算,产品生产量、期末存货量的有关数据来自生产预算,产品销售量数据来自销售预算。

（7）销售及管理费用预算

销售及管理费用预算是反映企业预算期内为实现销售预算和进行一般行政管理工作而发生的预期各项费用数额的一种预算。编制这种预算时,不仅要认真分析、考察过去销售费用及管理费用的必要性及其效果,而且要以销售预算或过去的实际开支为基础,考虑预算期可能发生的变化,按预算期实际需要逐项预计销售及管理费用的支付额。

（8）财务费用预算

如果企业资金是正缺口,不需要融资贷款,可能不产生财务费用;一旦发生融资贷款,必定产生财务费用。财务费用的内容主要包括手续费、利息的收入、利息的支出、短期贷款、长期贷款等。财务费用是现金预算的前提,企业编制现金预算时,先要作出财务费用预算;同时,现金预算包含财务费用预算,企业一旦贷款,现金余额就会发生变化,贷款金额一定要大于现金余额和现金流量的差额,因为有利息支出,所以,要做好财务费用预算后,再去修正现金预算。

（9）资本支出预算

一般来说,资本支出预算包含以下三方面内容。

① 固定资产的改扩建预算。改建固定资产,如改建厂房、机器设备等;扩建固定资产,就是将公司所属的固定资产扩大建设,如扩大办公面积、增加生产机器设备等。

② 固定资产的购建预算。购建不是扩建,而是新建,如增加新的生产流水线。

③ 对外股权投资预算。公司如果有闲置钱款,遇到好项目、好机会时,就要进行参股、入股投资,把闲置资金利用到最大化。

（10）现金预算

现金预算根据前面各种预算中的现金收入和现金支出的资料编制。"现金收入"包括期初现金余额和销货现金收入,销货现金收入是其主要来源。年初的"现金余额"是在编制预算时预计的。销货现金收入的数据来自销售预算。"现金支出"包括预算期的各项现金支出。直接材料、直接人工、制造费用、销售与管理费用的数据分别来自前边的有关预算。此外,还包括所得税、购置设备、股利分配等现金支出,有关数据分别来自另行编制的专门预算。现金多余或不足,是现金收入与现金支出的差额,差额为正,说明收大于支,现金有多余,可用于偿还借款或者用于短期投资;差额为负,支大于收,现金不足,要向银行借款。

2. 预计财务报表的编制

预计财务报表亦称为企业总预算,是企业财务管理的重要工具,是控制企业预算期内资金、成本和利润总量的重要手段。它主要包括预计损益表和预计资产负债表等。

（1）预计损益表

预计损益表亦称"利润预算",是以货币为计量单位,全面、综合地反映企业预算期内生产经营的财务情况和规定利润计划数额的一种预算,是控制企业生产经营活动和财务收支的主要依据。这种预算是在汇总销售预算、产品生产成本预算、销售及管理费用预算、营业外收支预算、现金预算等的基础上加以编制的。编制这种预算的目的在于明确预算反映的利润水平,如果利润预算数额与最初编制预算时确定的目标利润存在较大的差距,就需要调整有关预算,设法达到目标利润,或者经企业领导同意后修改目标利润。

(2)预计资产负债表

预计资产负债表是以货币为计量单位反映企业预算期期末财务状况的总括性预算。这种预算是利用基期期末资产负债表,根据预算期销售、生产、成本等预算的有关数据加以调整编制的。编制这种预算的目的在于明确预算反映的财务状况的稳定性和流动性。如果通过预计资产负债表的分析,发现某些反映企业预算期偿债能力、资产营运能力、盈利能力的财务比率不佳,必要时可修改有关预算,以改善财务状况。

企业除了编制预计损益表和预计资产负债表以外,还可以根据这两个报表及其他有关资料,编制预计现金流量表等其他预计财务报表。

5.1.4   财务预算的编制流程

财务预算的编制流程如图 5-1 所示。

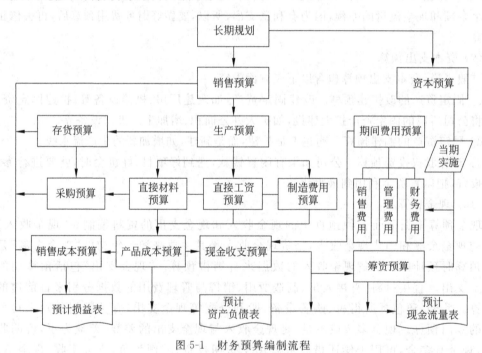

图 5-1   财务预算编制流程

5.2   财务预算管理案例分析

5.2.1   编制销售预算

1. 案例资料

鸿达机械制造有限公司(以下简称鸿达公司)是一家以加工定制零件为主业的小型机械

加工企业。凭着质优价廉的产品和良好的信誉,鸿达公司深得几家大型机械制造商的青睐。2013 年年底,鸿达公司接到了一单大生意,2014 年全年为公司的一位老客户——某大型机械制造商生产4 600 件某种专用备件。鸿达公司的经理估计,如果接下这份订单,公司将再无剩余生产能力生产其他产品。

根据合同规定,该专用备件的价格是每件 1 200 元,鸿达公司需按季度向客户交货,四个季度的供货量分别为 800 件、1 100 件、1 500 件和 1 200 件。合同规定的付款方式为:各季度的货款应在当季支付 60%,其余 40% 在下季付讫。目前,该客户尚欠鸿达公司 50 万元货款,预计将在 2014 年第一季度付清。

2. 案例解析

鸿达公司 2014 年度销售预算编制如表 5-1 所示。

表 5-1　鸿达公司 2014 年度销售预算表

季　　度	第一季度	第二季度	第三季度	第四季度	全年
预计销售量/件	800	1 100	1 500	1 200	4 600
预计单价/(元/件)	1 200	1 200	1 200	1 200	1 200
销售收入/元	960 000	1 320 000	1 800 000	1 440 000	5 520 000
预计现金收入					
期初应收账款/元	500 000				500 000
第一季度/元	576 000	384 000			960 000
第二季度/元		792 000	528 000		1 320 000
第三季度/元			1 080 000	720 000	1 800 000
第四季度/元				864 000	864 000
现金收入合计/元	1 076 000	1 176 000	1 608 000	1 584 000	5 444 000
预计年末应收账款					
期初应收账款/元					500 000
加:预计全年销售收入/元					5 520 000
减:预计全年收回货款/元					5 444 000
期末应收账款/元					576 000

5.2.2　编制生产预算

1. 案例资料

鸿达公司预计,为保证供货的连续性,预算期内各季度的期末产品库存量应达到下期销售量的 20%。同时,根据与客户的长期合作关系来看,公司预算年末的产品库存量应维持和年初相一致的水平,为 200 件左右,能够保证及时为客户供货。据此,鸿达公司编制 2014 年度生产预算。

2. 案例解析

鸿达公司编制 2014 年度生产预算见表 5-2。

表 5-2　鸿达公司 2014 年度生产预算表　　　　　单位：件

季　　度	第一季度	第二季度	第三季度	第四季度	全年
预计销售量	800	1 100	1 500	1 200	4 600
加：预计期末产品存货	220	300	240	200	200
减：预计期初产品存货	200	220	300	240	200
预计生产量	820	1 180	1 440	1 160	4 600

5.2.3　编制直接材料消耗与采购预算

1. 案例资料

鸿达公司生产该备件主要使用一种合金材料。根据以往的加工经验来看,平均每件产品需用料 5 千克。这种合金材料一直由公司以每千克 200 元的价格跟一位长期合作的供应商定购,并且双方约定,购货款在购货当季和下季各付一半。目前,鸿达公司尚欠该供应商货款 400 000 元,预计将在 2014 年第一季度付清。公司为保证生产的连续性,规定预算期内各期末的材料库存量应达到下期生产需要量的 10%,同时规定各年末的预计材料库存应维持在 600 千克左右。

2. 案例解析

鸿达公司编制 2014 年度直接材料消耗与采购预算如表 5-3 所示。

表 5-3　鸿达公司 2014 年度直接材料消耗与采购预算表

季　　度	第一季度	第二季度	第三季度	第四季度	全年
预计生产量/件	820	1 180	1 440	1 160	4 600
单位产品材料用量/千克	5	5	5	5	5
生产需用量/元	4 100	5 900	7 200	5 800	23 000
加：预计期末材料存货/元	590	720	580	600	600
减：预计期初材料存货/元	600	590	720	580	600
预计材料采购量/元	4 090	6 030	7 060	5 820	23 000
材料单价/(元/千克)	200	200	200	200	200
预计采购金额/元	818 000	1 206 000	1 412 000	1 164 000	4 600 000
预计现金支出					
期初应付账款/元	400 000				400 000
第一季度/元	409 000	409 000			818 000
第二季度/元		603 000	603 000		1 206 000
第三季度/元			706 000	706 000	1 412 000
第四季度/元				582 000	582 000
合　　计/元	809 000	1 012 000	1 309 000	1 288 000	4 418 000

续表

预计年末应付账款	
期初应付账款	400 000
加：预计全年采购金额	4 600 000
减：预计全年支付货款	4 418 000
期末应付账款	582 000

5.2.4　编制直接人工预算

1. 案例资料

鸿达公司根据以往的加工经验预计，生产一件备件大约需要 7 个工时。而依据公司与工人签订的劳动合同规定，每工时需要支付工人工资 10 元。

2. 案例解析

鸿达公司 2014 年度的直接人工预算可编制如表 5-4 所示。

表 5-4　鸿达公司 2014 年度直接人工预算表

季　　度	第一季度	第二季度	第三季度	第四季度	全年
预计生产量/件	820	1 180	1 440	1 160	4 600
单位产品工时/时	7	7	7	7	7
人工总工时/时	5 740	8 260	10 080	8 120	32 200
每小时人工成本/（元/时）	10	10	10	10	10
人工总成本/元	57 400	82 600	100 800	81 200	322 000

5.2.5　编制制造费用预算

1. 案例资料

鸿达公司根据以往的生产经验估计，公司下年度可能会发生以下几项制造费用：辅助材料与水电费为变动费用，每工时的开支额分别是 3 元和 2 元；车间管理人员工资和设备折旧费为固定费用，估计每季度的开支总额分别为 10 000 元和 15 250 元；设备维护费为混合成本，每季度要进行一次基本维护，费用大约为 15 000 元，日常维护费用则与开工时数有关，估计每工时的维护费约为 2 元。

2. 案例解析

鸿达公司可编制制造费用预算如表 5-5 所示。

表 5-5　鸿达公司 2014 年度制造费用预算表　　　　　　单位：元

季　　度	第一季度	第二季度	第三季度	第四季度	全年
变动制造费用：					
人工总工时	5 740	8 260	10 080	8 120	32 200
辅助材料（3 元/工时）	17 220	24 780	30 240	24 360	96 600

季　　度	第一季度	第二季度	第三季度	第四季度	全年
水电费(2元/工时)	11 480	16 520	20 160	16 240	64 400
设备维护费(2元/工时)	11 480	16 520	20 160	16 240	64 400
合　　计	40 180	57 820	70 560	56 840	225 400
固定制造费用:					
管理人员工资	10 000	10 000	10 000	10 000	40 000
设备折旧费	15 250	15 250	15 250	15 250	61 000
设备维护费	15 000	15 000	15 000	15 000	60 000
合　　计	40 250	40 250	40 250	40 250	161 000
预计现金支出					
变动制造费用合计	40 180	57 820	70 560	56 840	225 400
固定制造费用合计	40 250	40 250	40 250	40 250	161 000
减:设备折旧费	15 250	15 250	15 250	15 250	61 000
现金支出额	65 180	82 820	95 560	81 840	325 400

5.2.6　编制产品成本预算

鸿达公司依据直接材料、直接人工、制造费用三项预算,结合 2014 年度预计销售量和期末产品库存量情况,可编制 2014 年度产品成本预算如表 5-6 所示。

表 5-6　鸿达公司 2014 年度产品成本预算表

成本项目	单位产品成本			生产成本/元 (4 600 件)	期末存货/元 (200 件)	销售成本/元 (4 600 件)
	单价	耗用量	成本/元			
直接材料	200 元/千克	5 千克	1 000	4 600 000	200 000	4 600 000
直接人工	10 元/时	7 小时	70	322 000	14 000	322 000
变动制造费用	7 元/时	7 小时	49	225 400	9 800	225 400
固定制造费用	5 元/时	7 小时	35	161 000	7 000	161 000
合　　计	—	—	1 154	5 308 400	230 800	5 308 400

5.2.7　编制销售及管理费用预算

1. 案例资料

鸿达公司预计 2014 年度的销售费用只有运输费一项,按照与运输公司的合同约定,每季度支付 13 000 元运费;管理费用包括管理人员工资、办公费和房租三项,均属于固定成本,每季开支额分别为 6 000 元、4 000 元和 10 000 元。据此,鸿达公司可编制销售及管理费用预算。

2. 案例解析

鸿达公司 2014 年度销售及管理费用预算见表 5-7。

表 5-7　鸿达公司 2014 年度销售及管理费用预算表　　　单位：元

季　度	第一季度	第二季度	第三季度	第四季度	全年
销售费用					
运输费	13 000	13 000	13 000	13 000	52 000
管理费用					
管理人员工资	6 000	6 000	6 000	6 000	24 000
办公费	4 000	4 000	4 000	4 000	16 000
房租	10 000	10 000	10 000	10 000	40 000
合　计	33 000	33 000	33 000	33 000	132 000

5.2.8　编制现金预算

1. 案例资料

鸿达公司财务部门根据公司的经营特点和现金流转状况，确定公司的最佳现金持有量是 10 000 元。当预计现金收支净额不足 10 000 元时，通过变现有价证券及申请短期银行借款来补足；预计现金收支净额超过 10 000 元时，超出部分用于归还借款和购入有价证券。鸿达公司估计，2014 年年初公司大约会有 23 000 元的有价证券储备。此外，公司已和银行商定了为期 1 年的信贷额度，公司随时可按 6% 的年利率向银行借款，借款为 1 000 元的整数倍。

除了日常经营活动所引起的各项现金收支外，鸿达公司估计 2014 年还会发生如下现金支付业务：

① 公司的一台专用机床必须在一季度更新，预计需要支出购置及安装等费用共计 130 000 元。

② 公司将在 2014 年年初向股东派发 2013 年度的现金股利 20 000 元。

③ 估计公司每个季度需要缴纳所得税款 5 600 元。

根据这些资料，鸿达公司编制现金预算。

2. 案例解析

鸿达公司 2014 年度现金预算见表 5-8。

表 5-8　鸿达公司 2014 年度现金预算表　　　单位：元

季　度	第一季度	第二季度	第三季度	第四季度	全年
期初现金余额	10 000	10 820	10 800	10 650	10 000
加：销售现金收入	1 076 000	1 176 000	1 608 000	1 584 000	5 444 000
减：各项现金支出					
材料采购	809 000	1 012 000	1 309 000	1 288 000	4 418 000
直接人工	57 400	82 600	100 800	81 200	322 000
制造费用	65 180	82 820	95 560	81 840	325 400

季　度	第一季度	第二季度	第三季度	第四季度	全年
销售及管理费用	33 000	33 000	33 000	33 000	132 000
所得税	5 600	5 600	5 600	5 600	22 400
购置设备	130 000				130 000
分配利润	20 000				20 000
支出合计	1 120 180	1 216 020	1 543 960	1 489 640	5 369 800
现金收支净额	−34 180	−29 200	74 840	105 010	84 200
现金筹集和运用					
出售有价证券	23 000				23 000
购入有价证券				95 000	95 000
申请银行借款	22 000	40 000			62 000
归还银行借款			62 000		62 000
短期借款利息			2 190		2 190
期末现金余额	10 820	10 800	10 650	10 010	10 010

5.2.9　编制预计损益表

1. 案例资料

鸿达公司财务人员估计，如果前面各项日常业务预算和现金预算都能在预算期内予以落实，那么公司在2014年度的盈利前景还是相当乐观的。并且，估计公司2014年度的股利分配额能在2013年基础上增长50%，达到30 000元。

2. 案例解析

预计2014年年末的损益表如表5-9所示。

表5-9　鸿达公司2014年度预计损益表　　　　　金额单位：元

项　目	金　额	资料来源
销售收入	5 520 000	销售预算
销售成本	5 308 400	产品成本预算
毛利	211 600	
销售及管理费用	132 000	销售及管理费用预算
利息费用	2 190	现金预算
利润总额	77 410	
所得税	22 400	现金预算
净利润	55 010	
加：年初未分配利润	580 800	公司预计值

续表

项　　目	金　　额	资料来源
可供分配的利润	635 810	
减：利润分配	30 000	公司预计值
年末未分配利润	605 810	

5.2.10　编制预计资产负债表

鸿达公司结合预算期内的各项业务活动的情况，预计 2014 年年末的资产负债表如表 5-10 所示。

表 5-10　鸿达公司预计资产负债表

2014 年 12 月 31 日　　　　　　　　　　　　　　　金额单位：元

项　　目	年初数	年末数	资料来源
资　　产			
现金	10 000	10 010	现金预算
短期投资	23 000	95 000	现金预算
应收账款	500 000	576 000	销售预算
材料存货	120 000	120 000	直接材料预算
产品存货	230 800	230 800	产品成本预算
固定资产	1 100 000	1 230 000	预计购置 130 000 元
累计折旧	183 000	244 000	制造费用预算，预计提取折旧 61 000 元
资产总额	1 800 800	2 017 810	
负债及所有者权益			
应付账款	400 000	582 000	直接材料预算
应付利润	20 000	30 000	预计利润表
实收资本	800 000	800 000	
未分配利润	580 800	605 810	预计利润表
负债及所有者权益合计	1 800 800	2 017 810	

5.3　财务预算管理综合实训

实训资料

A 公司是一家中等规模的股份制造企业，该公司在进行了周密调研的基础上，经董事会认可，确定了 2015 年度（预算年度）的目标利润为 110 万元，根据这个目标，公司预算委员会和各部门着手进行 2015 年的预算编制工作。

首先,他们取得了 A 公司 2014 年资产负债表的相关数据,如表 5-11 所示。

表 5-11　资产负债表

2014 年 12 月 31 日　　　　　　　　　　　　　　　　单位:元

资　产	金　额	负债和所有者权益	金　额
流动资产:		流动负债:	
现金	350 000	应付账款	24 000
应收账款	90 000	长期负债:	
材料	12 500	长期借款	1 300 000
产成品	48 000	负债合计	1 324 000
流动资产合计	500 500	所有者权益:	
固定资产:		流通股股本	2 000 000
设备	3 000 000	留存收益	376 500
土地	1 000 000	所有者权益合计	2 376 500
累计折旧	(800 000)		
固定资产净值	3 200 000		
资产总计	3 700 500	负债和所有者权益总计	3 700 500

注:

(1) 材料=2014 年期末库存量 2 500 千克×材料外购单价 5 元/千克=12 500(元)

(2) 产成品=2014 年期末库存量 800 件×2014 年单位生产成本 60 元/件=48 000(元)

要求:请根据上述资料,结合调查、预测、编制出 A 公司 2015 年度的财务预算。

1. 编制销售预算

A 公司经过市场调查,取得以下有关资料。

(1) 2014 年内各季度的销售量分别为:第一季度 8 000 件、第二季度 9 000 件、第三季度 10 000 件、第四季度 11 000 件;

(2) 每件销售价格为 120 元;

(3) 估计各期的销售收入中有 70%于当季收到现金,其余 30%将于下一季度才能收现。

请根据以上资料编制 A 公司 2015 年度销售预算如表 5-12 所示。

表 5-12　A 公司 2015 年度销售预算表　　　　　　　　单位:元

	第一季度	第二季度	第三季度	第四季度	全年合计
预计销售量/件					
销售单价/(元/件)					
销售收入/元					

续表

预计现金收入					
2014 年年末应收款/元					
第一季度销售额/元					
第二季度销售额/元					
第三季度销售额/元					
第四季度销售额/元					
现金收入合计/元					

2. 编制生产预算

（1）2015 年期初产成品存货为 800 件，年末产成品存货为 1 200 件；

（2）2014 年实际单位生产成本为 60 元；

（3）预计各季度末产成品存货数量相当于下一季度销售数量的 15%，假设期初、期末没有在产品。

请根据以上资料编制 A 公司 2015 年度生产预算如表 5-13 所示。

表 5-13　A 公司 2015 年度生产预算表　　　　单位：件

指标＼季度	第一季度	第二季度	第三季度	第四季度	全年合计
预计销售量					
加：预算期末存货量					
减：预算期初存货量					
预计生产量					

3. 编制直接材料预算

（1）假定该公司只需要一种材料，单位产品材料消耗量为 4 千克，每千克单位外购成本为 5 元；

（2）假定每季度的购料款当季只付 40%，余下的 60% 可以在随后的两个季度内分别依次支付 50% 和 10%；

（3）2014 年年末（发生于 12 月份）的应付账款为 24 000 元；

（4）各季度材料库存按下一季度生产需用量的 10% 计算；

（5）2015 年期初材料库存量 2 500 千克，年末库存量为 4 500 千克。

请根据以上资料编制 A 公司 2015 年度直接材料消耗与采购预算如表 5-14 所示。

表 5-14　A 公司 2015 年度直接材料消耗与采购预算表

指标＼季度	第一季度	第二季度	第三季度	第四季度	全年合计
预计生产量/千克					
单位产品材料消耗量/千克					

续表

季度 指标	第一季度	第二季度	第三季度	第四季度	全年合计
预计生产需用量/千克					
加：预计期末材料库存货量/千克					
合计/千克					
减：预计期初材料库存货量/千克					
预计材料采购量/千克					
材料外购单价/元					
预计材料采购金额/元					
预计现金支出					
年初应付账款/元					
第一季度采购额/元					
第二季度采购额/元					
第三季度采购额/元					
第四季度采购额/元					
采购现金支出合计/元					

4. 编制直接人工预算

(1) 单位产品生产需耗直接人工工时 4 小时；

(2) 各等级的单位直接人工成本为 8 元；

(3) 假定直接人工全部表现为现金支出。

请根据以上资料编制 A 公司 2015 年度直接人工预算如表 5-15 所示。

表 5-15　A 公司 2015 年度直接人工预算表

季度 指标	第一季度	第二季度	第三季度	第四季度	全年合计
预计生产量/件					
单位产品人工工时/(工时/件)					
直接人工总工时/工时					
单位工时人工成本/(元/工时)					
直接人工成本/元					

5. 编制制造费用预算

该公司经过预测，将 2015 年所要开支的制造费用开支预计数编制成预算，并按各季度平均工资发生现金支出，确定出分季度的现金支出数，如表 5-16 所示。

表 5-16　A 公司 2015 年度制造费用预算表　　　　单位：元

项　目	金　额
车间管理人员、修理人员工资	232 600
辅助材料费	115 200
修理费用	
其中：日常修理费用	38 400
大修复费用	20 000
车间设备保险费	43 000
水电费	76 800
车间设备折旧费	50 000
制造费用合计	576 000

现金支出计算表

季度	第一季度	第二季度	第三季度	第四季度	全年合计
现金支出额					526 000

6. 编制产品成本预算

假定采用全部成本法。A 公司 2015 年度产品成本预算如表 5-17 所示。

表 5-17　A 公司 2015 年度产品成本预算表　　　　单位：元

成本项目	单位产品成本			生产成本	期末存货	销售成本
	单价	耗用量	成本			
直接材料						
直接人工						
制造费用						
合　计	—	—				

7. 编制销售与管理费用预算

公司根据销售预算所确定的销售量和有关行政管理活动,估计出预算期内的销售与管理费用差编成预算,对其中的现金支出假定平均分配。A 公司 2015 年度销售及管理费预算如表 5-18 所示。

表 5-18　A 公司 2015 年度销售及管理费预算表　　　　单位：元

项　目	金　额
厂部行政管理人员工资	125 000
厂部设备折旧费	65 800
其他费用	83 500
合计	274 300

现金支出计算表

季度	第一季度	第二季度	第三季度	第四季度	全年合计
现金支出额					

8. 编制资本支出预算

公司计划在 2015—2018 年进行一项新项目(甲)开发,总投资额预计为 280 万元,其中,安排在 2015 年内第二季度的投资额为 150 万元,用于购置设备,全部表现为现金支出。A 公司 2015—2018 年度资本支出预算,如表 5-19 所示。

表 5-19   A 公司 2015—2018 年资本支出预算   单位: 万元

项目名称	2015 年	2016 年	2017 年	2018 年	合 计
甲					

9. 编制现金预算

(1) 公司规定预算期内每季度的最低库存现金余额为 10 万元,2014 年年末库存现金余额为 35 万元;

(2) 公司在 2015 年第一季度购入有价证券 25 万元;

(3) 若向银行借款,则应于季初借入,偿还应安排在季末进行,借款利息按年利率 10% 计算,在借款偿还时一并归还;

(4) 预计 2015 年共付股利 40 万元,每季度平均安排支付;

(5) 每季度预计交纳所得税分别是:第一季度 110 373 元,第二季度 127 000 元,第三季度 137 849 元,第四季度 160 250 元。

根据以上资料编制 A 公司 2015 年度现金预算,如表 5-20 所示。

表 5-20   A 公司 2015 年度现金预算   单位: 元

季 度	第一季度	第二季度	第三季度	第四季度	全 年
期初现金余额					
加:销售现金收入					
减:各项现金支出					
材料采购					
直接人工					
制造费用					
销售及管理费用					
所得税					
购置设备					
分配利润					

续表

季　度	第一季度	第二季度	第三季度	第四季度	全　年
支出合计					
现金收支净额					
现金筹集和运用					
出售有价证券					
购入有价证券	(250 000)				
申请银行借款		1 350 000			
归还银行借款			(250 000)	(200 000)	
短期借款利息			(12 500)	(15 000)	
期末现金余额	103 682	127 857	91 383	173 548	173 548

10. 编制预计损益表

（1）公司产品成本计算采用全部成本法；

（2）存货计算采用先进先出法。

根据以上资料编制 A 公司 2015 年度预计损益表如表 5-21 所示。

表 5-21　A 公司 2015 年度预计损益表　　　　　　　　　　　　　单位：元

项　目	金　额
销售收入	
销售成本	
毛利	
销售及管理费用	
利息费用	
利润总额	
所得税	
净利润	
加：年初未分配利润	
可供分配的利润	
减：利润分配	
年末未分配利润	

11. 编制预计资产负债表

根据以上资料编制 A 公司 2015 年度预计资产负债表如表 5-22 所示。

表 5-22　A 公司预计资产负债表

2015 年 12 月 31 日　　　　　　　　　　　　　　单位：元

资　　产	金　　额	负债和所有者权益	金　　额
流动资产：		流动负债：	
现金		应付账款	
应收账款		长期负债：	
材料存货		长期借款	
产成品存货		负债合计	
流动资产合计		所有者权益：	
固定资产：		流通股股本	
设备		留存收益	
土地		所有者权益合计	
累计折旧			
固定资产净值			
长期投资			
资产总计		负债和所有者权益总计	

第6章

投资管理综合实训

6.1 投资管理知识准备

6.1.1 投资的概念

投资是指公司投入财力,以期望在未来获取收益的一种行为。在市场经济条件下,公司能否把筹集到的资金投放到收益高、回收快、风险小的项目上去,对公司的生存和发展是十分重要的。

6.1.2 投资的程序

企业投资的程序主要包括以下步骤。

(1) 提出投资领域和投资对象。这需要在把握良好投资机会的情况下,根据企业的长远发展战略、中长期投资计划和投资环境的变化来确定。

(2) 评价投资方案的可行性。在评价投资项目的环境、市场、技术和生产可行性的基础上,对财务可行性作出总体评价。

(3) 投资方案比较与选择。在财务可行性评价的基础上,对可供选择的多个投资方案进行比较和选择。

(4) 投资方案的执行。即投资行为的具体实施。

(5) 投资方案的再评价,在投资方案的执行过程中,应注意原来作出的投资决策是否合理、是否正确。一旦出现新的情况,就要随时根据变化的情况作出新的评价和调整。

6.1.3 项目投资及其相关内容

1. 项目投资的概念与特征

(1) 项目投资的概念

项目投资是一种以特定建设项目为对象,直接与新建项目或更新改造项目有关的长期投资行为。主要包括新建项目(含单纯固定资产投资项目和完整工业投资项目)和更新改造项目。其内容涉及固定资产投资、无形资产投资、流动资产投资和其他资产投资等。

(2) 项目投资的特点

与其他形式的投资比较,项目投资具有投资内容独特(每个投资项目至少涉及一项固定资产投资)、投资数额多、运行时间长、发生频率低、变现能力差和投资风险大的特点。

2. 项目计算期的构成

项目计算期（记作 n）是指投资项目从投资建设开始到最终清理结束整个过程全部的时间，包括建设期（记作 $s,s \geqslant 0$）和运营期（记作 p）。其中建设期是指从项目资金正式投入开始到项目建成投产为止所需要的时间。建设期的第一年年初为建设起点（第 0 年），建设期的最后一年年末为投产日（第 s 年）。项目计算期的最后一年年末为终结点（第 n 年）。假定项目的终结或报废清理均发生在终结点（更新改造项目除外）。从投产日到终结点之间的时间为运营期，又包括试产期和达产期两个阶段，试产期是指项目投入生产，但生产能力尚未达到设计能力时的过渡阶段。达产期是指生产运营达到设计预期水平后的时间。运营期一般应根据项目主要设备的经济寿命期确定。

项目计算期、建设期和运营期之间有以下关系：

$$n=s+p$$

3. 项目投资资金构成

（1）原始投资

原始投资是指企业为使该项目完全达到设计生产能力、开展正常经营而投入的全部现实资金，包括建设投资和流动资金投资两项内容。

建设投资是指在建设期内按一定生产经营规模和建设内容进行的投资，具体包括固定资产投资、无形资产投资和其他资产投资三项内容。

固定资产投资，是指项目用于购置或安装固定资产应当发生的投资。固定资产原值与固定资产投资之间的关系如下：

固定资产原值＝固定资产投资＋建设期资本化借款利息

无形资产投资是指项目用于取得无形资产而发生的投资。

其他资产投资是指建设投资中除固定资产投资和无形资产投资以外的投资，包括生产准备和开办费投资。

流动资金投资，是指项目投产前后分次或一次投放于流动资产项目的投资增加额，又称垫支的流动资金或营运资金投资。

以上指标用公式表示：

原始投资＝建设投资＋流动资金投资

＝固定资产投资＋无形资产投资＋其他资产投资＋流动资金投资

（2）投资总额

投资总额是指反映项目投资总体规模的价值指标。用公式表示：

投资总额＝原始投资＋建设期资本化利息

4. 项目投资资金的投入方式

原始投资的投入方式一般包括一次性投资和分次投资两种形式。一次性投资方式是指投资行为集中一次性发生在项目计算期第一个年度的年初或年末；如果投资行为分别涉及两个或两个以上年度，或虽涉及一个年度但同时在该年的年初和年末分别发生，则属于分次投入方式。

5. 项目投资的现金流量

（1）现金流量的概念

一项投资决策对公司财务实质性的影响主要表现在现金流量方面。所谓现金流量是指投资项目计算期内由于资本循环引起的各项现金流入和现金流出的总称。项目投资决策中所称的"现金",不仅包括各种货币现金,而且包括项目需要投入公司拥有的非货币资源的变现价值(或重置成本)。

现金流量包括现金流入、现金流出和净现金流量等具体内容。

(2) 确定现金流量的假设

投资项目的类型假设。假设投资项目只包括单纯固定资产投资项目、完整工业投资项目和更新改造投资项目三种类型;这些项目又可进一步分为不考虑所得税因素和考虑所得税因素的项目。

① 财务可行性分析假设。假设投资决策是从公司投资者的立场出发,投资决策者确定现金流量就是为了进行项目财务可行性研究,该项目已经具备国民经济可行性和技术可行性。

② 全投资假设。假设在确定项目的现金流量时,只考虑全部投资的运动情况,而不具体区分自有资金和借入资金等具体形式的现金流量。即使实际存在借入资金也将其作为自有资金对待。

③ 建设期投入全部资金假设。不论项目的原始投资是一次投入还是分次投入,除个别情况外,假设它们都是在建设期内投入的。

④ 经营期与折旧年限一致假设。假设项目主要固定资产的折旧年限或使用年限与经营期相同。

⑤ 时点指标假设。为便于利用资金时间价值的形式,不论现金流量具体内容所设计的价值指标实际上是时点指标还是时期指标,均假设按照年初或年末的时点指标处理。其中,建设投资在建设期内有关年度的年初或年末发生,流动资金投资者在经营期初期(年初)发生;经营期内各年的收入、成本、折旧、摊销、利润、税金等项目的确认均在年末发生;项目最终报废或清理均发生在终结点(但更新改造项目除外)。

⑥ 确定性假设。假设与项目现金流量有关的价格、产销量、成本水平、公司所得税税率等因素均为已知常数。

⑦ 产销平衡假设。在项目投资决策中,假定运营期同一年的产量等于该年的销售量。在这个假设下,假定按成本项目计算的当年成本费用等于按要素计算的成本费用。

(3) 现金流入量的概念及构成

现金流入量是指能够使投资方案的现实货币增加的项目,简称现金流入。它包括以下内容。

① 增加的营业收入,指项目投产后每年增加的营业收入(销售净额)。它是经营期主要的现金流入项目。可根据项目经营期内有关产品的预计单价和预计销售量进行估算。为简化核算,一般假定正常年度内的赊销额与回收的应收账款基本一致。

② 回收的固定资产余值,是指投资项目的固定资产在终结点报废清理或中途变价转让处理时所收回的价值,即处理固定资产的净收入。可根据固定资产原值与净残值进行估算。

③ 回收的流动资金,主要是指项目计算期完全终止时(终结点),因不再发生新的替代投资而回收的原垫支的全部流动资金数额。若经营期内没有提前收回的情况,则回收流动

资金的数额应等于各年垫支的流动资金的合计数。

回收的固定资产余值和回收的流动资金统称为回收额。

④ 其他现金流入量,是指以上三项外的现金流入量。

(4) 现金流出量的概念及构成

现金流出量是指能够使投资方案的现实货币减少或需要动用现金的项目,简称现金流出。其内容主要如下。

① 建设投资(含更新改造投资),是指建设期内按一定生产经营规模和建设内容进行的固定资产、无形资产投资和开办费等项投资的总和,包含基建投资和更新改造投资。其中,固定资产投资应按项目规模和投资计划所确定的各项建筑工程费用、设备购置费用、安装工程费用和其他费用来估算。在估算构成固定资产原值的资本化利息时,可根据长期借款本金、建设期年数和借款利率按复利计算,并且假定资本化利息只计入固定资产的原值。

无形资产投资和其他资产投资,应根据需要和可能逐项按有关的资产评估方法和计价标准进行估算。

② 垫支的流动资金,是指在投资项目中发生的用于生产经营周转用的营运资金的投资,例如存货上的投资。可按下式对流动资金投资进行估算:

某年流动资金投资额＝本年流动资金需要数－截至上年流动资金投资额

其中:

本年流动资金需要数＝该年流动资产需用数－该年流动负债可用数

上式中的流动资产只考虑存货、现实货币资金、应收账款和预付账款等项内容;流动负债只考虑应付账款和预收账款。

③ 经营成本,是指在经营期内为满足正常生产经营而动用现实货币资金支付的成本费用,又被称为付现的营运成本(或简称付现成本),它是经营期主要的现金流出项目。其估算公式:

$$\begin{aligned}\text{某年经营成本} &= \frac{\text{该年外购原材料}}{\text{燃料和动力费}} + \frac{\text{该年工资}}{\text{及福利费}} + \frac{\text{该年}}{\text{修理费}} + \frac{\text{该年其}}{\text{他费用}} \\ &= \frac{\text{该年不包括财务}}{\text{费用的总成本费用}} - \frac{\text{该年}}{\text{折旧费}} - \frac{\text{该年无形资产和}}{\text{开办费的摊销额}}\end{aligned}$$

式中,其他费用是指从制造费用、管理费用和营业费用中扣除了折旧费、材料费、修理费、工资以及福利费以后的剩余部分。

④ 各项税款,是指项目投产后依法缴纳的、单独列示的各项税款,包括营业税,所得税等。可根据国家税收法规的相关规定进行估算。

⑤ 其他的现金流量,是指不包括在以上内容中的现金流量。

(5) 净现金流量

净现金流量是指项目计算期内由每年现金流入量与同年现金流出量的差额所形成的序列指标。它是计算项目投资决策评价指标的重要依据。其理论公式:

某年净现金流量＝该年现金流入量－该年现金流出量

或

$$NCF_t = CI_t - CO_t \quad (t = 0, 1, 2, \cdots, n)$$

式中，NCF_t 为任意第 t 年的净现金流量；CI_t 为第 t 年的现金流入量；CO_t 为第 t 年的现金流出量。

当现金流入量大于现金流出量的时，净现金流量为正值；反之，当现金流入量小于现金流出量时，净现金流量为负值。

由于项目计算期不仅包括经营期，还包括建设期，因此不论是在经营期还是在建设期都存在净现金流量这一范畴。同时，由于现金流出、流入在项目计算期内的不同阶段上的内容不同，使得各个阶段上的现金流量表现出不同的特点；如在建设期内，净现金流量一般小于或等于零；在经营期内，净现金流量一般大于零。

净现金流量又包括所得税前净现金流量和所得税后净现金流量两种形式。其中所得税前净现金流量不受融资方案和所得税政策变化的影响，是全面反映项目投资方案本身财务获利能力的基础数据。计算时，现金流出量的内容不包括所得税调整因素。所得税后净现金流量则将所得税视为现金流出量，可用于在考虑融资条件下项目投资对企业价值所作的贡献，可以在所得税前现金流量的基础上，直接扣除调整所得税求得。

为了简化计算，一般假定只有完整工业项目投资和单纯固定资产投资考虑所得税前、后净现金流量的两种形式，更新改造项目只考虑所得税后净现金流量一种形式。

6. 项目投资评价指标

项目投资决策评价指标是衡量和比较投资项目可行性并据以进行方案决策的定量化标准与尺度，它是由一系列综合反映投资效益、投入产出关系的量化指标构成的。

项目投资决策评价指标可分为两类：一类是静态指标或称非贴现指标，即不按货币时间价值进行统一换算，而直接按投资项目形成的现金流量进行计算的指标，包括投资利润率，投资回收期（静态）等；另一类是动态指标或称贴现指标，即对投资项目形成的现金流量按货币时间价值进行统一换算的基础上进行计算的各项指标，包括净现值，净现值率，获利指数、内部收益率等。

（1）静态项目投资评价指标

① 投资利润率。投资利润率又称投资报酬率（记作 ROI），是指年均利润占投资总额或平均投资额的比率，其计算公式：

$$投资利润率（ROI) = \frac{年均利润}{项目投资总额} \times 100\%$$

投资利润率是一个非折现的相对量正指标，其主要优点是简单、明了，易于理解和掌握，许多实际工作者都乐于应用。其主要缺点是没有考虑"货币的时间价值"，把若干年后的 1 元同当前的 1 元等量齐观。此外，该指标不能利用现金流量信息。

只有投资收益率不低于无风险项目的投资收益率时，所评价的投资项目才具有财务上的可行性。

② 静态投资回收期。静态投资回收期是以投资项目经营期的净现金流量补偿原始投资额所需的时间，通常以年表示（记作 PP）。

a. 累计净现金流量法。这种方法适用于任何形式的现金流量模式的投资方案，计算出的投资回收期 PP 包括项目建设期。当投资项目的累积净现金流量为 0 时，所对应的时间

就是包括建设期的投资回收期,可表示为下式:

$$\sum_{t=0}^{pp} NCF_t = 0$$

当项目的累计净现金流量最后一次为负的年份出现时,即当 $\sum\limits_{t=0}^{m} NCF_t < 0$ 时,而

$\sum\limits_{t=0}^{m+1} NCF_t > 0$ 则 $m+1 > PP > m$。公式表述为:$PP = \dfrac{\left| \sum\limits_{t=0}^{m} NCF_t \right|}{NCF_{m+1}} + m$

b. 简算法。当所有投资均发生在建设期内,经营期前若干年(设为 m 年)的净现金流量均相等,且 $m \times$ 投产后前 m 年每年相等的净现金流量 $\geqslant$ 原始投资,则可按以下简化公式直接求出不包括建设期的投资回收期(记作 PP'):

$$PP' = \frac{原始投资}{前若干年相等的净现金流量}$$

静态投资回收期是一个非折现的绝对量反指标,回收期越短,则该项投资在未来时期所冒的风险越小。正是由于静态投资回收期的长短,可以看作它在未来时期所冒风险程度的标志,因而得到许多实际工作者的支持。

静态投资回收期的主要缺点,首先,没有考虑"货币的时间价值",这一点同上述投资利润率有共同之处。其次,它考虑净现金流量,只考虑了净现金流量中小于和等于原投资额的部分,没有考虑其大于原投资额的部分,因而还有一定的局限性,用来评价不同方案的经济效果,难以确切地说明问题。

(2)动态项目投资评价指标

① 净现值。净现值(记作 NPV)是指在项目计算期内,按行业基准收益率或设定的折现率计算的各年净现金流量现值的代数和。其算式:

$$NPV = \sum_{t=0}^{n} NCF_t \cdot (P/F, i_c, t)$$

式中,i_c 为该项目的行业基准收益率或设定的折现率;$(P/F, i_c, t)$ 为第 t 年、折现率为 i_c 的复利现值系数。

利用该公式时,可视净现金流量的特征计算净现值,若每年的现金流量不同,可用定义式进行计算,若现金流量符合年金的特征,可利用年金现值的方法进行计算。

净现值是一个折现的绝对量正指标,是投资决策评价指标中最重要的指标之一,其计算形式又与净现值率、内部收益率的计算有关。其优点是:第一,充分考虑了资金时间价值;第二,能够利用项目计算期内的全部净现金流量信息。其缺点在于:作为绝对量指标无法反映投资项目的实际收益率水平。只有当该指标大于等于零的投资项目才具有财务可行性。

② 净现值率。净现值率(记作 $NPVR$)是指项目的净现值占原始投资现值比率,反映单位原始投资的现值所创造的净现值。这个指标可以使不同方案具有共同的可比基础,因而有较广泛的适用性。其计算公式如下:

$$NPVR = \frac{NPV}{\left| \sum\limits_{t=0}^{s} NCF_t \cdot (P/F, i_c, t) \right|}$$

式中,s 为建设期。

净现值率是一个折现的相对量正指标。它的优点在于:第一,可以从动态的角度反映项目投资的资金投入与净产出之间的关系;第二,比其他折现相对量指标更容易计算。其缺点是无法直接反映投资项目的实际收益水平,且必须以已知净现值为前提。只有当该指标大于或等于零的投资项目才具有财务可行性。

③ 获利指数。获利指数(记作 PI)又被称为现值指数,是指投产后按行业基准折现率或设定折现率的算的各年净现金流量的现值合计与原始投资的现值合计之比。其计算公式为:

$$PI = \frac{\sum_{t=s+1}^{n} NCF_t \cdot (P/F, i_c, t)}{\left| \sum_{t=0}^{s} NCF_t \cdot (P/F, i_c, t) \right|}$$

式中,S 为建设期,n 为项目计算期。

当原始投资在建设期内全部投入时,PI 与 $NPVR$ 有如下关系:

$$PI = 1 + NPVR$$

获利指数是一个折现的相对量正指标,可从动态的角度反映项目投资的资金投入与总产出之间的关系;其缺点除了无法直接反映投资项目的实际收益水平外,计算起来比净现值率指标复杂,且理论上对该指标的认识不同,计算口径也不一致。

只有当该指标大于或等于 1 的投资项目才具有财务可行性。在实务中通常并不要求直接计算获利指数,如果需要考核这个指标,可在求得净现值率的基础上推算出来。

④ 内部收益率。上述净现值、净现值率的计算虽然考虑了"货币时间价值",但有一个共同的缺点,就是不能据以了解各个投资方案本身可以达到的具体的投资收益率的多少。内部收益率(记作 IRR)的计算可以做到这一点。它是投资方案在建设和生产经营年限内,各年净现金流量的现值累计等于 0 时的折现率,即投资方案的净现值等于 0 时的折现率:

$$\sum_{t=0}^{n} NCF_t \cdot (P/F, IRR, t) = 0$$

$$NCF_0 + \frac{NCF_1}{(1+IRR)} + \frac{NCF_2}{(1+IRR)^2} + \cdots + \frac{NCF_n}{(1+IRR)^n} = 0$$

从上述数量关系,可以看到,内含报酬率有以下一些特性:

当 $\sum_{t=1}^{n} NCF_t = NCF_0$,$IRR = 0$

当 $\sum_{t=1}^{n} NCF_t < NCF_0$,$IRR < 0$

当 $\sum_{t=1}^{n} NCF_t > NCF_0$,$IRR > 0$

第一种情况意味着投资方案未来的净现金流量的总和刚好同原来的投资额相等,没有带来任何盈利,说明所做的投资没有取得相应的效益,即其内部收益率为 0。第二种情况说明资金投入以后,不仅没有盈利,而且使原投资额亏损了一部分而收不回来,因而其内部收益率就表现为负数。第三种情况是意味着除收回原投资额外,还取得一定的收益,说明所做的投资取得了相应的收益,据以确定的内部收益率为正值,取得的盈利越多,IRR 越大;同样的收益额,取得的时间越早,IRR 越大,取得的时间越迟,IRR 越小。可见一个投资方案未来的净现金流量的数量和时间都可通过 IRR 的变动而显示出来,这正是投资方案经济效果的综合表现。内部收益率所以被认为是分析评价投资效益的一个重要工具,其主要原因即在于此。

(3) 动态项目投资评价指标之间的关系

净现值 NPV、净现值率 $NPVR$、现值指数 PI、内涵报酬率 IRR 之间存在如下的数量关系当 $NPV>0$ 时,$NPVR>0,PI>1,IRR>i_c$

当 $NPV=0$ 时,$NPVR=0,PI=1,IRR=i_c$

当 $NPV<0$ 时,$NPVR<0,PI<1,IRR<i_c$

此外,净现值率 $NPVR$ 的计算需要在已知净现值 NPV 的基础上才能进行,内涵报酬率 IRR 的计算也需要利用净现值 NPV。这些指标都会受到建设期的长短、投资方式及各年现金净流量特征的影响。

7. 项目投资决策

(1) 独立方案的评价与决策

所谓独立方案是指在决策过程中,一组互相分离、互不排斥的方案或单一的方案,见表 6-1。

在独立方案中,选择某一方案并不排斥选择另一方案。就一组完全独立的方案而言,其存在的前提条件是:①投资资金来源无限制;②投资资金无优先使用的排列;③各投资方案所需的人力、物力均能得到满足;④不考虑地区、行业之间的相互关系及其影响;⑤每一投资方案是否可行,仅取决于本方案的经济效益,与其他方案无关。符合上述前提条件的方案即为独立方案。

表 6-1　独立方案的评价与决策

方案可行性	决策结果	条　件
完全具备财务可行性	接受	所有评价指标均处于可行区间:$NPV\geqslant0,NPVR\geqslant0,PI\geqslant1,IRR\geqslant i_c,PP\leqslant\frac{n}{2},PP'\leqslant\frac{p}{2},ROI\geqslant i$
基本具备财务可行性	接受	主要评价指标处于可行区间:$NPV\geqslant0,NPVR\geqslant0,PI\geqslant1,IRR\geqslant i_c$;次要或辅助评价指标处于不可行区间:$PP>\frac{n}{2},PP'>\frac{p}{2}$ 或 $ROI<i$
基本不具备财务可行性	拒绝	主要评价指标均处于可行区间:$NPV<0,NPVR<0,PI<1,IRR<i_c$;次要或辅助评价指标处于可行区间:$PP\leqslant\frac{n}{2},PP'\leqslant\frac{p}{2}$ 或 $ROI\geqslant i$
完全不具备财务可行性	拒绝	所有评价指标均处于不可行区间:$NPV<0,NPVR<0,PI<1,IRR<i_c,PP>\frac{n}{2},PP'>\frac{p}{2},ROI<i$

表 6-1 中相关符号含义如下：

NPV——净现值；$NPVR$——净现值率；PI——获利指数；IRR——内含报酬率；i_c——行业基准折现率；PP——包括建设期的静态回收期；n——项目计算期；PP'——不包括建设期的静态回收期；p——经营期；i——行业基准投资利润率；ROI——投资回报率。

（2）互斥方案的优选决策

所谓互斥方案是指互相关联、互相排斥的方案，即一组方案中的各个方案彼此可以相互代替，采纳方案组中的某一方案，就会自动排斥这组方案中的其他方案。因此，互斥方案具有排他性。

一组互斥方案比较决策的过程为：首先，对每一个入选方案进行财务可行性分析评价，选出具备财务可行性的项目作为备选方案；其次，利用具体决策方法比较各个方案的优劣；最后，利用评价指标从各个备选方案中最终选出一个最优方案。

投资决策的主要方法包括净现值法、净现值率法、差额投资内部收益率法、年等额净回收额法和计算期统一法等具体方法。

① 净现值法。所谓净现值法，是指通过比较所有已具备财务可行性投资方案的净现值指标的大小来选择最优方案的方法。该法适用于原始投资相同且项目计算期相等的多方案比较决策。

在此法下，净现值最大的方案为优。

② 净现值率法。所谓净现值率法，是指通过比较所有已具备财务可行性投资方案的净现值率指标的大小来选择最优方案的方法。该法适用于项目计算期相等且原始投资相同的多个互斥方案的比较决策。

在此法下，净现值率最大的方案为优。

在投资额相同的互斥方案比较决策中，采用净现值率法会与净现值法得到完全相同的结论；但投资额不相同时，情况就可能不同。

③ 差额投资内部收益率法。所谓差额投资内部收益率法，是指在两个原始投资额不同方案的差量净现金流量（记作 ΔNCF）的基础上，计算出差额内部收益率（记作 ΔIRR），并与基准折现率进行比较，进而判断方案孰优孰劣的方法。该法适用于两个原始投资不相同，但项目计算期相同的多方案比较决策。

当差额内部收益率指标大于或等于基准收益率或设定折现率时，原始投资额大的方案较优；反之，则投资少的方案为优。

差额投资内部收益率法的原理如下：

假定有 A 和 B 两个项目计算期相同的投资方案，A 方案的投资额大，B 方案的投资额小。我们可以把 A 方案看成两个方案之和。第一个方案是 B 方案，即把 A 方案的投资用于 B 方案；第二个方案是 C 方案，用于 C 方案投资的是 A 方案投资额与 B 方案投资额之差。因为把 A 方案的投资用于 B 方案会因此节约一定的投资，可以作为 C 方案的投资资金来源。

C 方案的净现金流量等于 A 方案的净现金流量减去 B 方案的净现金流量而形成的差量净现金流量 ΔNCF。根据 ΔNCF 计算出来的差额内部收益率 ΔIRR，其实质就是 C 方案的内部收益率。

在这种情况下，A 方案等于 B 方案于 C 方案之和；A 方案于 B 方案的比较，相当于 B 与

C 两方案之和与 B 方案的比较,如果差额内部收益率 ΔIRR 小于基准折现率,则 C 方案不具有财务可行性,这就意味着 B 方案优于 A 方案。

差额投资内部收益率 ΔIRR 的计算过程和计算技巧同内部收益率 IRR 完全一样,只是所依据的是 ΔNCF。

④ 年等额净回收额法。所谓年等额净回收额法,是指通过比较所有投资方案的年等额净回收额(记作 NA)指标的大小来选择最优方案的决策方法,也被称为年均现金净流量法。该法适用于原始投资不相同、特别是项目计算期不同的多方案比较决策。在此法下,年等额净回收额最大的方案为优。

某方案的年等额净回收额等于该方案净现值与相关回收系数(或年金现值系数倒数)的乘积。计算公式:

$$某方案年等额净回收额 = 该方案净现值 × 回收系数$$
$$= 该方案净现值 ÷ 年金现值系数$$

⑤ 计算期统一法。计算期统一法是指通过对计算期不相等的多个互斥方案选定一个共同的计算分析期,以满足时间可比性的要求,进而根据调整后的评价指标来选择最优方案的方法。

该法包括方案重复法和最短计算期法两种具体处理方法。

首先介绍方案重复法,方案重复法也称计算期最小公倍数法,是将各方案计算期的最小公倍数作为比较方案的计算期,进而调整有关指标,并据此进行多方案比较决策的一种方法。应用此法,可采取以下两种方式。

第一种方式,将各方案计算期的各年净现金流量或费用流量进行重复计算,直到与最小公倍数计算期相等;然后,再计算净现值、净现值率、差额内部收益率或费用现值等评价指标;最后根据调整后的评价指标进行方案的比较决策。

第二种方式,直接计算每个方案项目原计算期内的评价指标(主要指净现值),再按照最小公倍数原理分别对其折现,并求代数和,最后根据调整后的净现值指标进行方案的比较决策。

由于有些方案的计算期相差很大,按最小公倍数所确定的计算期往往很长。为了克服方案重复法的缺点,人们设计了最短计算期法。

再介绍最短计算期法。最短计算期法又称最短寿命期法,是指在将所有方案的净现值均还原为等额年回收额的基础上,再按照最短的计算期来计算出相应净现值,进而根据调整后的净现值指标进行多方案比较决策的一种方法。

8. 项目投资可行性分析报告的撰写

项目投资可行性分析报告的撰写是投资决策前必不可少的关键环节,其研究分析结论是投资决策的重要依据。可行性分析报告是在前一阶段的项目建议书获得审批通过的基础上,主要对项目市场、技术、财务、工程、经济和环境等方面进行精确系统、完备无遗的分析,选定最佳方案,依此就是否应该投资开发该项目以及如何投资,或就此终止投资还是继续投资开发等给出结论性意见,并作为进一步开展工作的基础。下面以工业项目投资为例说明项目投资可行性分析报告的基本框架,更多关于项目投资可行性分析报告撰写的知识请参阅其他有关书籍。

工业项目投资可行性分析报告参考模板

第 1 章　项目总论

总论是对项目内容的综合性说明,包括项目名称、建设单位、建设地点、建设年限、建设规模与产品方案、投资估算、运行费用与效益分析等。

1.1　项目背景

1.2　可行性研究结论

1.3　主要技术经济指标表

1.4　存在问题及建议

第 2 章　项目背景及必要性

2.1　项目的相关背景

2.2　项目建设的必要性

第 3 章　项目的市场分析与建设规模

主要包括本项目区本行业(或主导产品)发展现状与前景分析、现有生产(业务)能力调查与分析、市场需求调查与预测等。

3.1　市场调查

3.2　市场预测

3.3　市场推销战略

3.4　产品方案和建设规模

3.5　产品销售收入预测

第 4 章　项目建设方案

项目建设方案按建议的产品方案和规模来研究资源、原料、燃料、动力等需求和供应的可靠性,并对可供选择的厂址作进一步技术和经济分析,确定新厂址方案。

4.1　资源和原材料

4.2　建设地区的选择

4.3　厂址选择

第 5 章　项目工艺技术方案

主要包括项目技术来源及技术水平、主要技术工艺流程与技术工艺参数、技术工艺和主要设备选型方案比较等。

5.1　项目组成

5.2　生产技术方案

5.4　土建工程

5.5　其他工程

第 6 章　环境保护与劳动安全

6.1　建设地区的环境现状

6.2　项目主要污染源和污染物

6.3　项目拟采用的环境保护标准

6.4　治理环境的方案

6.5　环境监测制度的建议

6.6 环境保护投资估算

6.7 环境影响评论结论

6.8 劳动保护与安全卫生

第 7 章 企业组织和劳动定员

7.1 企业组织

7.2 劳动定员和人员培训

第 8 章 项目实施进度安排

8.1 项目实施的各阶段

8.2 项目实施进度表

8.3 项目实施费用

第 9 章 投资估算与资金筹措

依据建设内容及有关建设标准或规范,分类详细估算项目固定资产投资并汇总,明确投资筹措方案。

9.1 项目总投资估算

9.1.1 固定资产投资总额

9.1.2 流动资金估算

9.2 资金筹措

9.2.1 资金来源

9.2.2 项目筹资方案

9.3 投资使用计划

9.3.1 投资使用计划

9.3.2 借款偿还计划

第 10 章 财务与敏感性分析

10.1 生产成本和销售收入估算

10.1.1 生产总成本估算

10.1.2 单位成本

10.1.3 销售收入估算

10.2 财务评价

10.3 国民经济评价

10.4 不确定性分析

10.5 社会效益和社会影响分析

第 11 章 可行性研究结论与建议

11.1 结论与建议

11.1.1 对推荐的拟建方案的结论性意见

11.1.2 对主要的对比方案进行说明

11.1.3 对可行性研究中尚未解决的主要问题提出解决办法和建议

11.1.4 对应修改的主要问题进行说明,提出修改意见

11.1.5 对不可行的项目,提出不可行的主要问题及处理意见

11.1.6 可行性研究中主要争议问题的结论

第 12 章　财务报表

第 13 章　附件

凡属于项目可行性研究范围,但在研究报告以外单独成册的文件,均需列为可行性研究报告的附件,所列附件应注明名称、日期、编号。

6.1.4　证券投资及其相关内容

1. 证券投资的含义与目的

(1) 证券投资的含义与特点

证券投资是指投资者将资金投资于股票、债券、基金及衍生证券等资产,从而获取收益的一种投资行为。证券投资具有以下特点。

① 流动性强。证券投资的流动性明显高于实际资产。一项资产被认为是具有流动性的条件有三个:第一,有明显的、大规模的投资单位的交易,而不引起市场价格的上下波动;第二,营业时间存在连续的买价和卖价;第三,存在"微小"的买卖价差。证券有着十分活跃的二级市场,与实物资产相比其转让过程快捷、简便得多,实际资产很难找到一个连续的二级市场,变现受到限制。

② 价值不稳定。证券投资不涉及人与自然界的关系,只涉及人与人之间的财务交易。由于证券相对于实际资产来说,受人为因素影响较大,且没有相应的实物做保证,其价值受政治、经济等各种环境因素影响较大,因而具有价值不稳定、投资风险大的特征。

③ 交易成本低。证券买卖的交易快速、简捷、成本较低;而实际资产的交易过程复杂,交易成本较高。

(2) 证券投资的目的

证券投资除了具有对外投资的一般目的外,还有其自身的特殊目的,下面分别介绍短期证券投资和长期证券投资的不同目的。

① 短期证券投资的目的。短期证券投资是指通过购买计划在一年内变现的证券而进行的对外投资。这种投资一般具有操作简便、变现能力强的特点。企业进行短期证券投资一般出于以下几种目的。

a. 作为现金的替代品。企业在生产经营过程中,应该拥有一定数量的现金,以满足日常经营的需要,但是现金这种资产不能给企业带来收益,现金余额过多是一种浪费。因此,企业可以利用闲置的现金进行短期证券投资,以获取一定的收益。当企业某一时期的现金流出量超过现金流入量时,可以随时出售证券,以取得经营所需的现金。这样,短期证券投资实际上就成为现金的替代品。它既能满足企业对现金之需要,又能在一定程度上增加企业的收益。

b. 出于投机之目的。有时企业进行短期证券投资完全是出于投机的目的,以期获取较高的收益。"投机"一词在中国似有贬义,而在西方的经济学中,是用以表述通过预期市场行情的变化而赚取收益的经济行为。可以说投机与证券市场是不可分割的,有证券市场必然有证券投机,有的企业为了获取投机利润,也会进行证券投机。因此这种短期证券投资,从表面上看是一种投资活动,但其实质是一种投机行为。企业出于投机的目的进行证券投资时,一般风险较大,应当用企业较长时期闲置不用的资金进行投资,但也必须要控制风险,不能因此而损伤企业整体的利益。

c. 满足企业未来的财务需求。有时企业为了将来要进行的长期投资,或者将来要偿还债务,或者因为季节性经营等原因,会将目前闲置不用的现金用于购买有价证券,进行短期证券投资。这样可以获取一定的收益,待将来需要现金时,再将有价证券出售。如某些季节性经营的公司在某些月份资金有余,而有些月份则会出现短缺,可在资金剩余时购入有价证券,短缺时则售出。这种短期证券投资实际上是为了满足企业未来财务需求之目的。

② 长期证券投资的目的。长期证券投资是指通过购买不准备在一年之内变现的有价证券而进行的对外投资。长期证券投资一般占用的资金量较大,对企业具有深远的影响。通常企业进行长期证券投资主要出于以下目的。

a. 为了获取较高的投资收益。有的企业可能拥有大量闲置的现金,而本企业在较长的时期内没有大量的现金支出,也没有盈利较高的投资项目,因此,就可以利用这笔资金进行长期证券投资,购买风险较小、投资回报较高的有价证券。这样,可以充分利用闲置的资金,获取较高的投资收益。

b. 获得相关企业的控制权。有时企业从长远的利益考虑,要求控制某一企业,这时就应对其进行长期证券投资,取得对该企业的控制权。一般情况下,企业为了取得规模经济效益或范围经济,需要在一定程度上进行横向或纵向一体化式的并购,在这种动机下,企业可以通过股票投资、购入目标公司股权,达到控股的目的。横向一体化是指同业间的一体化,如面粉厂并购另一家面粉厂,从而达到规模经济的目的;纵向一体化是指行业上下游间的一体化,如面粉厂可以从上游并购小麦生产企业,从下游控制面包生产厂商,从而达到一条龙式的生产经营态势,节约交易成本并提高企业整体的盈利水平。

2. 证券投资的种类

证券投资的种类很多,根据投资对象的不同,可以分为以下几种。

(1) 债券投资

债券投资是指投资者购买债券以取得资金收益的一种投资活动。企业将资金投向各种各样的债券,例如,企业购买国库券、公司债券和短期筹资券等都属于债券投资。相对于股票投资,债券投资能获得稳定收益,投资风险较低。当然,也应看到,投资于一些期限长、信用等级低的债券,也会承担较大的风险。与股票投资相比,债券投资的风险较小,相应地,其收益率也低。

(2) 股票投资

股票投资是指投资者将资金投向于股票,通过股票的买卖获取收益的投资行为。企业将资金投向其他企业所发行的股票,将资金投向优先、普通股都属于股票投资。企业投资于股票,尤其是投资于普通股票,要承担较大的风险,但在通常情况下,也会取得较高收益。根据股票的性质不同,又可分为优先股股票投资和普通股股票投资。

(3) 基金投资

基金投资是指投资者通过购买投资基金股份或受益凭证来获取收益的投资方式。这种方式可使投资者享受专家服务,有利于分散风险,获得较大投资收益。

(4) 期货投资

期货投资是指投资者通过买卖期货合约躲避价格风险或赚取利润的一种投资方式。所谓期货合约是指为在将来一定时期以指定价格买卖一定数量和质量的商品而由商品交易所指定的统一的标准和约,它是确定期货交易关系的一种契约,是期货市场的交易对象。期货投资可以分为商品期货投资和金融期货投资。

（5）期权投资

期权投资是指为了实现赢利的目的或避免风险而进行期权买卖的一种投资方式。期权是一种能在未来特定时间以特定价格买进或卖出一定数量的特定资产的权利，即期权的买方向卖方支付一定数额的权利金后，就获得这种权利，即拥有在一定时间内以一定的价格（执行价格）出售或购买一定数量的标的物的权利。期权投分为商品期权投资、股票期权投资、债券期权投资、期货期权投资等。

（6）证券组合投资

证券组合投资是指企业将资金同时投放于多种证券，例如，既投资于企业债券，也投资于企业股票，还投资于基金。组合投资可分散证券投资风险，是企业等法人单位进行证券投资的常用投资方式。

3. 证券投资的程序

企业在进行证券投资时，一般应按下面的基本程序进行。

（1）证券投资的分析与选择

证券投资的分析与选择是指业务人员在进行证券投资时，首先对各种可选证券加以分析并作出投资时机和投资对象的合理确定。这也是证券投资能否达到预期目的的关键。

证券投资分析的核心是证券价格的变动。证券价格的变化取决于多种因素的制约和影响，包括宏观经济的高涨与衰退、行业的景气循环、发行者的经营业绩、政府的金融政策与税收政策、投资者的乐观预期与悲观预期等。这就要求企业的相关业务人员，充分收集有关情报和信息，对上述各种影响因素加以正确分析，从而作出证券价格走势及参与证券投资的时机选择。

企业确定了投资时机之后，就需要针对投资对象进行选择。企业在选择投资对象时一般应遵循三个原则，即收益性原则、安全性原则、流动性原则，处理好三者之间的关系，并形成证券投资组合。毫无疑义，这种选择主要取决于企业对证券投资原则的理解及对风险的态度。当投资已经形成后，还必须对证券投资组合进行经常性的检查和分析，随时作出各种证券买进和卖出的决策。

（2）委托买卖并发出委托投资指示

由于投资者不能直接进入证券交易所买卖证券，需要委托证券经纪人代理证券的买卖事项。在代理买卖之前，企业要在交易所的任何一家会员公司办理登记，并设立资金账户与证券账户，从而确定了企业与证券经纪公司的委托代理关系。

投资者委托证券经纪人进行证券买卖，应明确告知经纪人代其买卖何种证券、买卖的价格和数量。证券经纪人在其营业所内接受客户纳买卖委托之后，应通知其在证券交易所的场内代表进行买卖交易，待交易完成后再向营业所报告交易结果，最后由经纪人向客户报告，以便投资者准备办理交割事宜。

（3）进行证券交割和清算

投资者在委托证券经纪人买卖各种证券之后，就要及时办理证券交割。所谓证券交割，是指买入证券方交付价款领取证券，卖出证券方交出证券收取价款的收缴活动。目前的证券交易多采用计算机联网系统，所以证券交割的时间都较短，一般在证券成交的第二个工作日即可办理证券交割。

投资者在证券交割过程中并不是逐笔进行的，一般均采用清算制度，即将投资者证券买卖的数量、金额相互抵消,然后就其抵消后的净额进行交割。这种抵消买卖金额,只支付其净额的办法就是清算制度。实行清算制度,可以减少实际交割的证券数量,以节省人力物力。

（4）办理证券过户

证券过户就是投资者从交易市场买进证券后,到证券的发行公司办理变更持有人姓名的手续。证券过户一般只限于记名股票。办理过户的目的是为了保障投资者的权益。只有及时办理过户手续,才能成为新股东,享有应有的权利。因此,投资者购进股票后,应及时办理证券过户手续。只有在过户以后,证券交易的整个过程才算最终结束。

4. 证券投资的风险

（1）违约风险

违约风险是指借款人无法按期支付利息和偿还本金的风险。一般而言,中央政府公债没有违约风险,而地方政府和企业发行的债券或多或少都有一定的违约风险。

（2）利息率风险

利息率风险是指由于利息率的变动而引起债券价格波动,使债券持有者遭受损失的风险。债券的价格,随利息率的变动而变动,一般而言,债券价格与市场利率呈反方向变化,市场利率上升,则债券价格下跌;反之,市场利率下跌,则债券价格上升。不同期限的债券,利息率风险不一样,期限越长,风险越大。

（3）购买力风险

由于通货膨胀而使证券到期或出售时所获得的货币资金的购买力降低的风险,称为购买力风险。在通货膨胀时期,购买力风险对投资者有重要影响。一般而言,随着通货膨胀的发生,变动收益证券比固定收益证券要好。债券是一种固定收益的证券,受通货膨胀影响较大。而普通股票被认为比公司债券和其他有固定收入的证券能更好地避免购买力风险。

（4）流动性风险

在投资人想出售有价证券获取现金时,证券不能立即出售的风险,叫流动性风险。一种能在较短期内按市价大量出售的资产,是流动性较高的资产,这种资产的流动性风险较小;反之,如果一种资产不能在短时间内按市价大量出售,则属于流动性较低的资产,这种资产的流动性风险较大。

（5）期限性风险

由于证券期限长而给投资人带来的风险,叫期限性风险。一项投资,到期日越长,投资人遭受的不确定性因素就越多,承担的风险越大。

5. 债券投资决策

（1）债券投资的种类与目的

债券投资属于债权性投资,债券持有人作为发行公司的债权人,定期获取利息并到期收回本金。但无权参与公司经营决策。企业债券投资按不同标准可进行不同的分类,这里按债券投资的时间将债券投资分为短期债券投资和长期债券投资两类。其中短期债券投资是指在一年以内就能到期或准备在一年之内变现的投资,长期债券投资是指在一年以上才能到期且不准备在一年以内变现的投资。企业进行短期债券投资的目的主要是为了配合企业对资金的需求,调节现金余额,使现金余额达到合理水平。当企业现金余额太多时,便投资于债券,使现金余额降低;反之,当现金余额太少时,则出售原来投资的债券,收回现金,使现金余额提高。企业进行长期债券的目的主要是为了获得稳定的收益。

（2）债券价值的计算

对于债券投资，现金流出为购买价格，现金流入为利息和归还的本金，或者出售时得到的现金。债券未来现金流入的现值，称为债券的价值或债券的内在价值。只有债券的价值大于购买价格时，才值得购买。债券价值是债券投资决策时使用的主要指标之一。

投资者进行债券投资，是为了在未来获取增值收入，即未来期间的利息收入及转让价差。于是，债券的价值应该是按投资者要求的必要收益率对未来的上述增值收入及到期收回（或中间转让）的本金的折现价值。投资者如果按照等于债券价值的价格购买债券，他将获得预期的投资报酬（即达到了投资者所要求的投资收益率）；如果债券购买价格小于债券价值，将获得高于预期的投资报酬（即超过了投资者所要求的投资收益率）；如果债券购买价格大于债券价值，他将不能获得预期的投资报酬（即达不到投资者所要求的投资收益率）。可见，债券价值主要由两个因素决定：债券的预期总收入和投资者要求的必要投资收益率。

债券利息的计算方法不同，债券价值的计算也就不同，目前主要有以下几种基本计算方法。

① 一般情况下的债券价值计算模型。一般情况下的债券价值计算模型是指按复利方式计算的、按年付息的债券价格的估价公式。其一般计算公式：

$$P = \sum_{t=1}^{n} \frac{i \cdot M}{(1+K)^t} + \frac{M}{(1+K)^n}$$

$$= \sum_{t=1}^{n} \frac{I}{(1+K)^t} + \frac{M}{(1+K)^n}$$

$$= M \cdot i \cdot (P/A, K, n) + M \cdot (P/F, K, n)$$

式中，P——债券价格；

i——债券票面利息率；

M——债券面值；

I——每年利息；

K——市场利率或投资人要求的必要收益率；

N——付息期数。

② 一次还本付息且不计复利的债券估价模型。我国目前发行的债券大多属于一次还本付息且不计复利的债券，其估价计算公式为：

$$P = \frac{M + M \cdot i \cdot n}{(1+K)^n} = M \cdot (1 + i \cdot n) \cdot (P/F, K, n)$$

公式中符号的含义同前式。

③ 折现发行的债券价格的确定。有些债券以折现方式发行，没有票面利率到期按面值偿还。这些债券的估价模型为：

$$P = \frac{M}{(1+K)^n} = M \cdot (P/F, K, n)$$

公式中符号的含义同前式。

（3）债券投资的优缺点

相对于股票投资而言，债券投资一般具有以下特点。

① 债券投资的优点如下。

a. 本金安全性高。与股票相比,债券投资风险比较小。政府发行的债券有国家财力作后盾,其本金的安全性非常高,通常视为无风险证券。企业债券的持有者拥有优先求偿权,即当企业破产时,优先于股东分得企业资产,因此,其本金损失的可能性小。

b. 收入稳定性强。债券票面一般都标有固定利息率,债券的发行人有按时支付利息的法定义务。因此,在正常情况下,投资于债券都能获得比较稳定的收入。

c. 市场流动性好。许多债券都具有较好的流动性。政府及大企业发行的债券一般都可在金融市场上迅速出售,流动性很好。

② 债券投资的缺点如下。

a. 购买力风险较大。债券的面值和利息率在发行时就已确定,如果投资期间的通货膨胀率较高,则本金和利息的购买力将不同程度地受到侵蚀,在通货膨胀率非常高时,投资者虽然名义上收益,但实际上有损失。

b. 没有经营管理权。投资于债券只是获得收益的一种手段,无权对债券发行单位施以影响和控制。

6. 股票投资决策

（1）股票投资的种类及目的

股票投资与债券投资虽然都是证券投资,但投资的性质不同。股票投资属于股权性投资,持有人作为发行公司的股东,有权参与公司的经营决策。股票投资主要分为两种:普通股投资和优先股投资。企业投资于普通股,股利收入不稳定,投资于优先股可以获得固定的股利收入,因此,普通股股票价格比优先股股票价格的波动大,投资普通股的风险相对要大,但投资于普通股,一般能获得较高的收益。

企业进行股票投资的目的主要有两种:一是作为一般的证券投资,获取股利收入及股票买卖价差;二是利用购买某一企业的大量股票达到控制该企业的目的。在第一种情况下,企业仅将某种股票作为它证券组合的一个组成部分,不应冒险将大量资金投资于某一企业的股票上。而在第二种情况下,企业应集中资金投资于被控企业的股票上。这时考虑更多的不是目前利益——股票投资收益的高低,而是长远利益——占有多少股权才能达到控制的目的,并以此获利。

（2）股票价值的计算

股票本身是没有价值的,仅是一种凭证,它之所以有价格,可以买卖,是出为它能给持有人定期带来收益。一般来说,公司第一次发行时,要规定发行总额和每股金额,一旦股票发行后上市买卖,股票价格就与原来的价值分离。这时的价格主要由预期股利和当时的市场利率决定,即股利的资本化价值决定了股票价格。此外,股票价格还受整个经济环境变化和投资者心理等复杂因素的影响。股市上的价格分为开盘价、收盘价、最高价和最低价等,投资人在进行股票评价时主要使用收盘价。股票的价格会随着经济形势和公司的经营状况而升降,总的长期趋势是上升。

购入股票可在预期的未来获得现金流入。股票的未来现金流入包括两部分:每期预期股利和出售时得到的价格收入。股票的价值是指其预期的未来现金流入的现值。有时为了和股票的市价相区别,把股票的预期未来现金流入的现值称为"股票的内在价值"。它是股票的真实价值,也叫理论价值。股票价值与股票价格是两个不同的概念:股票评价的主要方法是计算其价值,然后和股票市价比较,因其低于、高于或等于市价,决定买入、卖出或继续持有。

① 短期持有、未来准备出售的股票价值计算模型。现实生活中大部分投资者购入股票并不准备永久持有,而是持有一段时间后将其出售。在这种情况下,投资者不仅希望得到股利收入,还希望在未来出售股票时从股票价格的上涨中获得好处。其股票价值计算模型为:

$$V = \sum_{t=1}^{n} \frac{d_t}{(1+K)^t} + \frac{V_n}{(1+K)^n}$$

式中,V——股票内在价值;

　　d_t——第 t 期的预期股利;

　　K——市场利率或投资人要求的必要收益率;

　　n——付息期数;

　　V_n——未来股票出售的价格。

② 长期持有、股利稳定不变的股票价值计算模型

在每年股利稳定不变,投资人持有股票时间很长的情况下,股票价值计算模型可简化:

$$V = \frac{D}{K}$$

式中,D——每年固定股利。

其余符号含义同前式。

③ 长期持有、股利固定增长的股票价值计算模型

如果一个公司的股利不断增长,投资人的投资期限又非常长,则股票假者的计算就更困难了,只能计算近似数。如果设上年股利为 D_0,每年股利比上年增长率为 g,则其价值计算公式:

$$V = \frac{D_0(1+g)}{(K-g)} = \frac{D_1}{(K-g)}$$

式中,D_0——上年股利;

　　D_1——本年股利;

　　g——股利增长率。

其余符号含义同前式。

变换上述等式,可计算出预期收益率:

$$K = \frac{D_1}{V} + g$$

(3) 股票投资的优缺点

股票投资相对于债券投资而言,具有以下特点。

① 股票投资的优点。能获得较高的投资收益。普通股票的价格虽然变动频繁,但从长期看,优质股票的价格总是上涨的居多,只要选择得当,都能取得优厚的投资收益。

能适当降低购买力风险。普通股的股利不固定,在通货膨胀率比较高时,由于物价普遍上涨,股份公司盈利增加,股利的支付也随之增加,因此,与固定收益证券相比,普通股能有效地降低购买力风险。

拥有一家经营控制权。普通股股东属股份公司所有者,有权监督和控制企业的生产经营情况,因此,欲控制一家企业,最好是收购这家企业的股票。

② 股票投资的缺点如下。

a. 求偿权居后。普通股对企业资产和盈利的求偿权均居于最后。企业破产时,股东原来的投资可能得不到全额补偿,甚至一无所有。

b. 价格不稳定。普通股的价格受众多因素影响,很不稳定。政治因素、经济因素、投资人心理因素、企业的盈利情况、风险情况,都会影响股票价格,这也使股票投资具有较高的风险。

c. 收入不稳定。普通股股利的多少,视企业经营和财务状况而定。其有无、多寡均无法律上的保证,其收入的风险也远远大于固定受益证券。

7. 资本资产定价模型

(1) 资本资产定价模型的基本表达式

资本资产定价模型是指财务管理中为揭示单项资产收益率与预期所承担的系统风险之间的关系而构建的一个数学模型。

在特定条件下,资本资产定价模型的基本表达式如下:

$$E(R_i) = R_F + \beta_i (R_m - R_F)$$

式中,$E(R_i)$ 为第 i 种资产或第 i 种投资组合收益率,R_F 为无风险收益率,β_i 为第 i 种资产或第 i 种投资组合的 β 系数,R_m 为市场组合的平均收益率。从上式可以看出,单项资产或特定投资组合的必要收益率受到无风险收益率、市场组合的平均收益率和 β 系数三个因素的影响。

证券市场线能够清晰地反映个别资产(或投资组合)的预期收益率与其所承担的系统风险 β 系数之间的线性关系,其斜率等于个别资产(或特定投资组合)的必要收益率超过无风险收益率的部分与该资产(或投资组合)的 β 系数的比。

(2) 投资组合风险收益率的计算

根据资本资产定价模型的基本表达式,可以推导出投资组合风险收益率的计算公式:

$$E(R_p) = \beta_p (R_m - R_F)$$

式中,$E(R_p)$ 为投资组合风险收益率。从上式中可以看出,投资组合风险收益率也受到市场组合的平均收益率、无风险收益率和投资组合的 β 系数三个因素的影响。在其他因素不变的情况下,风险收益率与投资组合的 β 系数成正比,β 系数越大,风险收益率就越大;反之亦然。

(3) 投资组合的 β 系数推算

在已知投资组合风险收益率 $E(R_p)$ 市场组合的平均收益率 R_m 和无风险收益率 R_F 的基础上,推导出特定投资组合的 β 系数,计算公式:

$$\beta_p = \frac{E(R_p)}{R_m - R_F}$$

从式中可以看出,特定投资组合的 β 系数等于该组合风险收益率与市场组合的平均收益率超过无风险收益率部分的比。

6.2　投资管理案例分析

6.2.1　项目投资管理案例分析

1. 单一独立投资项目的可行性评价案例分析

案例资料

星光公司是一家生产便携式 CD 机的企业,产品品质优良、价格合理,长期以来供不应求。为了扩大生产能力,公司准备新建一条生产线。王某是公司助理会计师,主要负责筹资和投资工作。公司财务经理张某要求王某搜集建设新生产线的有关资料,写出投资项目的财务评价报告,以供公司领导决策参考。

王某经过十几天的调研,得到以下有关资料。该生产线的初始投资是 125 万元,分两年投入。第 1 年投入 100 万元,第 2 年年初投入 25 万元,第 2 年可完成建设并正式投产。投产后,每年可生产便携式 CD 机 10 000 台,每台销售价格是 300 元,每年可获销售收入 300 万元。投资项目可使用 5 年,5 年后残值 25 万元。经营期间要垫支流动资金 25 万元,这笔资金在项目结束时可如数收回。该项目生产的产品年总成本的构成情况如表 6-2。

表 6-2　便携式 CD 机年总成本构成情况表　　　　　　　　单位:万元

原材料费用	200
工资费用	30
管理费(不含折旧)	20
折旧费	20

王某又对星光公司的各种资金来源进行了分析研究,得出该厂加权平均的资金成本为 10%,所得税税率为 40%。

首先,王某根据有关资料计算出投资项目的营业现金流量,如表 6-3。

表 6-3　投资项目的营业现金流量计算表　　　　　　　　单位:元

项　　　目	第 2 年	第 3 年	第 4 年	第 5 年	第 6 年
销售收入	3 000 000	3 000 000	3 000 000	3 000 000	3 000 000
付现成本	2 500 000	2 500 000	2 500 000	2 500 000	2 500 000
其中:原材料	2 000 000	2 000 000	2 000 000	2 000 000	2 000 000
工资	300 000	300 000	300 000	300 000	300 000
管理费	200 000	200 000	200 000	200 000	200 000
折旧费	200 000	200 000	200 000	200 000	200 000
税前利润	300 000	300 000	300 000	300 000	300 000
所得税	120 000	120 000	120 000	120 000	120 000
税后利润	180 000	180 000	180 000	180 000	180 000
现金流量	380 000	380 000	380 000	380 000	380 000

其次,计算投资项目的现金流量,如表 6-4。

表 6-4　投资项目的现金流量计算表　　　　　　　　单位:元

项　目	第 0 年	第 1 年	第 2 年	第 3 年	第 4 年	第 5 年	第 6 年
初始投资	−1 000 000	−250 000					
流动资金垫支		−250 000					
营业现金流量			380 000	380 000	380 000	380 000	380 000
设备残值							250 000
流动资金收回							250 000
现金流量合计	−1 000 000	−500 000	380 000	380 000	380 000	380 000	880 000

最后,计算项目的净现值,如表 6-5。

表 6-5　投资项目的净现值计算

时　间	现金流量/元	10%的贴现系数	现值/元
第 0 年	−1 000 000	1.000 0	−100 000
第 1 年	−500 000	0.909 1	−454 550
第 2 年	380 000	0.826 4	314 032
第 3 年	380 000	0.751 3	285 494
第 4 年	380 000	0.683 0	259 540
第 5 年	380 000	0.620 9	235 942
第 6 年	880 000	0.564 5	496 760

净现值=137 218

经过计算,王某认为,建设新生产线有 137 218 元净现值,故这个项目是可行的。公司领导会议上大家对王某提供的资料进行了分析研究,认为王某在搜集资料方面作了很大努力,计算方法正确,但忽略了物价变动问题,这使得王某提供的信息失去了客观性和准确性。

公司财务经理认为,在项目投资和使用期间内,通货膨胀率大约为 10%,他要求各有关负责人认真研究通货膨胀对投资项目各方面的影响。

基建经理认为,由于受物价变动的影响,初始投资将增长 10%,投资项目终结后,设备残值将增加到 375 000 元。

生产经理认为,由于物价变动的影响,原材料费用每年将增加 14%,工资费用也将增加 10%。

财务经理认为,扣除折旧以后的管理费用每年将增加 4%,折旧费用每年仍为 200 000 元。

销售经理认为,产品销售价格预计每年可增加 10%。

厂长要求王某根据以上人员的意见,重新计算投资项目的现金流量和净现值,提交下次会议讨论。

案例解析

王某经过重新计算得出以下结论,如表 6-6～表 6-8 所示。

表 6-6　考虑通货膨胀物价变动后的营业现金情况　　　　　　单位:元

项　　目	第 2 年	第 3 年	第 4 年	第 5 年	第 6 年
销售收入	3 300 000	3 630 000	3 993 000	4 392 300	4 831 530
付现成本	2 818 000	3 178 520	3 567 350	4 051 120	4 577 300
其中:原材料	2 280 000	2 599 020	2 963 080	3 377 920	3 850 820
工资	330 000	363 000	399 300	439 230	483 150
管理费	208 000	216 320	204 970	233 970	243 330
折旧	200 000	200 000	200 000	200 000	200 000
税前利润	282 000	251 480	225 650	141 180	54 230
所得税	112 800	100 592	90 260	56 472	21 692
税后利润	169 200	150 888	135 390	84 708	32 538
现金流量	369 200	350 888	335 390	284 708	232 538

表 6-7　考虑通货膨胀物价变动后的现金流量情况　　　　　　单位:元

项　　目	第 0 年	第 1 年	第 2 年	第 3 年	第 4 年	第 5 年	第 6 年
初始投资	−11 000 000	−275 000					
流动资金垫支		−250 000					
营业现金流量			369 200	350 888	335 390	284 708	232 538
设备残值							375 000
流动资金回收							250 000
现金流量合计	−11 000 000	−525 000	369 200	350 888	335 390	284 708	857 538

表 6-8　通货膨胀物价变动后的净现值情况

年　　度	现金流量/元	10%的贴现系数×10%的购买力损失	现值/元
第 0 年	−11 000 000	1.000×1.000=1.000	−110 000
第 1 年	−525 000	0.909 1×0.909 1=0.826 4	−433 860
第 2 年	369 200	0.826 4×0.826 4=0.682 9	252 127
第 3 年	350 888	0.751 3×0.751 3=0.564 4	198 041
第 4 年	335 390	0.683 0×0.683 0=0.466 5	156 459
第 5 年	284 708	0.620 9×0.620 9=0.385 5	109 755
第 6 年	85 212	0.564 4×0.564 4=0.318 5	27 140

净现值=−10 690 338

考虑了通货膨胀引起的物价变动因素后,从表 6-6～表 6-8 可以看出,整个的现金流量情况完全改变了,净现值也从正的 137 218 元变成了负的 10 690 338 元,使该方案的决策结果从"应接受"转变为"应拒绝"。

所以,企业在确定投资项目可行性的时候,需要考虑各方面的因素,不仅要包括企业内部的,还要包括企业外部的;不仅要包括微观的,还要包括宏观的各方面情况。对一项重大决策,任何疏忽和遗漏都可能造成损失,甚至造成企业经营的失败。

6.2.2　多个互斥方案的比较和优选案例分析

案例资料

星光集团有限公司是一个以高科技产品为龙头,多种产业并存发展,集科工、贸、房地产、教育、文化、服务、运输等为一体的多元化跨国企业集团。在星光集团 2014 年 10 月 8 日的执行委员会大会上,董事长兼总裁李某要求由营销部副总和投资部副总负责,认真调查市场目前和潜在的需求情况,准备投资开发新的项目,挖掘集团新的利润增长点。

经过深入的市场调查,11 月 22 日,投资部副总将前期的市场调研和项目的可行性研究结果向董事长汇报,项目的投资建议得到认可。星光集团打算进行一系列的固定资产投资,以便为项目顺利实施做好先期准备。星光集团的财务人员根据公司的实际情况,提供了如下甲、乙两种可供选择的方案。

甲方案:

(1) 原始投资共有 1 000 万元(全部来源于自有资金),其中包括:固定资产投资 750 万元,流动资金投资 200 万元,无形资产投资 50 万元。

(2) 该项目的建设期为 2 年,经营期为 10 年。固定资产和无形资产投资分两年平均投入,流动资金投资在项目完工时(第二年年末)投入。

(3) 固定资产的寿命期限为 10 年(考虑预计的净残值)。无形资产投资从经营期起分10 年摊销完毕,流动资产于终结点一次收回。

(4) 预计项目投产后,每年发生的相关营业收入(不含增值税)和经营成本分别为 600 万元和 200 万元,所得税税率为 25%,该项目不享受减免所得税的待遇。

(5) 该行业的基准折现率为 14%。

乙方案:比甲方案多加 80 万元的固定资产投资,建设期为 1 年,固定资产和无形资产在项目开始时一次投入,流动资金在建设期末投放,经营期不变,经营期各年的现金流量为300 万元,其他条件不变。

目前,星光集团的固定资产已占总资产的 15% 左右,集团已经形成了企业自己的一套固定资产的管理方法:公司的固定资产折旧方法按平均年限法,净残值率按原值的 10% 确定,折旧年限分为:房屋建筑物为 20 年;机器设备、机械和其他生产设备为 10 年;电子设备、运输工具以及与生产经营有关的器具、工具、家具为 5 年。

案例解析

(1) 现金流量

根据星光集团项目投资决策的甲和乙两大方案,为了计算这两大方案的现金流量,必须先计算两大方案每年的折旧额。

甲方案:

$$每年固定资产折旧额 = 750(1-10\%) \div 10 = 67.5(万元)$$
$$每年无形资产摊销额 = 50 \div 10 = 5(万元)$$
$$NCF_0 = -400(万元) \quad NCF_1 = -400(万元) \quad NCF_2 = -200(万元)$$

甲方案投资项目的现金流量计算见表 6-9。

单位：万元

表 6-9　甲方案投资项目的现金流量计算

T	3	4	5	6	7	8	9	10	11	12
销售收入	600	600	600	600	600	600	600	600	600	600
付现成本	200	200	200	200	200	200	200	200	200	200
折旧及摊销	72.5	72.5	72.5	72.5	72.5	72.5	72.5	72.5	72.5	72.5
税前利润	327.5	327.5	327.5	327.5	327.5	327.5	327.5	327.5	327.5	327.5
所得税	81.875	81.875	81.875	81.875	81.875	81.875	81.875	81.875	81.875	81.875
税后利润	245.625	245.625	245.625	245.625	245.625	245.625	245.625	245.625	245.625	245.625
营业现金流量	318.125	318.125	318.125	318.125	318.125	318.125	318.125	318.125	318.125	318.125
现金流量	318.125	318.125	318.125	318.125	318.125	318.125	318.125	318.125	318.125	593.125

乙方案：

　　　　每年固定资产折旧额$=(830-83)\div10=74.7$(万元)

　　　　$NCF_0=-880$(万元)　　　$NCF_1=-200$(万元)　　　$NCF_{2-10}=300$(万元)

　　　　$NCF_{11}=300+83+200=583$(万元)

（2）非贴现现金流量指标

投资回收期(PP)，见表 6-10 和表 6-11。

表 6-10　甲方案投资回收期(PP)计算表　　　　　　　　单位：万元

甲方案	现金流量	回收额	未回收额
原始投资	1 000	—	—
第一年	318.125	318.125	681.875
第二年	318.125	318.125	363.75
第三年	318.125	318.125	45.625
第四年	318.125	318.125	0

甲方案的 $PP=5+45.625\div318.125=5.14$(年)

表 6-11　乙方案投资回收期(PP)计算表　　　　　　　　单位：万元

乙方案	现金流量	回收额	未回收额
原始投资	1080	—	—
第一年	300	300	780
第二年	300	300	480
第三年	300	300	180
第四年	300	180	0

乙方案的 $PP=4+180\div300=4.6$(年)

（3）用贴现的分析评价方法

① 净现值(NPV)。

甲方案：

$NPV=318.125[(P/A,14\%,11)-(P/A,14\%,2)]+593.125(P/F,14\%,12)$

$\quad\quad\quad-[400+400(P/F,14\%,1)+200(P/F,14\%,2)]=1210.78+123.13-904.78$

$\quad\quad=429.14$(万元)

乙方案：

$\quad\quad\quad NPV=300[(P/A,14\%,10)-(P/A,14\%,1)]+583(P/F,14\%,11)$

$\quad\quad\quad\quad\quad-[880+200(P/F,14\%,1)]$

$\quad\quad\quad\quad=1\,301.67+137.94-1055.44=384.17$(万元)

从上面我们可以看出，两个方案的净现值均大零，故都是可取的。但甲方案的净现值大于乙方案，故应该选择甲方案。

② 内部报酬率(IRR)。

a. 自行设定折现率，计算净现值，得出净现值逐次测试数据如表 6-12。

表 6-12　净现值逐次测试表

测试次数	甲方案		乙方案	
	设定折现率	净现值	设定折现率	净现值
1	23%	−35.574 8	21%	−5.380 5
2	21%	41.623 2	19%	87.542 8
3	22%	1.579 1	20%	39.539 8

b. 利用内插法,计算两方案内含报酬率。

甲方案的 $IRR = 22\% + (1.579\ 1 - 0) \div [1.579\ 1 - (-35.574\ 8)] \times (23\% - 22\%)$
$\approx 22.04\%$

乙方案的 $IRR = 20\% + (39.539\ 8 - 0) \div [39.539\ 8 - (-5.380\ 5)] \times (21\% - 20\%)$
$\approx 20.88\%$

从上面的计算可以看出,甲的内部报酬率较高,故甲方案更优。

③ 获利指数(PI)。

甲方案:

$PI = \{[318.125(P/A, 14\%, 11) - (P/A, 14\%, 2)] + 593.125(P/F, 14\%, 12)\}$
$\div [400 + 400(P/F, 14\%, 1) + 200(P/F, 14\%, 2)] = 1.474\ 3$

乙方案:

$PI = 300[(P/A, 14\%, 10) - (P/A, 14\%, 1)] + 583(P/F, 14\%, 11)$
$\div [880 + 200(P/F, 14\%, 1)] = 1.364\ 0$

从计算结果看,甲、乙两个方案的获利指数都大于1,故两个方案都可进行投资,但因甲方案的获利指数更大,所以应该选甲。

④ 年等额净回收额。

甲方案年等额净回收额 $= 429.14 \div (P/A, 14\%, 12) = 429.14 \div 5.660\ 3 = 75.82$(万元)

乙方案年等额净回收额 $= 384.17 \div (P/A, 14\%, 11) = 384.17 \div 5.452\ 7 = 70.46$(万元)

从计算结果看,甲方案的年等额净回收额更大,所以应该选甲(参见表 6-13)。

表 6-13　甲、乙两方案综合比较表

指标 方案	年等额净回收额	投资回收期(PP)	净现值(NPV)	内部报酬率(IRR)	获利指数(IP)
甲方案	75.82 万元	5.14 年	429.14	22.04%	1.49
乙方案	70.46 万元	4.6 年	384.17	20.88 %	1.36

综上所述,根据结果比较以及最终的各个指标的计算,蓝光集团应该选择甲方案进行投资。

6.2.3　证券投资管理案例分析

1. 股票投资案例分析

案例资料

星光公司董事长李某计划利用一笔长期资金投资购买股票,现有 A、B、C 三家公司股票可供选择,星光公司只准备投资一家公司股票,且公司对各股票所要求的投资必要报酬率为 10%。董事长让财务经理去详细了解这三家公司的股票行情,并形成可行性分析材料在董事会上向各位董事汇报。财务经理找到在证券公司担任业务经理的张某了解有关信息,得知 A 公司股票现行市价为每股 3.5 元,上年每股股利为 0.15 元,预计以后每年以 6% 的增长率增长;B 公司股票现行市价为每股 7 元,上年每股股利为 0.6 元,股利支付率为 100%,预期未来不增长;C 公司股票现行市价为 4 元,上年每股支付股利 0.2 元,预计该公司未来三年股利第 1 年增长 14%,第 2 年增长 14%,第 3 年增长 5%,第 4 年及以后将保持每年 2% 的固定增长率水平。

在证券公司业务经理张某的帮助下,财务经理作出了以下股票投资决策分析。

案例解析

首先,计算出 A、B、C 三家公司的股票价值。

$$V_A = 0.15 \times (1 + 6\%) \div (10\% - 6\%) = 3.98(元)$$

$$V_B = 0.6 \div 10\% = 6(元)$$

C 公司预期第 1 年的股利 = $0.2 \times (1 + 14\%) = 0.23$

C 公司预期第 2 年的股利 = $0.23 \times (1 + 14\%) = 0.26$

C 公司预期第 3 年的股利 = $0.26 \times (1 + 5\%) = 0.27$

$$V_C = 0.23 \times (P/F, 10\%, 1) + 0.26 \times (P/F, 10\%, 2) + 0.27 \times (P/F, 10\%, 3)$$
$$+ 0.27 \times (1 + 2\%) \div (10\% - 2\%) \times (P/F, 10\%, 3) = 3.21(元)$$

其次,根据以上计算结果进行如下分析。

经计算得知 A 公司股票价值(3.98 元),高于其市价 3.5 元;B 公司股票价值(6 元),低于其市价(7 元);C 公司股票价值(3.21 元),低于其市价(4 元)。

最后,得出如下结论。

A、B、C 三家公司中,只有 A 公司股票值得投资,B 公司和 C 公司的股票都不值得投资。

2. 债券投资案例分析

案例资料

星光公司经董事会讨论决议欲投资购买债券,公司要求债券投资的必要收益率为 6%。目前有三家公司债券可供挑选。A 公司债券,债券面值为 1 000 元,5 年期,票面利率为 8%,每年付息一次,到期还本,债券的发行价格为 1 105 元;B 公司债券,债券面值为 1 000 元,5 年期,票面利率为 8%,单利计息,到期一次还本付息,债券的发行价格为 1 105 元;C 公司债券,债券面值为 1 000 元,5 年期,票面利率为 8%,C 公司采用贴现法付息,发行价格为 600 元,期内不付息,到期还本,若公司打算购买后一直持有至到期日,则公司应选哪家公司债券进行投资?

案例解析

公司持有到期债券投资收益率如下。

(1) A 公司债券价值 $V_A = 80 \times (P/A, 6\%, 5) + 1\,000 \times (P/F, 6\%, 5)$
$$= 1\,083.96(元)$$

利用内插法计算 A 公司债券到期收益率

设 $I' = 4\%$,

则 $V_A' = 80 \times (P/A, 4\%, 5) + 1\,000 \times (P/F, 4\%, 5) = 1\,178.16(元)$

$I_A = 4\% + (1\ 178.16 - 1\ 105) \div (1\ 178.16 - 1\ 083.96) \times (6\% - 4\%) = 5.55\%$

（2）B 公司债券的价值 $V_B = 1\ 400 \times (P/F, 6\%, 5) = 1\ 045.8$（元）

$1\ 105 = 1\ 400(P/F, I_B, 5)$

$(P/F, I_B, 5) = 1\ 105 \div 1\ 400 = 0.789\ 3$

$I' = 5\%, (P/F, I', 5) = 0.783\ 5$

$I'' = 4\%, (P/F, I'', 5) = 0.821\ 9$

$I_B = 4\% + (0.821\ 9 - 0.789\ 3) \div (0.821\ 9 - 0.783\ 5) \times (5\% - 4\%) = 4.85\%$

债券投资收益率 $= 4.85\% < 6\%$，不应购买。

（3）C 公司债券的价值 $V_C = 1\ 000 \times (P/F, 6\%, 5) = 747$（元）

$600 = 1\ 000(P/F, I, 5)$

$(P/F, I, 5) = 0.6$

$I' = 10\%, (P/F, I, 5) = 0.620\ 9$

$I'' = 12\%, (P/F, I, 5) = 0.567\ 4$

$I_C = 10\% + (0.620\ 9 - 0.6) \div (0.620\ 9 - 0.567\ 4) \times (12\% - 10\%) = 10.78\%$

经计算得出以下结论：由于 A 公司债券持有到期投资收益率 $I_A = 5.55\% < 6\%$，B 公司债券持有到期投资收益率 $I_B = 4.85\% < 6\%$，C 公司债券持有到期投资收益率 $I_C = 10.78\% > 6\%$，因此，公司应选择购买 C 公司发行的债券，而不应购买 A、B 公司发行的债券。

6.3　投资管理综合实训

6.3.1　项目投资管理综合实训

1. 独立投资项目的可行性评价实训

实训资料

北方公司是生产电陶炉的中型企业，该公司生产的电陶炉质量优良，价格合理，近几年来一直供不应求。为了扩大生产能力，该公司准备新建一条生产线。李刚是负责投资的具体工作人员。该公司财务总监要求李刚收集建设新生产线的相关资料，写出投资项目的财务评价报告，以供公司领导决策参考。

李刚经过调研，得出以下有关资料。该生产线的初始投资为 57.5 万元，分两年投入。第一年年初投入 40 万元，第二年年初投入 17.5 万元。第二年可完成建设并正式投产。投产后每年可生产电陶炉 1 000 台，每台销售价格为 800 元，每年可获得销售收入 80 万元。投资项目预计可使用 5 年，5 年后的残值可忽略不计。在投资项目经营期内需垫支流动资金 15 万元，这笔资金在项目结束时可如数收回。该项目生产的产品年总成本的构成情况如下：

原材料	40 万元
工资费用	8 万元
管理费（不含折旧）	7 万元
折旧费	10.5 万元

李刚又对本公司的各种资金来源进行了分析研究，得出该公司加权平均资金成本为

8%。该公司所得税率为40%。

李刚根据以上资料,计算出该投资项目的营业现金净流量、现金净流量及净现值(见表 6-14~表 6-16),并把这些数据资料提供给公司高层领导参加的投资决策会议。

表 6-14　投资项目的营业现金净流量计算表　　　　　　　单位:元

项　　目	第 1 年	第 2 年	第 3 年	第 4 年	第 5 年
销售收入	800 000	800 000	800 000	800 000	800 000
付现成本	550 000	550 000	550 000	550 000	550 000
其中:原材料	400 000	400 000	400 000	400 000	400 000
工资	80 000	80 000	80 000	80 000	80 000
管理费	70 000	70 000	70 000	70 000	70 000
折旧费	105 000	105 000	105 000	105 000	105 000
税前利润	145 000	145 000	145 000	145 000	145 000
所得税	58 000	58 000	58 000	58 000	58 000
税后利润	87 000	87 000	87 000	87 000	87 000
现金净流量	192 000	192 000	192 000	192 000	192 000

表 6-15　投资项目的现金净流量计算表　　　　　　　单位:元

项　　目	第 0 年	第 1 年	第 2 年	第 3 年	第 4 年	第 5 年	第 6 年
初始投资	−400 000	−175 000					
流动资金垫支		−150 000					
营业现金净流量			192 000	192 000	192 000	192 000	192 000
流动资金回收							150 000
现金净流量合计	−400 000	−325 000	192 000	192 000	192 000	192 000	342 000

表 6-16　投资项目净现值计算表

年　　份	现金净流量/元	10%的现值系数	现值/元
第 0 年	−400 000	1.000	−400 000
第 1 年	−325 000	0.909	−295 425
第 2 年	192 000	0.826	158 892
第 3 年	192 000	0.751	144 192
第 4 年	192 000	0.683	131 136
第 5 年	192 000	0.621	119 232
第 6 年	342 000	0.564	192 888
合　计			50 915

在公司领导会议上,李刚对他提供的有关数据做了必要说明。他认为,建设新生产线有

50 915 元净现值，因此这个项目是可行的。

公司领导会议对李刚提供的资料进行了研究分析，认为李刚在收集资料方面做了很大的努力，计算方法正确，但忽略了物价变动问题，这使得李刚提供的信息失去了客观性和准确性。

公司财务总监认为，在项目投资和使用期间内，通货膨胀率大约为 6%。他要求有关负责人认真研究通货膨胀对投资项目各有关方面的影响。

生产部经理认为，由于物价变动的影响，原材料费用每年将增加 10%，工资费用也将每年增加 8%。财务部经理认为，扣除折旧后的管理费每年将增加 4%，折旧费每年仍为 10.5 万元。销售部经理认为，产品销售价格预计每年可增加 8%。公司总经理指出，除了考虑通货膨胀对现金流量的影响以外，还要考虑通货膨胀对货币购买力的影响。

公司领导会议决定，要求李刚根据以上各部门的意见，重新计算投资项目的现金流量和净现值，提交下次会议讨论。

要求：根据该公司领导会议的决定，请你帮助李刚重新计算各投资项目的现金净流量和净现值，并判断该投资项目是否可行。

2. 多个互斥方案优选实训

实训资料

星光集团为开发新产品拟投资 1 000 万元建设一条生产线，现有甲、乙、丙三个方案可供选择（不考虑所得税的影响）。甲方案的净现值流量为：$NCF_0 = -1\ 000$ 万元，$NCF_1 = 0$ 万元，$NCF_{2\sim6} = 250$ 万元。乙方案的相关资料为：第一年年初投入 1 000 万元建设生产线，同时投入流动资金 200 万元，建设期为 0，预计投产后 1~10 年每年新增 500 万元营业收入（不含增值税），每年新增的经营成本和所得税分别为 200 万元和 50 万元；第 10 年回收的资产余值和流动资金分别为 80 万元和 200 万元。丙方案的现金流量资料如表 6-17 所示：

表 6-17　丙方案现金流量表　　　　　　　　单位：万元

T	0	1	2	3	4	5	6~10	11	合计
原始投资	500	500	0	0	0	0	0	0	1 000
年净利润	0	0	172	172	172	182	182	182	1 790
年折旧摊销额	0	0	72	72	72	72	72	72	720
年利息	0	0	6	6	6	0	0	0	18
回收额	0	0	0	0	0	0	0	280	280
净现金流量						(A)			
累计净现金流量					(C)			(B)	

该企业所在行业的基准折现率为 8%。

要求：

（1）指出甲方案项目计算期，并说明该方案第 2 至 6 年的净现金流量（$NCF_{2\sim6}$）属于何种年金形式。

（2）计算乙方案项目计算期各年的净现金流量。

（3）根据表 1 的数据，写出表中用字母表示的丙方案相关净现金流量和累计净现金流量（不用列算式），并指出该方案的资金投入方式。

（4）计算甲、丙两方案包括建设期的静态投资回收期。

（5）计算 $(P/F,8\%,10)$ 和 $(AP,8\%,10)$ 的值（保留四位小数）。

（6）计算甲、乙两方案的净现值指标，并据此评价甲、乙两方案的财务可行性。

（7）如果丙方案的净现值为 725.69 万元，用年等额净回收额法为企业做出该生产线项目投资的决策。

6.3.2　证券投资决策实训

1. 债券投资决策实训

实训资料

某企业拟发行债券，其面值为 1 000 元，期限 20 年，债券每年付息一次，到期一次还本，已定的票面利率为 $i=10\%$。正式发行时债券市场的平均利率为 8%，发行价格定为 1 100 元。

问：（1）如果按此价格投资该债券，投资者的内含报酬率为多少？

（2）若投资者的必要投资报酬率为 10%，是否能进行该项投资？

（3）以投资者的必要报酬率 10% 计算该投资的净现值并进行决策。

2. 股票投资决策实训

实训资料

BN 公司每年均发给股东每股股利 8 元，股东投资该种股票并准备长期持有，股东的最低必要报酬率为 10%。

问：（1）该种股票的每股价值为多少？

（2）若该股票的市价为 83 元，则该股票是否适合投资者投资？

（3）计算市价为 83 元时的净现值和内含报酬率。

第 7 章

筹资管理综合实训

7.1 筹资管理知识准备

7.1.1 资金需要量预测

企业在筹资之前,应当采用一定的方法预测资金需要数量,只有这样,才能使筹集来的资金即能保证满足生产经营的需要,又不会有太多的闲置。现介绍预测资金需要量常用的方法。

1. 定性预测法

定性预测法是指利用有关材料,依靠预测者的个人经验,对企业未来资金的需要量作出预测的方法。这种方法一般在企业缺乏完备、准确的历史资料的情况下才使用。它的预测过程是:先由熟悉生产经营情况和财务情况的专家,根据过去积累的经验进行分析判断,提出预测的初步意见,然后再通过召开座谈会或发出各种征询意见表格等形式,对上述预测的初步意见进行补充,得出最终的预测结果。

定性预测法在企业缺乏基本资料的情况下不失为一种有价值的预测方法,但是它缺乏客观依据,容易受预测人员主观判断的影响,因而预测的准确性较差。

2. 比率预测法

定性预测法是十分有用的,但它不能揭示资金需要量与有关因素之间的数量关系。例如,预测资金需要量应和企业生产经营规模相联系。生产规模扩大,销售数量增加,会引起资金需求增加;反之,则会使资金需求量减少。能用于预测的比率可能会很多,如存货周转率、应收账款周转率、资金毛利率等,但最常用的是资金与销售之间的比率,也就是销售额比率预测法。

(1) 销售额比率法的含义与基本假定

销售额比率法是指以资金与销售额的比率为基础,预测未来资金需要量的方法。

应用销售额比率法预测资金需要量是建立在以下假定基础之上的:①企业的部分资产和负债与销售额同比例变化;②企业各项资产、负债与所有者权益结构以达到最优。

(2) 销售额比率法的步骤

应用销售额比率法预测资金需要量通常需经过以下步骤:①预计销售额增长率;②确定随销售额变动而变动的资产和负债项目;③确定需要增加的资金数额;④根据有关财务指标的约束确定对外筹资数额。

$$对外资金需要量 = \frac{A}{S_1} \cdot \Delta S - \frac{B}{S_1} \cdot \Delta S - P \cdot E \cdot S_2$$

$$= \frac{\Delta S}{S_1} \cdot (A - B) - P \cdot E \cdot S_2$$

式中,A——随销售变化的资产;

$\quad\quad B$——随销售变化的负债;

$\quad\quad S_1$——基期销售额;

$\quad\quad S_2$——预测其销售额;

$\quad\quad \Delta S$——销售的变动额;

$\quad\quad P$——销售净利率;

$\quad\quad E$——盈余的保留比率;

$\quad\quad \dfrac{A}{S_1}$——随销售的变动资产自动变动的百分比;

$\quad\quad \dfrac{B}{S_1}$——随销售变动负债自动变动的百分比。

3. 资金习性预测法

所谓资金习性,是指资金的变动同产品产销数量变动之间的依存关系。按照资金同产销量之间的这种关系,可以把资金分为不变资金、变动资金和半变动资金。

不变资金是指在一定的产销量范围内,不随产销量的变动而变动的那部分资金,包括:为维持营业而占用的最低数额的现金,原材料的保险储备,必要的成品储备和厂房、机器设备等固定资产占用的资金。

变动资金是指随着产销量的变动而成比例变动的那部分资金,一般包括直接构成产品实体的原材料、外购件等占用的资金。

半变动资金是指虽受产销量变化的影响,但并不成比例变动的那部分资金,如一些辅助材料占用的资金。半变动资金可以通过一定的方法分解为不变资金和变动资金两部分。

资金习性预测法,就是对资金习性进行分析,将其划分为变动资金和不变资金两部分,根据资金与产销量之间的数量关系来建立数学模型,再根据历史资料预测资金需要量。预测的基本模型:

$$y = a + bx$$

式中,y——资金需要量;

$\quad\quad a$——不变资金;

$\quad\quad b$——单位产销量所需要的变动资金;

$\quad\quad x$——产销量。

资金习性预测法包括总额法和分项预测法两种。

(1)回归直线法

回归直线法是按照企业历史上资金占用总额与产销量的关系,运用最小平方法原理计算不变资金和单位销售额的变动资金的一种资金习性分析方法。其计算公式:

$$a = \frac{\sum X_i^2 \sum Y_i - \sum X_i \sum X_i Y_i}{n \sum X_i^2 - \left(\sum X_i \right)^2}$$

$$b = \frac{n \sum X_i Y_i - \sum X_i \sum Y_i}{n \sum X_i^2 - \left(\sum X_i\right)^2}$$

$$= \frac{\sum Y_i - na}{\sum X_i}$$

（2）分项预测法

分项预测法是根据各资金占用项目（如现金、存货、应收账款、固定资产等）与销售收入之间的关系，把各项目的资金分成变动资金和不变资金两部分，然后汇总求出企业变动资金总额和不变资金总额，再预测资金的需要量。

资金习性预测法利用资金需要量与产销量之间的数学关系进行预测，是一种比较科学合理的预测方法。使用资金习性预测法时必须注意以下几个问题：资金需要量与产销量之间线性关系的假定应符合实际情况；确定 a、b 的数值，应该利用预测年度前连续若干年的历史资料，至少要有三年以上的资料；应考虑价格等因素的变化情况。

7.1.2　筹资方式的选择

1. 筹资的含义

筹资是指企业根据其生产经营、对外投资以及调整资本结构等需要，通过一定的渠道，采用适当的方式，切实有效地获取所需资金的一种行为。

筹资是企业生产经营的起点，是决定资金运动规模与企业发展程度的重要环节。

2. 筹资的目的

企业筹资的根本目的是为了自身的生存与发展，从而最终实现企业价值最大化。具体体现为以下几种动机：设立企业，是在企业新建时为满足正常生产经营活动所需的铺底资金而产生的筹资动机；扩张企业，企业因扩大生产经营规模或追加额外投资而产生的筹资动机；偿还债务，企业为了偿还某项债务而形成的借款动机，即借新款还旧款；混合目的，企业既需扩大经营的长期资金又需要偿还债务的现金而形成的筹资动机。

3. 筹资的渠道与方式

（1）筹资渠道

筹资渠道是指企业取得资金的来源或途径，体现着资金的源泉和流量。目前，我国企业的筹资渠道主要有以下七种。

① 国家资金。国家对企业的投资是国有企业的主要资金来源。现在国有企业的资金来源大部分是过去由国家以财政拨款的方式投资形成的。国家财政资金基础坚固、来源充沛，为大中型企业的生产经营活动提供了可靠的保证，再加上国家不断加大扶持基础性产业和公益性产业的长远发展战略，这就决定了国家财政资金今后仍然是国有企业筹集资金的重要渠道。

② 银行信贷资金。银行一般分为商业性银行和政策性银行。商业性银行为各类企业提供商业性贷款。政策性银行为特定企业提供政策性贷款。银行信贷资金有居民储蓄、单位存款等较稳定的资金来源，贷款方式灵活，能适应各种企业的资金需要，是企业重要的筹资渠道。

③ 非银行金融机构资金。非银行金融机构主要有信托投资公司、保险公司、租赁公司、

证券公司、企业集团的财务公司等。非银行金融机构通过一定的途径或方式为企业直接提供部分资金或为企业筹资提供服务。这种筹资渠道的财力比银行信贷资金小,但它的资金供应比较灵活方便,并可提供其他方面的服务,因此具有十分广阔的发展前景。

④ 其他法人单位资金。其他法人单位资金是指其他法人单位以其可以支配的资产对企业投资形成的资金。企业在生产经营过程中,往往会形成部分暂时闲置的资金,可以在企业之间相互调剂使用。随着横向经济联合的发展,企业之间也进行相互投资。这种企业之间资金的联合和融通成为企业资金筹集的一个渠道。

⑤ 民间资金。对于企业职工和城乡居民手中暂时不用的资金,企业可以通过一定的方式例如发行股票、债券等,把这些节余货币集中起来形成企业的资金,充分利用这一大有潜力的资金来源。

⑥ 企业自留资金。企业自留资金是指企业通过各种途径和形式积累起来的属于企业自有的资金,主要包括企业在税后利润中提取的公积金、未分配利润和计提折旧费用而形成的资金,是企业的"自动化"筹资渠道。

⑦ 境外资金。境外资金是指外商向我国企业投入的资金,是外商投资企业的重要资金来源。利用外资是弥补资金不足、促进企业不断壮大、推动经济发展的重要手段之一。企业通过吸引外资和我国港、澳、台地区资本投资,不仅可以筹集到必要的资金来满足生产经营的需要,而且能够引进国外先进技术和管理经验,促进企业技术进步和管理水平的提高。

（2）企业筹资的方式

筹资方式是指企业筹集资金所采取的具体形式,体现着资金的属性。正确认识筹资方式的种类及每种筹资方式的属性,有利于企业选择合适的筹资方式,实现最佳的筹资组合。

企业可以利用的筹资方式主要有以下几种。

① 吸收直接投资。吸收直接投资是企业以协议等形式吸收国家、其他企业、个人和外商等直接投入资金;形成企业资本金的一种筹资方式。吸收直接投资不以股票为媒介,是非股份制企业筹措自有资本的一种基本方式。

吸收直接投资的出资方式主要有以下几种。

a. 吸收现金投资。现金投资是企业吸收直接投资所乐于采用的形式。企业有了现金,可用于购置资产、支付费用,比较灵活方便。因此,企业一般争取投资者以现金方式出资。对现金出资比例由有关法规作出规定,或由融资各方协商确定。一般规定,现金出资金额不得低于注册资本的 30%。

b. 吸收实物投资。以实物投资主要是投资者以房屋、建筑物、设备等固定资产和原材料、燃料、产品等流动资产作价投资。一般来说,企业吸收的实物应符合如下条件:确为企业科研、生产、经营所需;技术性能比较好;作价公平合理。

c. 实物出资所涉及的实物作价方法应按国家的有关规定执行。

d. 以工业产权出资。以工业产权出资是指投资者以专有技术、商标权、专利权等无形资产所进行的投资。企业在吸收工业产权时应特别谨慎,进行认证的可行性研究。因为以工业产权投资实际上是把有关技术资本化了,把技术的价值固定化了,而技术具有时效性,因其不断老化而导致价值不断减少甚至完全丧失,风险较大。

e. 以土地使用权出资。投资者也可以用土地使用权来进行投资。企业吸收土地使用权投资应符合如下条件:企业科研、生产、销售活动所需;交通、地理条件比较适宜;作价公平合理。

②吸收直接投资的条件。企业采用吸收直接投资方式筹措自有资本,必须符合一定的条件要求,主要有以下几个方面。

a.采用吸收直接投资方式筹措自有资本的企业,应当是非股份制企业,包括国有企业、集体企业、合资或合营企业等,股份制企业按规定应以发行股票方式取得自有资本。

b.企业通过吸收直接投资而取得的实物资产或无形资产,必须符合企业生产经营、科研开发的需要,在技术上能够消化应用。在吸收无形资产投资时,应符合法定比例。我国现行法规规定企业吸收无形资产投资的比例一般不超过注册资本的 20%,如果情况特殊,含有高新技术,确需超过 20%的,应经审批部门批准,但最高不得超过 30%。

c.企业通过吸收直接投资而取得的非现金资产,必须进行公正合理的估价。

③吸收直接投资筹资的评价。与其他筹资方式比较,具有以下优点:有利于增强企业信誉。有利于尽快形成生产能力。有利于降低财务风险。

采用吸收直接投资也有它的不利之处,主要表现在以下两个方面:资金成本较高;容易分散企业控制权。

4. 发行普通股

股票是指股份公司为筹集权益资本发行的,表示股东按其持有股份享受权益和承担义务,可转让的书面凭证。通常具有法定性、收益性、风险性、参与性、无限期性、可转让性等特征。

(1)股票的价值、价格与股价指数

①股票价值。股票价值是用货币衡量的作为获利手段的价值。股票价值有四种形式。

a.票面价值,通常指面值,是股份有限公司在其发行的股票上标明的票面金额。

b.账面价值,又称净值,是股票包含的实际资产价值。

c.清算价值,是股份有限公司进行清算时,股票每股所代表的实际价值。

d.市场价值,是股票在股票市场进行交易过程中具有的价值。

②股票价格。股票价格有广义和狭义之分。狭义的股票价格就是股票交易价格。广义的股票价格则包括股票的发行价格和交易价格两种形式。

③股价指数。股价指数,亦即股票价格指数,是指金融机构通过对股票市场上一些有代表性的公司发行的股票价格进行平均计算和动态对比后得出的数值,它是用于表示多种股票平均水平及其变动并衡量股市行情的指标。

(2)普通股筹资的评价

发行普通股筹资通常具有以下优点:①没有固定利息负担。②没有固定到期日,也不用偿还。③筹资风险小。④能提高公司的信誉。⑤筹资限制少。

缺点主要表现在:①资金成本较高。②容易分散控制权。

5. 发行优先股

优先股是介于普通股和债券之间的资金来源,是一种混合性证券。优先股股票是指公司分派股利和分派剩余资产过程中顺序优先于普通股的股票。优先股股东不享有经营管理权,也不具有表决权或表决权利受到限制(我国《公司法》规定,3 年未分得股利的优先股股东享有投票表决权)。

从公司章程规定的有关条款看,优先股是介于普通股和债券之间的资金来源,是一种混合性证券,其特征也介于普通股和债券之间。

(1) 优先股具有普通股的某些特征

优先股与普通股相同的地方,主要表现在以下几方面。

① 优先股所筹资本属于权益资本,多数情况下,没有到期日。

② 优先股的股利在税后利润中支付。

③ 优先股没有筹资风险,当公司没有足够盈利支付股利时,可以不支付,而无破产之忧。

④ 优先股股东也是以其投资对公司的债务承担有限责任。

(2) 优先股具有类似债券的特征

优先股与债券相似之处主要有以下几个方面。

① 优先股的股利固定,一般不受公司经营状况和盈利水平的影响。

② 优先股一般不具有参与公司经营管理权。

③ 当公司章程中规定有赎回条款时,优先股具有还本特征。

④ 当公司章程中规定有转换条款时,优先股可以像债券那样转换为普通股。

(3) 优先股筹资的评价

从公司财务角度看,采用优先股筹资方式,具有以下优点:①没有固定到期日,不用偿还本金。②不会分散股东的控制权。③股利的支付既固定,又有一定的灵活性。

优先股筹资的缺点主要是:①筹资限制多。②可能会造成财务负担。③优先股的资本成本也较高。

6. 留存收益

留存收益是指企业在税后利润中按规定比例提取的盈余公积金、公益金和未分配利润等。企业通过留存收益的方式筹集资金,既有利于满足扩大企业生产经营规模的资金需求,又能够减少企业的财务风险。因此,留存收益是各企业长期采用的一种筹资方式。

(1) 留存收益的筹资途径

① 提取盈余公积金。盈余公积金,是指有指定用途的留存净利润。盈余公积金是从当期企业净利润中提取的积累资金,其提取基数是本年度的净利润。盈余公积金主要用于企业未来的经营发展,经投资者审议后也可以用于转增股本(实收资本)和弥补以前年度经营亏损,但不得用于以后年度的对外利润分配。

② 未分配利润。未分配利润,是指未限定用途的留存净利润。未分配利润有两层含义:第一,这部分净利润本年没有分配给公司的股东投资者;第二,这部分净利润未指定用途,可以用于企业未来的经营发展、转增资本(实收资本)、弥补以前年度的经营亏损及以后年度的利润分配。

(2) 留存收益筹资的评价

留存收益筹资的优点主要有:①资金成本较发行普通股低。②保持普通股股东的控制权。③增强公司的信誉。

留存收益筹资的缺点主要有:①筹资数额有限制。②资金使用受制约。

7. 银行借款

银行借款是指企业向银行或非银行金融机构借入的,按规定期限还本付息的款项,是企业负债经营时所采取的主要筹资方式。按照期限可分为短期借款和长期借款。

（1）银行借款的程序

企业申请借款，主要履行以下基本步骤。

① 提出借款申请。企业申请借款必须符合贷款原则和条件。我国金融部门对企业发放贷款的原则是：按计划发放，择优扶植，有物资保证，按期归还。

② 银行审批。银行根据有关政策和贷款条件，对借款企业进行审查，依据审批权限，核准其申请的借款金额和用款计划。银行审查内容包括：企业的财务状况、企业的信用情况、企业盈利稳定性、企业发展前景、借款投资项目可行性、借款的担保品等。

③ 签订借款合同。经银行审核，借款申请批准后，银行与借款公司可就贷款的具体条件签订正式的借款合同，规定贷款的数额、利率、期限和一些保护性条款等。借款利率有固定和浮动利率两种。若采用固定利率，借贷双方通常会找出一家风险类似于借款企业的其他企业，再以发行期限等于长期贷款期限的债券利率作参考基准来确定长期贷款利率；若采用浮动利率，借款企业和贷款机构会将贷款利率订在超过各年基本利率若干百分点上，当基本利率发生变化时，长期贷款中尚未偿还部分利率也会同比例涨跌。当资金市场利率波动不大，资金供应平稳时，企业多采用固定利率。

④ 取得借款。贷款合同签订后，即具有法律效力，企业可在核准的贷款指标范围内，根据用款计划和实际需求，一次将贷款转入存款结算账户，以便支用。

⑤ 归还借款。贷款到期时，借款企业可依贷款合同规定，按期偿还借款本金与利息或续签合同。长期借款的偿还方式包括：定期支付利息，到期一次性偿还本金；平时逐期偿还小额本金和利息，期末偿还余下的大部分，每次金额依公司的偿还能力和银行的要求相结合来确定。

（2）与银行借款有关的信用条件

银行发放贷款时，往往涉及以下信用条款。

① 信贷额度。信贷额度亦即贷款限额，是借款人与银行在协议中规定的允许借款人借款的最高限额。如借款人超过规定限额继续向银行借款，银行则停止办理。此外，如果企业信誉恶化，即使银行曾经同意按信贷限额提供贷款，企业也可能因银行终止放贷而得不到借款。

② 周转信贷协定。周转信贷协定是银行从法律上承诺向企业提供不超过某一最高限额的贷款协定。在协定的有效期内，只要企业借款总额未超过最高限额，银行必须满足企业任何时候提出的借款要求。企业享用周转协定，通常要对贷款限额的未使用部分付给银行一笔承诺费。

③ 补偿性余额。补偿性余额是银行要求借款人在银行中保持按贷款限额或实际借用额的一定百分比（通常为 $10\%\sim20\%$）计算的最低存款余额。补偿性余额有助于银行降低贷款风险，补偿其可能遭受的损失；但对借款企业来说，补偿性余额则提高了借款的实际利率，加重了企业的利息负担。补偿性余额贷款实际利率的计算公式：

$$补偿性余额贷款实际利率＝名义利率÷（1－补偿性余额比率）×100\%$$

④ 借款抵押。银行向财务风险较大、信誉不好的企业发放贷款，往往需要有抵押品担保，以减少自己蒙受损失的风险。借款的抵押品通常是借款企业的应收账款、存货、股票、债券以及房屋等。银行接受抵押品后，将根据抵押品的账面价值决定贷款金额，一般为抵押品账面价值的 $30\%\sim50\%$。这一比率的高低取决于抵押品的变现能力和银行的风险偏好。

抵押借款的资金成本通常高于非抵押借款,这是因为银行主要向信誉好的客户提供非抵押贷款,而将抵押贷款视为一种风险贷款,因而收取较高的利息;此外,银行管理抵押贷款比管理非抵押贷款更为困难,为此往往另外收取手续费。企业取得抵押借款还会限制其抵押财产的使用和将来的借款能力。

⑤ 偿还条件。无论何种借款,一般都会规定还款的期限。根据我国金融制度的规定,贷款到期后仍无能力偿还的,视为逾期贷款,银行要照章加收逾期罚息。贷款的偿还有到期一次偿还和在贷款期内定期等额偿还两种方式。一般来说,企业不希望采用后一种方式,因为这会提高贷款的实际利率;而银行则不希望采用前一种方式,因为这会加重企业还款时的财务负担,增加企业的拒付风险,同时会降低实际贷款利率。

⑥ 以实际交易为贷款条件。当企业发生经营性临时资金需求,向银行申请贷款以求解决时,银行则以企业将要进行的实际交易为贷款基础,单独立项,单独审批,最后做出决定并确定贷款的相应条件和信用保证。如某承包商因完成某项承包任务缺少资金而向银行借款,当他收到委托承包者付款时,立即归还此笔借款。对这种一次性借款,银行要对借款人的信用状况、经营情况进行个别评价,然后才能确定贷款的利息率、期限和数量。

(3) 银行借款利息的支付方式如下。

① 利随本清法。利随本清法又称收款法,是在借款到期时向银行支付利息的方法。采用这种方法,借款的名义利率等于其实际利率。

② 贴现法。贴现法是银行向企业发放贷款时,先从本金中扣除利息部分,而到期时借款企业再偿还全部本金的一种计息方法。贴现法的实际贷款利率公式:

$$贴现贷款实际利率 = 利息 \div (贷款金额 - 利息) \times 100\%$$
$$= 名义利率 \div (1 - 名义利率) \times 100\%$$

(4) 银行借款筹资评价

和其他筹资方式相比,银行借款筹资的主要优点有:①筹资速度快。②筹资弹性大。③成本较低。④具有财务杠杆的作用等。

缺点主要有:①借款的限制条件多。②筹资风险大。③筹资数量有限。

8. 商业信用

商业信用是指企业之间在商品交易中以延期付款或预收货款进行购销活动而形成的借贷关系,是企业之间由于商品和货币在时间和空间上分离而形成的直接信用行为。它产生于银行信用之前,但银行信用出现之后,商业信用仍然得到广泛的发展和运用,成为企业的短期筹资方式之一。

利用商业信用筹资,具体形式主要有应付账款、应付票据、预收货款、应付费用。

(1) 商业信用的条件

① 应付账款的信用条件。应付账款的信用条件分为以下三种情况。

a. 没有规定现金折扣,购货方必须在法定期限内付款,法定期限很短,利用价值不大。

b. 规定有现金折扣,享受现金折扣,购货方必须在折扣期限内付款,一般情况下,现金折扣平均在 2%~3%,折扣期一般为 10 天或 20 天。

c. 规定有现金折扣,不享受现金折扣,购货方必须在规定的信用期内付款,逾期属于拖欠行为。在西方国家,为了促使购货方按期付款,销货方可提供现金折扣,如规定"2/10、n/30",其中 2 表示现金折扣,10 表示折扣期限,30 为信用期限,意即购货方在 10 天之内付款,可以享受 2%的现金折扣;如果购货方未利用此项折扣,则全部货款 30 天到期。

② 预收货款的信用条件。在商品交易中,销货方要求购货方预付货款是出于以下原因：A.对购货方信誉一无所知或了解到购货方以往有拖欠行为;B.销货方的货物属于紧俏商品;C.销货方生产周期较长,出于资金周转需要,要求购货方先行垫支。

在商业信用中,应付票据较少使用。至于应付费用属于自然筹资,没有信用条件。

(2)商业信用的成本

多数情况下,商业信用不发生成本。因为在不提供现金折扣情况下使用商业信用,谈不上成本问题。而提供现金折扣,享受了这一折扣,在折扣期内使用商业信用,同样也不花费成本。至于预收货款和应付费用更谈不上成本问题。但如果提供了现金折扣而不享受,则会产生明显的使用信用的机会成本。

$$放弃现金折扣的成本=\frac{CD}{1-CD}\times\frac{360}{n}\times100\%$$

式中,CD——折扣百分比。

(3)商业信用筹资评价

商业信用筹资的优点有：①易于取得。②灵活性大。③筹资成本低。

缺点有：①利用时间短。②利用数量有限。

9. 发行债券

发行债券是债务人为筹集借入资金而发行的,约定在一定期限内向债权人还本付息的有价证券。发行债券是企业筹集借入资金的重要方式。

(1) 债券的基本要素

① 债券的面值。债券面值包括两个基本内容：一是币种,二是票面金额。面值的币种可用本国货币,也可用外币,这取决于发行者的需要和债券的种类。债券的发行者可根据资金市场情况和自己的需要选择适合的币种。债券的票面金额是债券到期时偿还债务的金额。面额印在债券上,固定不变,到期必须足额偿还。

② 债券的期限。债券都有明确的到期日,债券从发行之日起,至到期日之间的时间差为债券的期限。在债券的期限内,公司必须定期支付利息,债券到期时,必须偿还本金,也可按规定分批偿还或提前一次偿还。

③ 债券的利率。债券通常都载明利率,一般为固定利率和浮动利率两种。债券上标注的利率一般是年利率,在不计复利的情况下,面值与利率相乘可得出年利息。

④ 债券的价格。理论上,债券的面值就应是它的价格,事实上并非如此。由于发行者的种种考虑或资金市场上供求关系、利息率的变化,债券的市场价格常常脱离它的面值,有时高于面值,有时低于面值,但其差额并不很大,不像普通股那样相差甚远。也就是说,债券的面值是固定的,它的价格却是经常变化的。发行者计息还本,是以债券的面值为根据,而不是以其价格为根据。

(2) 债券的发行条件

按国际惯例,企业发行债券要符合一定的条件。根据我国公司法规定,股份有限公司、国有独资公司和两个以上的国有企业或其他两个以上的国有投资主体投资设立的有限责任公司具有发行债券的资格。发行公司债券应当符合下列条件。

① 股份有限公司的净资产额不低于人民币 3 000 万元,有限责任公司的净资产额不低

于人民币 6 000 万元。

② 累计债券总额不超过净资产的 40％。

③ 最近 3 年平均可分配利润足以支付公司债券 1 年的利息。

④ 筹集的资金投向符合国家产业政策。

⑤ 债券的利率不得超过国务院限定的利率水平。

⑥ 国务院规定的其他条件。

此外，发行可转换为股票的公司债券，除了具备发行债券的条件外，还应当符合股票发行条件。

（3）债券的发行程序

企业发行债券有如下几个基本程序。

① 作出发行决议。公司发行债券，必须对发行的主要事项，包括发行总额、票面金额、利率、发行价格、偿还期限等作出决议，根据我国公司法规定，股份有限公司、有限责任公司发行债券，由董事会制定方案，股东会作出决议。国有独资公司发行债券，应由国家授权的投资机构或国家授权的部门作出决议。

② 评定债券等级。债券发行决议作出后，企业应聘请具有从业资格的评信机构评定债券的信用等级，以便为证券管理部门审批提供依据。

③ 提出申请批准。公司按规定作出发行债券决议并取得信用评级后，应向国家证券管理部门报请批准。申请应提交公司登记证明、公司章程、公司债券募集办法、资产评估和验资报告、信用等级等有关文件。

④ 公告债券募集办法。公司发行债券申请经批准后，应当公告募集办法。募集办法中应载明公司名称，债券总额和票面金额，债券的利率，还本付息的期限和方式，债券发行的起止日期，公司净资产额，已发行的尚未到期的公司债券总额，债券的承销机构等主要事项。

⑤ 发售债券。债券的发售一般分为私募发行和公募发行两种方式。

私募发行是面向少数特定投资者发行，如发行单位职工、发行单位产品用户以及与发行人有密切业务往来的机构投资者。私募发行一般采取直接发售方式。因受到限制，故很少采用。

公募发行是向社会广泛的不特定的投资者发行，因为面向社会公众，发售工作量大，一般需要证券机构协助。证券机构承销债券有代销和包销两种方式。代销是委托承销机构代为向社会销售债券，承销机构按发行条件，在约定期限内尽力推销，到截止日期，未售出部分退回发行公司。承销机构不承担发行风险。包销是由承销机构按发行条件向社会推销债券，到截止期，未售出部分由承销机构认购，并按约定的时间向发行公司支付全部债券款。采用包销方式，承销机构按承担部分发行风险。

⑥ 收缴债券款，登记债券存根簿。企业发行债券应当在规定的时间结束，公开发行债券，应当在截止期后向承销机构收缴债券款项，同时在置备的公司债券存根簿上进行登记。

（4）债券发行价格的确定

多数情况下，企业债券是按票面价值发行的，亦称等价发行。但也有按高于票面价值或低于票面价值，即溢价发行或折价发行的情况。这是因为，债券利率是参照市场利率制定的，一经印制，便固定不变。而从印制到债券发行，市场利率可能会发生变化，如果发生变化，则应根据市场利率变化情况调整发行价格，以保证投资者获得与当时市场利率相当的收益率。

在按期付息到期一次还本,且不考虑发行费用的情况下,债券发行价格的计算公式:

$$债券发行价格 = \frac{票面金额}{(1+市场利率)^n} + \sum_{t=1}^{n} \frac{票面金额 \times 票面利率}{(1+市场利率)}$$

$$= 票面金额 \times (P/F, i_1, n) + 票面金额 \times i_2 \times (P/A, i_1, n)$$

式中,n 为债券期限,t 为计息期数。

(5) 债券筹资评价

债券筹资的优点:①债券的利息有抵税效应。②发行债券筹资可获得财务杠杆利益。③债券成本低于权益资本的成本。④有利于保持股东对企业的控制权。⑤可赎回债券或可转换债券具有调整资本结构的作用。

债券筹资的缺点:①债券须到期还本付息,有较大的财务风险。②债券限制性条款较多。

10. 融资租赁

融资租赁是出租人以收取租金为条件,在契约或合同规定的期限内,将资产租借给承租人使用的一种经济行为。租赁直接涉及的是物而不是钱,但它在实质上具有借贷属性,是现代企业筹集资金的一种特殊方式。

(1) 融资租赁的基本程序

① 选择租赁公司,提出委托申请。当企业决定采用融资租赁方式以获取某项设备时,需要了解各个租赁公司的资信情况、融资条件和租赁费率等,分析比较选定一家作为出租单位。然后,向租赁公司申请办理融资租赁。

② 签订购货协议。由承租企业和租赁公司中的一方或双方,与选定的设备供应厂商进行购买设备的技术谈判和商务谈判,在此基础上与设备供应厂商签订购货协议。

③ 签订租赁合同。承租企业与租赁公司签订租赁设备的合同,如需要进口设备,还应办理设备进口手续。租赁合同是租赁业务的重要文件,具有法律效力。融资租赁合同的内容可分为一般条款和特殊条款两部分。

④ 交货验收。设备供应厂商将设备发运到指定地点,承租企业要办理验收手续。验收合格后签发交货及验收证书交给租赁公司,作为其支付货款的依据。

⑤ 定期交付租金。承租企业按租赁合同规定,分期交纳租金,这也就是承租企业对所筹资金的分期还款。

⑥ 合同期满处理设备。承租企业根据合同约定,对设备续租、退租或留购。

(2) 融资租赁的形式

融资租赁通常有直接租赁、返回租赁和杠杆租赁三种形式。

① 直接租赁,就是通常所说的融资租赁,是融资租赁的典型形式,在直接租赁形式下,出租人主要有制造商、独立的租赁公司、金融机构的租赁业务部门和专项设备租赁公司。

② 返回租赁,又称售后租回,是企业出于资金的需要,将自己拥有的资产销售给出租人取得价款,再签订租约,将其租回使用,并按期向出租人支付租金,借此方式,企业可以获得资金调动,同时继续使用该项资产。

③ 杠杆租赁。杠杆租赁所涉及的对象不仅有承租企业和出租人,还有贷款人。对于承租企业来说,这种形式与其他两种形式没有什么不同,都是在契约或合同规定的期限内有权

使用租赁物,并支付租金。但对于出租人来说就有所不同,出租人所提供的资产的资金一小部分来自本身的投资,其余大部分则以该资产为抵押由贷款人提供,也可以通过租赁权和租金的转让取得,在这种场合下,出租人又是借款人。由于租金收益一般大于借款的成本,出租人借款购物,可以从中获得杠杆利益,故此种形式称为杠杆租赁。

（3）融资租赁租金的计算

融资租赁的租金包括设备价款和租息两部分,其中租息又可分为租赁公司的融资成本和租赁手续费等。

① 设备价款是租金的主要内容,它由设备的买价、运杂费和途中保险费等构成。

② 融资成本是指租赁公司为购买租赁设备所筹资金的成本,即设备租赁期间的利息。

③ 租赁手续费包括租赁公司承办租赁设备的营业费用和一定的盈利。租赁手续费的高低一般无固定标准,可由承租企业与租赁公司协商确定。

租金的支付方式也影响到租金的计算。租金通常采用分次支付的方式,具体又分为以下几种类型。

① 按支付时期的长短,可分为年付、半年付、季付和月付等方式。

② 按支付时期先后,可以分为先付租金和后付租金两种。

③ 按每期支付金额,可以分为等额支付和不等额支付两种。

在我国租赁业务中,计算租金的方法一般采用等额年金法。

等额年金法是利用年金现值的计算公式经变换后计算每年支付租金的方法。因租金有先付租金和后付租金两种支付方式,须分别说明。

① 后付租金的计算。根据年资本回收额的计算公式,可得出后付租金方式下每年年末支付租金数额的计算公式:

$$A = P/(P/A, i, n)$$

② 先付租金的计算。根据即付年金的现值公式,可得出先付等额租金的计算公式:

$$A = P/[(P/A, i, n-1)+1]$$

（4）融资租赁筹资的评价

融资租赁筹资的优点:①融资与融物相结合,能迅速获得所需资产。②融资租赁筹资的限制较少。③融资租赁筹资能减少设备陈旧、过时的风险。④租金在整个租期内分摊,不用到期归还大量本金,可减少到期不能归还的风险。⑤租金属于免税费用。

融资租赁筹资的缺点:①资金成本较高。②采用租赁筹资方式,承租企业如不能享有设备的残值,这可能成为承租企业的一种机会损失。

7.1.3　资金成本

资金成本是指企业为筹集和使用资金而付出的代价,由筹资费用和用资费用两部分内容构成。

筹资费用是指企业在筹措资金过程中为获得资金而付出的代价。如向银行借款支付的借款手续费,企业因发行股票、债券而支付的发行费用等。筹资费用通常是在筹措资金时一次支付,在用资过程中不再发生。因此,在计算资金成本时,筹资费用不是在分子上加,而是在分母中减,从筹资总额中减去筹资费用,计算得到实际筹资金额,即筹资净额。

用资费用是指企业在生产经营、投资过程中因使用资金而付出的代价。如企业向债权人支付的利息、向股东支付的股利等,这是资金成本的主要内容。

资金成本可以用绝对数表示,也可以用相对数表示。为了便于比较分析,一般用相对数表示,即资金成本率。资金成本率是每年的用资费用与筹资净额的比值,资金成本率通常简称为资金成本。其基本计算公式:

$$资金成本 = \frac{实际负担的年用资费用}{筹资净额} = \frac{实际负担的年用资费用}{筹资总额 - 筹资费用}$$

$$= \frac{实际负担的年用资费用}{筹资总额 - 筹资总额 \times 筹资费用率} = \frac{实际负担的年用资费用}{筹资总额 \times (1 - 筹资费用率)}$$

资金成本的计算包括个别资金成本的计算、综合资金成本的计算和边际资金成本的计算三部分内容。

1. 个别资金成本的计算

个别资金成本是指各种筹资方式的成本。由于企业筹集的短期资金大部分不需要付出代价,虽然有些短期资金要付出代价(如短期借款等),但企业付出的代价比较低。因此,在计算资金成本时,通常不计算短期资金的资金成本,而只计算长期资金的成本,长期资金的资金成本也称资本成本。

长期资金的资金成本主要包括银行借款成本、债券成本、优先股成本、普通股成本、留存收益成本等。前两者统称为负债资金成本,后三者统称为权益资金成本。现分别说明其计算方法。

(1) 银行借款资金成本的计算

企业采用银行借款方式筹资的资金,其用资费用为企业每年负担的利息,由于利息可以抵税,从而降低了企业承担的利息费用。所以,

企业实际承担的每年的用资费用 = 年利息 × (1 - 所得税税率)

银行借款成本的计算用公式表示如下:

$$银行借款成本 = \frac{年利息 \times (1 - 所得税税率)}{筹资总额 \times (1 - 筹资费用率)} \times 100\%$$

$$= \frac{贷款金额 \times 年利率 \times (1 - 所得税税率)}{筹资总额 \times (1 - 筹资费用率)} \times 100\%$$

银行借款的年利息通常是用筹资总额(即贷款金额)乘以年利率来计算,而银行借款的筹资费用较低,有时可以忽略不计。因此,银行借款成本的计算有时可以简化为下面的计算公式:

$$银行借款成本 = 年利率 \times (1 - 所得税税率) \times 100\%$$

(2) 债券资金成本的计算

企业采用发行债券的方式筹集资金,其用资费用为企业每年负担的利息,由于利息可以抵税,从而降低了企业承担的利息费用。所以,

企业每年实际承担的用资费用 = 年利息 × (1 - 所得税税率)

债券资金成本的计算用公式表示如下:

$$债券资金成本 = \frac{年利息 \times (1 - 所得税税率)}{筹资总额 \times (1 - 筹资费用率)} \times 100\%$$

$$= \frac{债券面值 \times 年利率 \times (1 - 所得税税率)}{发行价格 \times (1 - 筹资费用率)} \times 100\%$$

当公司债券按面值发行时,发行价格等于债券面值,债券资金成本的计算可简化为下式:

$$债券资金成本 = \frac{年利率 \times (1 - 所得税税率)}{(1 - 筹资费用率)} \times 100\%$$

（3）优先股资金成本的计算

优先股股票是一种介于债券和普股股票之间的证券,它既有债券的特征,又有普通股股票的特征,但从本质上讲,发行优先股股票筹集的资金属于权益资金,而不是负债。企业支付给优先股股东的股利通常是按股票面值的一定比率来计算,这一点与债券相同;企业发行优先股股票筹集的资金不用归还,可供企业长期使用,企业支付给优先股股东的股利要在税后支付,这两个方面与普通股股票相同。

企业支付给优先股股东的股利不具有抵税的作用,因此,

企业因发行优先股而每年负担的用资费用 = 优先股股票面值×股利支付率

优先股资金成本的计算用公式表示如下:

$$优先股资金成本 = \frac{优先股每年的股利}{筹资总额 \times (1 - 筹资费用率)} \times 100\%$$
$$= \frac{优先股面值 \times 股利支付率}{优先股发行价格 \times (1 - 筹资费用率)} \times 100\%$$

优先股资金成本通常高于债券的资金成本。原因主要有两个方面:一是,企业破产时,优先股股东的求偿权排在债券持有人之后,优先股股东承担的风险高于债券持有人,这就使得优先股的股利率一般要高于债券的利息率;二是,优先股股利要从税后净利润中支付,因此,企业支付给优先股股东的股利不具有抵税的作用。

（4）普通股资金成本的计算

普通股资金的使用费用通常不固定,这使得普通股资金成本的计算相对复杂。为了便于理解和计算,我们换个角度来考虑,企业支付给普通股股东的股利对企业来讲是资金成本,而对于投资者来讲则是投资收益,企业承担的资金成本率就是普通股股东的投资收益率,所以,只要我们能测算出普通股股东的投资收益率,也就能计算出普通股的资金成本率。测算普通股股东投资收益率的方法一般有三种:股利折现模型、资本资产定价模型和无风险利率加风险溢价法。

① 股利折现模型。按照收益现值法,如果投资者长期持有股票,股票现在的价格就应该等于该股票在未来期间给投资者带来的收益按一定收益率折算的现值。用公式表示如下:

$$P_0 = P \times (1 - f) = \sum_{t=1}^{n} \frac{D_t}{(1 + k_c)^t}$$

式中,P_0 为普通股筹资净额,即发行价格减去筹资费用后的余额;P 为普通股筹资总额,即普通股发行价格;f 为筹资费用率;D_t 为企业在第 t 年支付给普通股股东的股利;K_c 为普通股投资必要收益率,即普通股资金成本率。

运用上面的模型测算普通股资金成本率,因公司采用的股利政策不同而有所不同。

如果公司采用固定股利政策,即公司每年支付给普通股股东的股利固定不变,设公司每年分派的现金股利为 D 元,则资金成本率可按下式测算。

因为：
$$P_0 = P \times (1-f) = \frac{D}{K_C} \left(永续年金现值\ P = \frac{A}{i} \right)$$

所以：
$$K_c = \frac{D}{P_0} \times 100\% = \frac{D}{P \times (1-f)} \times 100\%$$

即：
$$普通股资金成本 = \frac{每年固定的股利}{普通股筹资净额} \times 100\%$$
$$= \frac{每年固定的股利}{普通股筹资总额 \times (1-筹资费用率)} \times 100\%$$

如果公司采用固定股利增长率的政策,设股利固定增长率为 g,则资金成本率按下式测算：

$$K_c = \frac{D_1}{P_0} \times 100\% + g = \frac{D_1}{P \times (1-f)} \times 100\% + g = \frac{D_0 \times (1+g)}{P \times (1-f)} \times 100\% + g$$

式中,K_c 为普通股投资必要收益率,即普通股资金成本率；D_1 为普通股第 1 年的股利；D_0 为普通股上一年的股利；P_0 为普通股筹资净额,即发行价格减去筹资费用后的余额；P 为普通股筹资总额,即普通股发行价格；f 为筹资费用率；g 为股利固定增长率。

② 资本资产定价模型。资本资产定价模型给出了普通股期望收益率 K_c 与它的市场风险 β 之间的关系,两者之间的关系可用下式表示：

$$K_c = R_f + \beta(R_m - R_f)$$

式中,K_c 为普通股资金成本；R_m 为市场投资组合的期望收益率；R_f 为无风险收益率；β 为某公司股票收益率相对于市场投资组合期望收益率的变动幅度。当整个证券市场投资组合的收益率为 1% 时,如果某公司股票的收益率增加 3%,那么,该公司股票的 β 值为 3；如果另外一家公司股票的收益率仅上升 0.65%,则其 β 值为 0.65。

③ 无风险利率加风险溢价法。这种方法认为,由于普通股的索赔权在债权及优先股之后,因此持有普通股股票的风险高一些。这样,股票持有者就必然要求获得一定的风险补偿。一般情况下,通过一段时间的统计数据,可以测算出某公司普通股股票期望收益率超出无风险利率的大小,即风险溢价 R_p。无风险利率 R_f 一般用同期国库券收益率表示,这是证券市场最基础的数据。因此,用无风险利率加风险溢价法计算普通股股票筹资的资金成本公式为：

$$K_c = R_f + R_P$$

在各种资金来源中,普通股的成本最高。原因主要有两个方面：一是,企业破产后,普通股股东的求偿权位于最后,与其他投资者相比,普通股股东所承担的风险最大,普通股的报酬也应最高,因此,企业付出的代价也最大；二是,企业支付给普通股股东的股利要在税后支付,不具有抵税的作用。

(5) 留存收益资金成本的计算

鉴于国家法律的规定及企业发展的需要,企业不会把全部收益以股利的形式分给股东,有一部分收益被留存在企业内部,这部分资金包括盈余公积和未分配利润。所以,留存收益也是企业资金的一种重要来源。企业把收益的一部分留存内部,相当于股东对企业进行了追加投资,股东对这部分投资与以前缴给企业的股本一样,也要求一定的回报,所以,留存收益也要计算成本。留存收益成本的计算与普通股基本相同,但没有筹资费用。留存收益资金成本的计算用公式表示如下。

① 如果公司采用固定股利政策,其计算公式:

$$留存收益资金成本 = \frac{每年固定的股利}{利用留存收益的金额} \times 100\%$$

② 如果公司采用固定股利增长率的政策,其计算公式:

$$留存收益资金成本 = \frac{预期第一年的股利额}{利用留存收益的金额} \times 100\% + 普通股股利每年增长率$$

2. 综合资金成本的计算

企业可以从多种渠道、用多种方式来筹集资金,而各种方式的筹资成本往往不同。为了正确进行筹资和投资决策,就必须计算企业的综合资金成本。综合资金成本是指在计算个别资金成本的基础上,以各种资金占全部资金的比重为权数计算出来的加权平均资金成本,所以综合资金成本也称加权平均资金成本。

综合资金成本率是由个别资金成本率和资金结构这两个因素决定的。其计算公式:

$$综合资金成本率 = \sum(某种资金个别资金成本 \times 该种资金占全部资金的比重)$$

$$= \sum_{j=1}^{n}(K_j W_j)$$

式中,K_j 为第种 j 种资金的个别资金成本;W_j 为第 j 种资金在资金总额中所占比重。

3. 边际资金成本

边际资金成本是指企业每增加一个单位量的资本而形成的追加资本的成本。公司无法以某一固定的资本成本筹集无限的资金,当公司筹集的资金超过一定限度时,原来的资本成本就会增加。追加一个单位的资本增加的成本称为边际资本成本。通常地,资本成本率在一定范围内不会改变,而在保持某资本成本率的条件下可以筹集到的资金总限度称为保持现有资本结构下的筹资突破点,一旦筹资额超过突破点,即使维持现有的资本结构,其资本成本率也会增加。由于筹集新资本都按一定的数额批量进行,故其边际资本成本可以绘成一条有间断点(即筹资突破点)的曲线,若将该曲线和投资机会曲线置于同一图中,则可进行投资决策:内部收益率高于边际资本成本的投资项目应接受;反之则拒绝;两者相等时则是最优的资本预算。边际资本成本的作用在于判断融资方案的成本最小化决策。

7.1.4　企业风险控制

1. 企业风险概述

(1) 企业风险的含义

企业风险是企业存续期间由于经营环境的变化,使其经营成果与目标利润发生偏差的可能性。主要包括经营风险和财务风险。

经营风险是指企业因经营上的原因而导致利润变动的风险。影响企业经营风险的因素主要有:产品需求、产品售价、产品成本、调整价格的能力、固定成本的结构变化等。

财务风险是指企业由于负债经营而增加了破产机会或普通股利润大幅度变动的机会所带来的风险。即财务风险是由负债经营而引起的,负债在资本总额中所占的比重越大,财务风险越高。

企业风险的大小通常通过杠杆系数来衡量。主要包括经营杠杆系数、财务杠杆系数和复合杠杆系数。

（2）杠杆效应的含义

自然界中的杠杆效应，是指人们通过利用杠杆，可以用较小的力量移动较重物体的现象。财务管理中也存在着类似的杠杆效应，财务管理中的杠杆是指由于特定费用（如固定成本或固定财务费用）的存在而导致的，当某一财务变量以较小幅度变动时，另一相关财务变量会以较大的幅度变动。合理运用杠杆原理，有助于企业合理规避风险，提高资金营运效率。

财务管理中的杠杆效应有三种形式，即经营杠杆、财务杠杆和复合杠杆，要了解这些杠杆的原理，需要首先了解成本习性、边际贡献和息税前利润的概念、特征及有关的计算。

（3）成本习性及分类

所谓成本习性，是指成本总额与业务量之间在数量上的依存关系。按照成本习性对成本进行分类，对于正确地进行财务决策，有十分重要的意义。

按成本习性可把全部成本划分为固定成本、变动成本和混合成本三类。

① 固定成本。固定成本，是指其总额在一定时期和一定业务量范围内不随业务量的变动而变动的那部分成本。属于固定成本的主要有按直线法计提的折旧费、保险费、管理人员工资、办公费等。

固定成本还可进一步区分为约束性固定成本和酌量性固定成本两类。约束性固定成本属于企业"经营能力"成本，是企业为维持一定的业务量所必须负担的最低成本。酌量性固定成本属于企业"经营方针"成本，即根据企业经营方针由管理当局确定的一定时期（通常为一年）的成本。

② 变动成本。变动成本是指其成本总额随着业务量的变动而成正比例变动的那部分成本。直接材料、直接人工等都属于变动成本。但从产品的单位成本来看，则恰好相反，产品单位成本中的直接材料、直接人工将保持不变。

③ 混合成本。有些成本虽然也随业务量的变动而变动，但不成同比例变动，不能简单地归入变动成本或固定成本，这类成本称为混合成本。混合成本按其与业务量的关系又可分为半变动成本和半固定成本。

（4）总成本习性模型

从以上分析我们知道，成本按习性可分成变动成本、固定成本和混合成本三类，但混合成本又可以按一定方法分解成变动部分和固定部分，这样，总成本可分成变动成本、固定成本两部分，总成本习性模型可用下式表示：

$$总成本 = 固定成本 + 变动成本$$
$$= 固定成本 + 单位变动成本 \times 产销量$$

用字母表示如下：

$$y = a + bx$$

式中，y 为总成本；a 为固定成本；b 为单位变动成本；x 为产销量。

显然，若能求出公式中 a 和 b 的值，就可以利用这个直线方程来进行成本预测、成本决策和其他短期决策，所以，总成本习性模型是一个非常重要的模型。

（5）边际贡献及其计算

边际贡献是指销售收入减去变动成本以后的差额。边际贡献是一个十分有用的价值指标，边际贡献反映了产品扣除自身变动成本后对企业的贡献，它首先用于收回企业的固定成

本,如果还有剩余则成为利润,如果不足以收回固定成本则企业就要发生亏损。边际贡献的计算公式:

$$边际贡献 = 销售收入 - 变动成本$$
$$= 产品的销售单价 \times 产销量 - 单位产品的变动成本 \times 产销量$$
$$= (产品的销售单价 - 单位产品的变动成本) \times 产销量$$
$$= 单位边际贡献 \times 产销量$$

用字母表示如下:

$$M = px - bx = (p-b)x = mx$$

式中,M 为边际贡献总额;p 为产品的销售单价;x 为产销量;b 为单位产品的变动成本;m 为单位边际贡献。

（6）息税前利润及其计算

息税前利润是指企业支付利息和交纳所得税之前的利润。

息税前利润可用以下两种方法计算求得:

① 直接计算法。直接计算法是直接从收入中减去成本的计算方法。

$$息税前利润 = 收入 - 总成本 = 收入 - (固定成本 + 变动成本)$$
$$= 产品的销售单价 \times 产销量 - (固定成本 + 单位产品的变动成本 \times 产销量)$$
$$= (产品的销售单价 - 单位产品的变动成本) \times 产销量 - 固定成本$$
$$= 单位边际贡献 \times 产销量 - 固定成本 = 边际贡献总额 - 固定成本$$

用字母表示如下:

$$EBIT = px - (a+bx) = px - bx - a = (p-b)x - a = mx - a = M - a$$

式中,$EBIT$ 为息税前利润;a 为固定成本;p 为产品的销售单价;x 为产销量;b 为单位产品的变动成本;m 为单位边际贡献;M 为边际贡献总额。

显然,不论利息费用的习性如何,它不会出现在计算息税前利润公式之中,即,在上式的固定成本和变动成本中不应包括利息费用因素。

② 间接计算法。间接计算法是以净利润或利润总额为基础,通过调整计算求得息税前利润的一种计算方法。其计算公式:

$$息税前利润(EBIT) = 净利润 + 利息费用 + 所得税$$
$$= 利润总额 + 利息费用$$

2. 经营风险控制

（1）经营杠杆

① 经营杠杆效应的含义。在其他条件不变的情况下,产销量的增加虽然不会改变固定成本总额,但会降低单位固定成本,从而提高单位利润,使息税前利润的增长率大于产销量的增长率。反之,产销量的减少会提高单位固定成本,降低单位利润,使息税前利润下降率也大于产销量下降率。如果不存在固定成本,所有成本都是变动的,那么,边际贡献就是息税前利润,这时息税前利润变动率就同产销量变动率完全一致。这种由于固定成本的存在而导致息税前利润变动率大于产销量变动率的杠杆效应,称为经营杠杆。

② 经营杠杆的计量。只要企业存在固定成本,就存在经营杠杆效应的作用。对经营杠杆进行计量最常用的指标是经营杠杆系数。所谓经营杠杆系数,是指息税前利润变动率相当于产销量变动率的倍数。其计算公式:

$$经营杠杆系数 = \frac{息税前利润变动率}{产销量变动率}$$

用字母表示如下：

$$DOL = \frac{\Delta EBIT / EBIT}{\Delta x / x} = \frac{\Delta EBIT / EBIT}{\Delta(px) / px}$$

式中，DOL 为经营杠杆系数；$EBIT$ 为变动前的息税前利润；$\Delta EBIT$ 为息税前利润的变动额；px 为变动前的销售收入；$\Delta(px)$ 为销售收入的变动额；x 为变动前的产销量；Δx 为产销量的变动数。

上述公式是根据经营杠杆系数的定义进行计算的，采用上述公式进行计算时，必须已知销售额（或销售量）及息税前利润变动前后的相关资料，即需要变动前后两期的资料才能进行计算，这样计算比较麻烦，而且无法预测未来的经营杠杆系数。因此，有必要把上述计算公式进行化简，方法如下：

$$经营杠杆系数（DOL）= \frac{基期边际贡献}{基期边际贡献 - 基期固定成本} = \frac{基期边际贡献}{基期息税前利润}$$

③ 经营杠杆与经营风险的关系。引起企业经营风险的主要原因，是市场需求和成本等因素的不确定性，经营杠杆本身并不是利润不稳定的根源。但是，产销业务量增加时，息税前利润将以 DOL 倍数的幅度增加；而产销业务量减少时，息税前利润又将以 DOL 倍数的幅度减少。可见，经营杠杆扩大了市场和生产等不确定因素对利润变动的影响。而且经营杠杆系数越高，利润变动越激烈，企业的经营风险就越大。于是，企业经营风险的大小和经营杠杆有重要关系。一般来说，在其他因素不变的情况下，固定成本越高，经营杠杆系数越大，经营风险越大。其关系可表示为：

$$\begin{aligned}经营杠杆系数 &= \frac{基期边际贡献}{基期边际贡献 - 基期固定成本} \\ &= \frac{（基期销售单价 - 基期单位变动成本）\times 基期产销量}{（基期销售单价 - 基期单位变动成本）\times 基期产销量 - 基期固定成本}\end{aligned}$$

上述公式表明，影响经营杠杆系数的因素包括产品销售数量（即市场供求情况）、产品销售价格、单位变动成本和固定成本总额等因素。经营杠杆系数将随固定成本的变化成同方向变化，即在其他因素一定的情况下，固定成本越高，经营杠杆系数越大。固定成本越高，企业经营风险也越大；如果固定成本为零，则经营杠杆系数等于1。

（2）财务杠杆

① 财务杠杆效应的含义。不论企业营业利润多少，债务的利息和优先股的股利通常都是固定不变的。当息税前利润增大时，每1元盈余所负担的固定财务费用（如利息、优先股股利、融资租赁租金等）就会相对减少，这能给普通股股东带来更多的盈余；反之，当息税前利润减少时，每1元盈余所负担的固定财务费用就会相对增加，这就会大幅度减少普通股的盈余。这种由于固定财务费用的存在而导致的每股利润变动率大于息税前利润变动率的杠杆效应，称作财务杠杆效应。

② 财务杠杆的计量。从上述分析可知，只要在企业的筹资方式中有固定财务费用支出的债务和优先股，就会存在财务杠杆效应。但不同企业财务杠杆的作用程度是不完全一致的，为此，需要对财务杠杆进行计量。对财务杠杆进行计量最常用的指标是财务杠杆系数。所谓财务杠杆系数是普通股每股利润的变动率相当于息税前利润变动率的倍数。其计算公式：

$$财务杠杆系数 = \frac{普通股每股利润变动率}{息税前利润变动率}$$

或：$DFL = \dfrac{\Delta EPS/EPS}{\Delta EBIT/EBIT}$

上述公式中：DFL 为财务杠杆系数；ΔEPS 为普通股每股利润变动额；EPS 为基期每股利润。

上述公式是计算财务杠杆系数的理论公式，比较麻烦。因此，有必要把上述计算公式进行化简，方法如下：

$$EPS = [(EBIT - I - L) \times (1 - T) - D]/N$$

$$\Delta EPS = [\Delta EBIT \times (1 - T)]/N$$

$$\Delta EPS/EPS = \frac{\Delta EBIT \times (1 - T)}{N} \div \frac{(EBIT - I - L) \times (1 - T) - D}{N}$$

$$= \frac{\Delta EBIT \times (1 - T)}{N} \times \frac{N}{(EBIT - I - L) \times (1 - T) - D}$$

$$= \frac{\Delta EBIT \times (1 - T)}{(EBIT - I - L) \times (1 - T) - D}$$

$$DFL = \frac{\Delta EPS/EPS}{\Delta EBIT/EBIT} = \frac{\Delta EBIT \times (1 - T)}{(EBIT - I - L) \times (1 - T) - D} \div \frac{\Delta EBIT}{EBIT}$$

$$= \frac{\Delta EBIT \times (1 - T)}{(EBIT - I - L) \times (1 - T) - D} \times \frac{EBIT}{\Delta EBIT} = \frac{(1 - T) \times EBIT}{(EBIT - I - L) \times (1 - T) - D}$$

$$= \frac{EBIT}{EBIT - I - L - \dfrac{D}{1 - T}}$$

式中，I 表示利息；L 表示融资租赁的租金；T 表示所得税税率；D 表示优先股股利；当 $D=0$ 且 $L=0$ 时，$DFL = \dfrac{EBIT}{EBIT - I}$。

即：

$$财务杠杆系数(DFL) = \frac{基期息税前利润}{基期息税前利润 - 基期利息}$$

必须注意：前面公式中的息税前利润、利息和优先股股利均为基期值。

从上式可见，影响企业财务杠杆系数的因素包括息税前利润、企业资金规模、企业的资金结构、固定财务费用水平等多个因素。财务杠杆系数将随固定财务费用的变化呈同方向变化，即在其他因素一定的情况下，固定财务费用越高，财务杠杆系数越大。财务杠杆系数越大，企业财务风险也越高；如果企业固定财务费用为零，则财务杠杆系数为1。

③ 财务杠杆与财务风险的关系。财务风险是指企业为取得财务杠杆利益而利用负债资金时，增加了破产机会或普通股利润大幅度变动的机会所带来的风险。企业为取得财务杠杆利益，就要增加负债，一旦企业息税前利润下降，不足以补偿固定利息支出，企业的每股利润就会下降得更快。

（3）复合杠杆

① 复合杠杆的概念。如前所述，由于存在固定成本，产生经营杠杆效应，使息税前利润的变动率大于产销量的变动率；同样，由于存在固定财务费用（如固定利息、优先股股利），产生财务杠杆效应，使企业每股利润的变动率大于息税前利润的变动率。如果两种杠杆共同起作用，那么销售额稍有变动就会使每股收益产生更大的变动。这种由于固定成本和固定财务费用的共同存在而导致的每股利润变动率大于产销量变动率的杠杆效应，称为复合

杠杆。

② 复合杠杆的计量。只要企业同时存在固定成本和固定财务费用等财务支出,就会存在复合杠杆的作用。但不同企业,复合杠杆作用的程度是不完全一致的,为此,需要对复合杠杆作用的程度进行计量。对复合杠杆进行计量的最常用指标是复合杠杆系数。所谓复合杠杆系数,是指每股利润变动率相当于产销量变动率的倍数。其理论公式:

$$复合杠杆系数(DCL) = \frac{普通股每股利润变动率}{产销量变动率(或销售额变动率)}$$

$$= \frac{\Delta EPS/EPS}{\Delta x/x} = \frac{\Delta EPS/EPS}{\Delta(px)/px}$$

式中,DCL 为复合杠杆系数;EPS 为普通股每股利润;ΔEPS 为普通股每股利润变动额;x 为产销量;Δx 为产销量变动数;px 为销售额;$\Delta(px)$ 为销售额变动数。

复合杠杆系数与经营杠杆系数、财务杠杆系数之间的关系可用下式表示:

$$DCL = \frac{\Delta EPS/EPS}{\Delta x/x} = \frac{\Delta EPS/EPS}{\Delta(px)/px}$$

$$= \frac{\Delta EPS/EPS}{\Delta EBIT/EBIT} \times \frac{\Delta EBIT/EBIT}{\Delta x/x}$$

$$= DOL \cdot DFL$$

即:　　　　　　　复合杠杆系数＝经营杠杆系数×财务杠杆系数

若企业没有融资租赁,也没有发行优先股,其复合杠杆系数的计算公式:

$$复合杠杆系数 = \frac{边际贡献}{息税前利润 - 利息} = \frac{边际贡献}{边际贡献 - 固定成本 - 利息}$$

$$DCL = \frac{M}{EBIT - I} = \frac{(p-b)x}{(p-b)x - a - I}$$

③ 复合杠杆与企业风险的关系。从以上分析看到,在复合杠杆的作用下,当企业经济效益好时,每股利润会大幅度上升,当企业经济效益差时,每股利润会大幅度下降。企业复合杠杆系数越大,每股利润的波动幅度越大。由于复合杠杆作用使每股利润大幅度波动而造成的风险,称为复合风险。在其他因素不变的情况下,复合杠杆系数越大,企业风险越大,复合杠杆系数越小,企业风险越小。

7.1.5　最优资金结构的决策

1. 资金结构概述

(1) 资金结构的含义

资金结构是指企业各种资金的构成及其比例关系。资金结构是企业筹资决策的核心问题。企业应综合考虑有关影响因素,运用适当的方法确定最佳资金结构,并在以后追加筹资中继续保持。企业现有资金结构不合理,应通过筹资活动进行调整,使其趋于合理化。

(2) 资金结构理论

最早提出资金结构理论这一问题的是美国经济学家戴维·杜兰德,杜兰德认为,早期企业的资金结构是按照净收益法、净营业收益法和传统折中法建立的。1958 年莫迪格利尼和米勒又提出了著名的 MM 理论。在此基础上,后人又进一步提出了平衡理论、代理理论和等级筹资理论。

① 净收益理论。该理论认为,利用债务可以降低企业的综合资金成本。这是因为,负债在企业全部资金中所占的比重越大,综合资金成本越接近债务成本,又由于债务成本一般较低,所以,负债程度越高,综合资金成本越低,企业价值越大。当负债比率达到100%时,企业价值将达到最大。

② 净营业收益理论。该理论认为,资金结构与企业的价值无关,决定企业价值高低的关键要素是企业的净营业收益。如果企业增加成本较低的债务资金,即使债务成本本身不变,也会加大于企业风险,导致权益资金成本的提高。这一升一降,相互抵销,企业综合资金成本仍保持不变。也就是说,不论企业的财务杠杆程度如何,其整体的资金成本不变,企业的价值也就不受资金结构的影响。这就意味着不存在一个最佳资金结构。

③ 传统折中理论。这一理论是对净收益理论和净营业收益理论的折中。该理论认为,企业利用财务杠杆尽管会导致权益成本上升,但在一定范围内并不会完全抵消利用成本较低的债务所带来的好处,因此会使综合资金成本下降、企业价值上升。但一旦超过某一限度,权益成本的上升就不再能为债务的低成本所抵消,综合资金成本又会上升。此后,债务成本也会上升,从而导致综合资金成本的更快上升。综合资金成本由下降变为上升的转折点,便是其最低点,此时,资金结构达到最优。

④ MM理论。1958年,莫迪格莱尼和米勒提出了著名的MM理论。MM理论认为,在没有企业和个人所得税的情况下,任何企业的价值,不论其有无负债,都等于经营利润除以适用于其风险等级的收益率。由于权益成本会随着负债程度的提高而增加,这样,增加负债所带来的利益完全被上涨的权益成本所抵消。因此,风险相同的企业,其价值不受有无负债及负债程度的影响。但MM理论认为在考虑所得税的情况下,由于存在税额庇护利益,企业价值会随负债程度的提高而增加,股东也可获得更多好处。于是,负债越多,企业价值也会越大。

⑤ 平衡理论。20世纪70年代,人们发现制约企业无限追求免税优惠或负债最大化的关键因素在于债务上升而形成的企业风险和费用。企业债务增加使企业陷入财务危机甚至增加破产的可能性。随着企业债务增加而提高的风险和各种费用会增加企业的额外成本,从而导致其市场价值下降。因此,企业最佳资金结构应当是在负债价值最大化和债务上升带来的财务危机成本之间的平衡,被称为平衡理论。这一理论可以说是对MM理论的再修正。该理论认为,当负债程度较低时,企业价值因税额庇护利益的存在会随负债水平的上升而增加;当负债达到一定界限时,负债税额庇护利益开始为财务危机成本所抵消。当边际负债税额庇护利益等于边际财务危机成本时,企业价值最大,资金结构最优;若企业继续追加负债,企业价值会因财务危机成本大于负债税额庇护利益而下降,负债越多,企业价值下降得越快。

⑥ 代理理论。代理理论的创始人詹森和麦克林认为,企业资金结构会影响经理人员的工作水平和其他行为选择,从而影响企业未来现金收入和企业市场价值。比如,当经理人不作为内部股东而作为代理人时,其努力的成本由自己负担,而努力的收益却归于他人;其在职消费的好处由自己享有,而消费成本却由他人负责。这时,他可能偷懒或采取有利于自身效用的满足而损害委托人利益的行动。该理论认为,债权筹资有更强的激励作用,并将债务视为一种担保机制。这种机制能够促使经理多努力工作,少个人享受,并且做出更好的投资决策,从而降低由于两权分离而产生的代理成本。但是,负债筹资可能导致另一种代理成

本,即企业接受债权人监督而产生的成本。这种债权的代理成本也得由经营者来承担,从而举债比例上升导致举债成本上升。均衡的企业所有权结构是由股权代理成本和债权代理成本之间的平衡关系来决定的。

⑦ 等级筹资理论。由于上述传统的筹资优序理论与现实的差异,梅耶斯等学者提出了一种新的优序筹资理论。梅耶斯于 1984 年通过建立一个投资项目信息不对称的简单模型,提出了等级筹资假设。首先,外部筹资的成本不仅包括管理和证券承销成本,包括新发行证券被低估的成本;而且包括不对称信息所产生的"投资不足效应"而引起的成本。在信息不对称的条件下,企业可能会选择不发行证券;即使净现值为正的投资机会,也有可能放弃。为消除"投资不足效应"而引起的成本,企业可以选择用内部积累的资金去保障净现值为正的投资机会。所以,通过比较外部筹资和内部筹资的成本,当企业面临投资决策时,理论上首先考虑运用内部资金。其次,梅耶斯认为债务筹资优于股权筹资。他认为总的原则是先发行安全的证券,然后才是风险性证券,这样就能很好地从理论上解释清优序筹资理论的两个中心思想:一是偏好内部筹资;二是如果需要外部筹资,则偏好债务筹资。

2. 最佳资金结构的确定

确定最佳资金结构的方法有每股利润无差别点法、比较资金成本法和公司价值比较法。

(1) 每股利润无差别点法

负债的偿还能力是建立在未来盈利能力基础之上的。研究资金结构,不能脱离企业的盈利能力。企业的盈利能力,一般用息税前利润($EBIT$)表示。

负债筹资是通过它的杠杆作用来增加股东财富的。确定资金结构不能不考虑它对股东财富的影响。股东财富用每股利润(EPS)来表示。

每股利润无差别点法,又称息税前利润—每股利润分析法($EBIT—EPS$ 分析法),是通过分析资金结构与每股利润之间的关系,计算各种筹资方案的每股利润的无差别点,进而来确定合理的资金结构的方法。这种方法确定的最佳资金结构亦即每股利润最大的资金结构。

应当说明的是,这种分析方法只考虑了资金结构对每股利润的影响,并假定每股利润最大,股票价格也就最高。但把资金结构对风险的影响置于视野之外,是不全面的。因为随着负债的增加,投资者的风险加大,股票价格和企业价值也会有下降的趋势,所以,单纯地用 $EBIT—EPS$ 分析法有时会做出错误的决策。但在资金市场不完善的时候,投资人主要根据每股利润的多少来做出投资决策,每股利润的增加也的确有利于股票价格的上升。

(2) 比较资金成本法

比较资金成本法,是通过计算各方案加权平均的资金成本,并根据加权平均资金成本的高低来确定最佳资金结构的方法。这种方法确定的最佳资金结构亦即加权平均资金成本最低的资金结构。

这种方法通俗易懂,计算过程也不是十分复杂,是确定资金结构的一种常用方法。但因所拟定的方案数量有限,故有把最优方案漏掉的可能。

（3）公司价值分析法

公司价值分析法，是通过计算和比较各种资金结构下公司的市场总价值进而确定最佳资金结构的方法。这种方法的出发点是：从根本上讲，财务管理的目标在于追求公司价值的最大化。然而只有在风险不变的情况下，每股收益的增长才会导致股价上升，实际上经常是随着每股收益的增长，风险也加大。如果每股收益的增长不足以弥补风险增加所需的报酬，尽管每股收益增加，股价仍可能下降。所以最佳资金结构应当是可使公司的总价值最高，而不是每股收益最大的资金结构。同时公司的总价值最高的资金结构，公司的资金成本也是最低的。

$$公司的市场总价值＝股票的总价值＋债券的价值$$

为简化起见，假设债券的市场价值等于其面值。股票市场价值的计算公式如下：

$$股票市场价格＝\frac{（息税前利润－利息）×（1－所得税税率）}{普通股成本}$$

上式中普通股成本（率）可采用资本资产定价模型计算：

$$K_C＝R_i＝R_f＋\beta_i(R_m－R_f)$$

式中，R_i 为第 i 种股票的预期收益率；R_f 为无风险收益率（如国库券收益率）；R_m 为平均风险股票的必要收益率；β_i 为第 i 种股票的贝他系数；$(R_m－R_f)$ 为市场风险收益率；$\beta_i(R_m－R_f)$ 为第 i 种股票的风险收益率；而公司的资金成本，则应采用加权平均资金成本（K_W）来表示。

$$加权平均资金成本＝债务资金成本×债务额占总资金的比重＋普通股成本$$
$$×股票额占总资金的比重$$

确定资金结构的定量分析方法和定性分析方法各有优缺点，在实际工作中应结合起来加以运用，以便合理确定资金结构。

3. 资金结构的调整

当企业现有资金结构与目标资金结构存在较大差异时，企业需要进行资金结构的调整。资金结构调整的方法有以下三种。

（1）存量调整

在不改变现有资产规模的基础上，根据目标资金结构要求，对现有资金结构进行必要的调整。存量调整的方法有：①债转股、股转债；②增发新股偿还债务；③调整现有负债结构，如与债权人协商，将短期负债转为长期负债，或将长期负债列入短期负债；④调整权益资金结构，如优先股转换为普通股，以资本公积转增股本。

（2）增量调整

增量调整即通过追加筹资量，以增加总资产的方式来调整资金结构。其主要途径是从外部取得增量资本，如发行新债、举借新贷款、进行筹资租赁，发行新股票等。

（3）减量调整

减量调整即通过减少资产总额的方式来调整资金结构。如提前归还借款、收回发行在外的可提前收回债券、股票回购减少公司股本、进行企业分立等。

7.2　筹资管理案例分析

7.2.1　资金需要量预测案例分析

案例资料

鸿达股份有限公司(简称鸿达公司)2014 年销售额为 25 000 万元,销售净利率为 8%,股利发放率为净利润的 40%,固定资产的利用程度尚未达到饱和状态,还有 40% 的剩余生产能力。该公司 2014 年 12 月 31 日资产负债表(简)见表 8-1。

表 7-1　鸿达公司资产负债表(简)　　　　　　　单位：万元

资　产	金　额	负债及股东权益	金额
货币资金	600	应付票据	1 500
应收账款(净额)	4 500	应付账款	3 000
存货	5 100	长期负债	2 500
固定资产(净额)	6 900	股本	15 000
长期投资	3 000	留存收益	600
无形资产	2 500		
资产合计	22 600	负债及权益合计	22 600

假定该公司预测 2015 年销售额为 35 000 万元,并仍按基期年股利发放率支付股利,留存收益可以抵充筹资额,则 2015 年鸿达公司还需从外部筹集多少资金?

案例解析

首先,计算基期敏感项目与销售收入的百分比,确定需要增加的资金。销售收入百分比见表 7-2。

表 7-2　基期敏感项目与销售收入的百分比计算表

资　产	销售百分比/%	负债及股东权益	销售百分比/%
货币资金	2	应付票据	5
应收账款(净额)	15	应付账款	10
存货	17	长期负债	
固定资产(净额)		股本	
长期投资		留存收益	
无形资产			
资产合计	34	负债及股东权益合计	15

由此看出,销售收入每增加 100 元,必须增加 34 元的资金需要,但同时增加 15 元的资金来源。另外,固定资产尚有 40% 的剩余生产能力,而销售收入也增加了 40%,因此,不需增加固定资产投资。所以,公司每增加 100 元的销售收入,企业必须取得(34%−15%)×100=19(元)的资金来源。

其次,确定计划年度需要的资金数额。

计划年度需要的资金数额=(35 000−25 000)×(34%−15%)=1 900(万元)

最后,确定对外筹资的规模。

$$2015\text{年留存收益}=35\ 000\times8\%\times(1-40\%)=1680(\text{万元})$$
$$2015\text{年对外筹资的资金需要量}=1900-1680=220(\text{万元})$$

7.2.2　筹资方式的选择案例分析

1. 银行借款筹资案例分析

案例资料

鸿达公司经董事会讨论决议通过向银行申请为期一年的短期借款来筹措2015年度所需资金220万元,咨询了A、B、C三家银行,三家银行给出的贷款条件分别是:A银行按收款法付息,名义利率8%放贷;B银行按贴现法付息,名义利率7.5%放贷;C银行名义利率7%,但要求10%补偿性余额并贴现付息。董事会要求公司财务部计算各银行贷款实际利率,并作出筹资决策,准备相关资料。

案例解析

首先,分别计算三家银行的贷款实际利率:

A银行贷款实际利率$=8\%$

B银行贷款实际利率$=7.5\%\div(1-7.5\%)=8.11\%$

C银行贷款实际利率$=7\div(1-10\%-7\%)=8.43\%$

经计算得出A银行的实际贷款率为最低,因此,公司应向A银行申请贷款。

然后,准备信贷业务相关资料如下。

(1) 填写银行信贷业务申请书,如表7-3。

表7-3　银行信贷业务申请书　　　　　　　　　单位:万元

客户全称	鸿达公司			组织机构代码	123×××
贷款证(卡)号	198××5	基本账户开户行	G行H分行	账号	123××××90000
所有制性质	民营	注册时间	2001年3月	注册资本	15 000
法定代表人	张某	电话	13692××××××	国籍	中国
授权代理人	李某某	电话	18964××××××	国籍	中国
财务主管	刘某某	电话	18669××××××	传真	79856×××
经营范围	生产、经销各种水泥制品				
主导产品	水泥管、空心砖				
总资产	22 600	净资产	15 600	是否上市公司	是
申请信贷业务品种	担保贷款				
申请金额(币种、大写)	220	申请期限	1年		
申请原因及用途	近几年随着房地产及建筑行业的快速发展,水泥预制产品、建筑材料市场的需求在未来几年内将保持快速增长。为了不失时机地抓住市场给我们提供的发展空间和良好机遇,今年我公司将扩大水泥预制产品的生产规模和建筑材料的储存量。 　　目前,我公司在经营中,与YW水泥厂等签订了水泥采购合同1 500万吨,与BW公司签订钢材合同1 000千吨。而公司自有资金不足以支付此项货款,特向贵行申请流动资金贷款220万元,用于支付采购货款。				

担保方式	□第三方保证　保证人： √抵押　　抵押物：鸿达公司 9 万平方米土地使用权 □质押　　质物/权利凭证 □保证金（保证金比例　　）
还款资金来源	公司经营收入

客户声明：

　　我公司特向贵行提出申请，并保证按照贵行的要求提供有关资料，根据合同的约定履行我方义务。

申请人：（公章）鸿达公司

法定代表人（授权代理人）：李某

2014　年 11 月 25 日

　　(2) 根据表 7-4 列示的所需材料清单准备相关材料（√号标注为本次信贷业务所需材料）

表 7-4　公司类信贷业务申请提交材料清单

序号	是否需要	材料清单目录	是否提交	序号	是否需要	材料清单目录	是否提交
		基本材料				担保材料	
		1. 一般客户需提供材料				□缴存保证金额度的意向性文件	
		√营业执照（副本及影印件）				1. 保证方式提供材料	
		√法人代码证书（副本及影印件）				□保证意向书（原件）	
		√法定代表人身份证明、签字样本（原件及影印件）				□经工商行政管理部门年检合格的法人营业执照副本	
		√法定代表人授权委托书、签字样本（原件及影印件）				□保证人如为企业法人的分支机构，在提供营业执照副本同时，提供企业法人的书面授权委托书（原件）	
		√贷款证（卡）（原件及影印件）					
		√财政部门或会计（审计）事务所核准或年审的近两年及申请前一个月度财务报告（资产负债表、损益表、财务状况变动表或现金流量表和编报说明）（原件）；企业成立不足两年的提供与其成立年限相当的财务和会计报表				□法定代表人或其授权代理人的身份证明文件（原件）	
		√税务登记证明				□股份有限公司、有限责任公司、中外合资企业、中外合作企业担任保证人的，须提供董事会（或类似机构）关于同意出具保证担保的文件	

序号	是否需要	材料清单目录	是否提交	序号	是否需要	材料清单目录	是否提交
	√	有限责任公司、股份有限公司、合资合作企业或承包经营企业的董事会或发包人同意申请信贷的决议、文件或具有同等法律效力的文件或证明			□	财政部门或会计（审计）事务所核准或年审的近两年及申请前一个月度财务报告（资产负债表、损益表、财务状况变动表或现金流量表和编报说明）（原件）；企业成立不足两年的提供与其成立年限相当的财务和会计报表	
	√	公司合同或章程（原件及影印件）			□	中国人民银行颁发并年审合格的《贷款证》（原件）	
		2. 建筑安装企业另外需要材料			□	税务部门年检合格的税务登记证明；（原件）	
	□	《资质等级证书》				2. 抵押方式的材料	
	□	《承建资格证书》			√	县级以上土地管理部门颁发的《国有土地使用证》；	
	□	《建筑安装企业施工安全资质证》			□	《房屋所有权证》、县以上土地管理部门发给的《国有土地使用证》；	
	□	《工程项目施工安全许可证》			□	国有土地使用权出让协议（合同）	
		3. 房地产企业另外需要材料			□	建设项目规划许可证	
	□	《资质等级证书》			□	开工许可证	
		4. 外贸企业另外需要材料			□	建筑许可证	
	□	进出口经营权许可证			□	机器设备购置发票及其他产权证明	
	□	外汇账户批文			□	交通工具权属证明、行驶证件	
	□	外汇登记证			√	抵押人资格证明材料	
	□	允许持有外汇限额的批文			√	股份有限公司、有限责任公司、中外合资企业、中外合作企业提供抵押物的，须提供董事会（或类似机构）关于同意抵押担保的文件	
		5. 三资企业另外需要材料			□	财产共有人出具的同意抵押的文件	
	□	外商企业投资登记证书			√	抵押人税务登记证明	
	□	外汇登记证			□	已向其他抵押权人设定抵押权的资料	
		6. 私人客户另外需要			□	海关同意被监管商品抵押的证明	
	□	借款人身份证明			√	抵押物是否涉及或被司法机关查封、扣押等情况	
	□	借款人稳定收入证明					

续表

序号	是否需要	材料清单目录	是否提交	序号	是否需要	材料清单目录	是否提交
		信贷项目材料				3. 质押方式所需材料	
		□项目建议书				□质押财产的权属证明文件	
		□项目核准文件				□权利质押的权利凭证	
		□项目提出的有关背景材料				□出质人资格证明	
		□可行性研究报告及批准文件				□法人：经工商行政管理部门年检合格的企业法人营业执照、事业法人营业执照	
		□自筹资金和其他建设资金生产资金筹措方案及落实资金来源的证明材料					
		□项目前期准备工作完成情况报告				□非法人：经工商行政管理部门年检合格的营业执照、法人授权委托书	
		□开户证明				□自然人：出质人身份证明	
		□申请贴现的汇票				□股份有限公司、有限责任公司、中外合资企业、中外合作企业出质的，须提供董事会(或类似机构)关于同意质押担保的文件	
		□上一次商品交易确已履行的增值税发票和商品发运单据复印件				□财产共有人出具的同意出质的文件	
		□商务合同、订单或意向书				□管理机关同意出质的文件(如涉及收费权、经营权等质押的)	
		□《施工许可证》(房地产企业)				其他需要提供的材料	

(3) 鸿达公司作出的关于本次信贷业务的董事会决议

鸿达公司董事会决议

A 银行 J 分行　：

经我公司董事会研究,同意向贵行申请(信贷品种)　担保贷款　(币种金额)　贰佰贰拾　万元,期限从2014 年12 月25 日至2015 年12 月24 日,用于　企业支付材料货款　。

本公司董事会同意本公司　9 万平方米生产用地使用权　抵(质)押给贵行作为保证,担保本公司对上述债务的清偿。

本公司董事会授权本公司　李四　先生代表本公司办理上述信贷事宜并签署有关合同及文件规定的所有提款、用款、转账、开立信用证、登记、备案和资料提供等事宜。

本董事会决议由本公司章程规定的法定人数通过,有效期从2014 年　12 月　25 日至　2015 年　12 月　24 日。

公司董事长：(签字) 张×

副董事长：(签字)赵××

董事：(签字)刘××

决议会时间：2014 年 11 月 23 日

地址：K 市 C 区×路 1 号

申请人：(公章)鸿达公司

2. 筹资决策综合案例分析

案例资料

2014 年 8 月,NF 家具公司管理层正在研究公司资金筹措问题,其有关情况如下。

(1) 基本情况

NF 家具公司成立于 2003 年,经过 10 年的发展,到 2013 年资产达到 794 万元,销售收入达到 1 620 万元,净利达到 74 万元。尽管 2013 年是家具行业的萧条年,但该公司销售收入和净利润仍比上年分别增长了 8.7% 和 27.6%。该公司规模偏小,生产线较少,不能每年向市场推出大量新产品。在今后 5 年中,预计销售收入将成倍增长,而利润的增长幅度相对降低。为了达到这一目标,公司必须扩大生产规模,计划新建一家分厂,到 2016 年年末,使生产能力翻一番。分厂直接投资需要 800 万元,其中 2015 年投资 500 万元,2016 年投资 300 万元。这将是同行业中规模最大,现代化程度最高的工厂。此外,需要 50 万元资金整修和装备现有的厂房和设备,还需要 300 万元的流动资金用以弥补生产规模扩大而引起的流动资金的不足。这三项合计共需资金 1150 万元。在未来几年中,通过公司内部留用利润和提高流动资金利用效果,可解决 350 万元资金,另外 800 万元资金必须从外部筹措。2014 年 9 月 2 日的董事会上将正式讨论筹资问题。

(2) 行业情况

家具业是高度分散的行业,在 1 000 多家家具企业中,销售收入超过 1 500 万元的不到 30 家。在过去几年中,家具行业一直经历着兼并和收购的风险,而且其趋势愈演愈烈。但该行业的发展前景是可观的,经济不景气时期已经过去,该行业也会随着经济复苏而发展起来。NF 家具公司和同行业三家公司 2013 年的财务资料如表 7-5 所示。

表 7-5　NF 家具公司同行业财务指标对比表

项　　目	AA 公司	BB 公司	CC 公司	NF 公司
销售收入/万元	3 713.2	12 929.3	7 742.7	1 620
净利润/万元	188.4	1 203.2	484.9	74
流动比率	3.2	7.2	4.3	4.08
流动资本/万元	1 160.7	4 565.1	2 677.8	425
资产负债率/%	1.4	2.0	10.4	28.1
流动资本占普通股权益/%	65.4	64.9	67.3	74.4
销售净利率/%	5.1	9.3	6.3	4.58
股东权益报酬率/%	10.6	17.1	12.2	13.6
普通股每股收益/万元	0.70	2.00	1.93	1.23
普通股每股股利/万元	0.28	0.80	0.60	0.30
市盈率/万元	16.2	17.8	16.2	9.6

(3) NF 公司财务状况

NF 公司现有长期借款 85 万元,其中 10 万元在 1 年内到期,年利率为 5.5%。每年年末偿还本金 10 万元。借款合约规定公司至少要保持 225 万元的流动资金。NF 公司于 2006 年以每股 5 元公开发行普通股 170 000 股,目前公司发行在外的普通股共计 600 000 股,其股利政策保持不变,年股利支付率为 35％。此外,该公司 2014 年固定资产投资 30 万元。

该公司近几年的资产负债表及利润表如表 7-6 和表 7-7 所示。

表 7-6　NF 家具公司资产负债表　　　　　　　　单位:万元

年份 项目	2011	2012	2013	2014 年 8 月 31 日
资产				
现金	26	23	24	63
应收账款	209	237	273	310
存货	203	227	255	268
其他	8	10	11	14
流动资产合计	446	497	563	655
固定资产原值	379	394	409	424
减:累计折旧	135	155	178	189
固定资产净值	244	239	231	235
资产总计	690	736	794	890
负债及股东权益	7	7		
应付账款及应计费用	62	90	102	125
一年内到期的长期借款	10	10	10	10
应付股利				5
应付税款	36	25	26	50
流动负债合计	108	125	138	170
长期负债	105	95	85	85
股东权益	477	516	571	635
负债及股东权益总计	690	736	794	890

表 7-7　NF 家具公司利润表　　　　　　　　单位:万元

年份 项目	2009	2010	2011	2012	2013	2014 年 8 月 31 日
销售净额	1 062	1 065	1 293	1 491	1 620	1 279
销售成本	853	880	1 046	1 201	1 274	968
销售毛利	209	185	247	290	316	311
销售及管理费用	111	122	142	160	184	136
利息费用	8	7	7	6	5	3

项目 \ 年份	2009	2010	2011	2012	2013	2014 年 8 月 31 日
税前利润	90	56	98	124	157	172
所得税(50%)	44	27	51	66	83	87
净收益	46	44	47	58	74	85
普通股每股收益	0.77	0.73	0.78	0.97	1.23	1.42
每股现金股利	0.27	0.27	0.27	0.30	0.30	0.27
折旧			21	22	22	

(4) NF 公司预计财务资料见表 7-8。

表 7-8　NF 家具公司预计息税前利润　　　　单位：万元

项目 \ 年份	2014	2015	2016	2017	2018
销售净额	2 080	2 500	3 100	3 700	4 200
销售成本	1 574	1 890	2 347	2 800	3 179
销售毛利	506	610	753	900	1 021
销售及管理费用	223	270	335	400	454
息税前利润	283	340	418	500	567
折旧费	23	75	100	100	100

(5) 筹资方式

公司管理部门最初倾向于发行股票筹资，该公司股价达 21.06 元，扣除预计 5% 的发行费用，每股可筹资 20 元；发行股票 400 000 股，可筹集资金 800 万元。这种方案必须在董事会讨论决定后于 2015 年年初实施。

但投资银行建议通过借款方式筹资，他们认为借款筹资可以降低资本成本。其有关条件为：

① 年利率 7%，期限 10 年；

② 从 2017 年年末开始还款，每年年末偿还本金 80 万元；

③ 借款的第一年，公司的流动资金必须保持在借款总额的 50%，以后每年递增 10%，直到达到未偿还借款的 80%；

④ 股东权益总额至少为 600 万元；

⑤ 借款利息在每年年末支付。

请根据以上资料计算两种筹资方式的资本成本，并分析不同筹资方式对公司财务状况的影响，为该公司作出筹资决策并说明理由。

案例解析

(1) NF 公司 2014—2018 年利息计算表，见表 7-9 和表 7-10。

表 7-9　NF 公司 2014—2018 年利息计算表（借款筹资）　　　单位：万元

项目＼年份	2014	2015	2016	2017	2018
年初借款余额	85	75	865	855	765
本年借款	0	800	0	0	0
本年还款	10	10	10	90	90
年末借款余额	75	865	855	765	675
本年利息	4.68	60.13	59.58	59.03	52.88

表 7-10　NF 公司 2014—2018 年利息计算表（股票筹资）　　　单位：万元

项目＼年份	2014	2015	2016	2017	2018
年初借款余额	85	75	65	55	45
本年还款	10	10	10	10	10
年末借款余额	75	65	55	45	35
本年利息	4.68	4.13	3.58	3.03	2.48

（2）NF 公司 2014—2018 年预计损益表部分项目，见表 7-11 和表 7-12。

表 7-11　NF 公司 2014—2018 年预计损益表部分项目（借款筹资）　　　单位：万元

项目＼年份	2014	2015	2016	2017	2018
销售净额	2 080	2 500	3 100	3 700	4 200
息税前利润	283	340	418	500	567
利息	4.68	60.13	59.58	59.03	52.88
税前利润	278	280	358	441	514
税后利润	139	140	179	220	257
分配股利	49	49	63	77	90
留用利润	90	91	116	143	167
成本费用中的折旧额	23	75	100	100	100

表 7-12　NF 公司 2014—2018 年预计损益表部分项目（股票筹资）　　　单位：万元

项目＼年份	2014	2015	2016	2017	2018
销售净额	2 080	2 500	3 100	3 700	4 200
息税前利润	283	340	418	500	567
利息	4.68	4.13	3.58	3.03	2.48
税前利润	278	336	414	497	565

续表

项目＼年份	2014	2015	2016	2017	2018
税后利润	139	168	207	248	282
分配股利	49	59	73	87	99
留用利润	90	109	135	162	183
成本费用中的折旧额	23	75	100	100	100

（3）NF 公司 2014—2018 年预计资产负债表部分项目，见表 7-13 和表 7-14。

表 7-13　NF 公司 2014—2018 年预计资产负债表部分项目（借款筹资）　单位：万元

项目＼年份	2014	2015	2016	2017	2018
流动资产	676	1 167	1 125	1 329	1 549
固定资产净值	238	663	863	763	663
资产总计	914	1 830	1 988	2 092	2 212
流动负债	177	213	264	315	358
长期负债	75	865	855	765	675
股东权益	661	752	869	1 012	1 179
负债及股东权益总计	914	1 830	1 988	2 092	2 212

表 7-14　NF 公司 2014—2018 年预计资产负债表部分项目（股票筹资）　单位：万元

项目＼年份	2014	2015	2016	2017	2018
流动资产	676	1 186	1 161	1 464	1 780
固定资产净值	238	663	863	763	663
资产总计	914	1 849	2 024	2 227	2 443
流动负债	177	213	264	315	358
长期负债	75	65	55	45	35
股东权益	661	1 571	1 705	1 867	2 050
负债及股东权益总计	914	1 849	2 024	2 227	2 443

（4）NF 公司 2014—2018 年有关财务指标表，见表 7-15 和表 7-16。

表 7-15　NF 公司 2014—2018 年有关财务指标表（借款筹资）

项目＼年份	2014	2015	2016	2017	2018
流动比率/%	3.81	5.48	4.26	4.22	4.33
流动资本/万元	498	954	861	1 014	1 191

续表

项目 ＼ 年份	2014	2015	2016	2017	2018
资产负债率/%	27.60	58.89	56.29	51.62	46.69
流动资本占股东权益/%	75.36	126.85	99.08	100.20	101.02
营业现金净流量	162	215	279	320	357
债务偿还保证率	11.05	3.07	4.01	2.15	2.50
财务杠杆系数	1.02	1.21	1.17	1.13	1.10
销售净利率/%	6.69	5.60	5.78	5.96	6.12
股东权益报酬率/%	22.58	19.79	22.11	23.44	23.46
每股收益/万元	2.32	2.33	2.99	3.67	4.28
每股股利/万元	0.81	0.82	1.05	1.29	1.50
流动资金最低限额/万元		400	480	504	512

表 7-16　NF 公司 2014—2018 年有关财务指标表（股票筹资）

项目 ＼ 年份	2014	2015	2016	2017	2018
流动比率	3.81	5.57	4.40	4.64	4.98
流动资本/万元	498	973	897	1 149	1 422
资产负债率/%	27.60	15.04	15.76	16.17	16.08
流动资本占股东权益/%	75.36	61.93	52.62	61.54	69.37
营业现金净流量/万元	162	243	307	348	382
债务偿还保证率	11.05	17.20	22.63	26.76	30.64
财务杠杆系数	1.02	1.01	1.01	1.01	1.00
销售净利率/%	6.69	6.72	6.68	6.72	6.72
股东权益报酬率/%	22.58	15.05	12.65	13.91	14.41
每股收益/万元	2.32	1.68	2.07	2.48	2.82
每股股利/万元	0.81	0.59	0.73	0.87	0.99

（5）NF 公司 2014—2018 年资本成本及公司价值计算表，见表 7-17 和表 7-18。

表 7-17　NF 公司 2014—2018 年资本成本及公司价值计算表（借款筹资）

项目 ＼ 年份	2014	2015	2016	2017	2018
借款/万元	75	865	855	765	675
股票市价/万元	23	23	30	37	43
股票市值/万元	1 392	1 399	1 792	2 205	2 571

续表

年份 项目	2014	2015	2016	2017	2018
公司价值/万元	1 467	2 264	2 647	2 970	3 246
借款比重/%	5.11	38.20	32.30	25.76	20.80
股票比重/%	94.89	61.80	67.70	74.24	79.20
借款成本/%	2.75	3.44	3.44	3.45	3.46
股票成本/%	4.06	3.70	4.72	4.53	4.30
综合资本成本/%	3.99	3.60	4.31	4.25	4.12

表 7-18　NF 公司 2014—2018 年资本成本及公司价值计算表(股票筹资)

年份 项目	2014	2015	2016	2017	2018
借款/万元	75	65	55	45	35
股票市价/万元	23	17	21	25	28
股票市值/万元	1 392	1 679	2 072	2 485	2 823
公司价值/万元	1 467	1 744	2 127	2 530	2 858
借款比重/%	5.11	3.73	2.59	1.78	1.22
股票比重/%	94.89	96.27	97.41	98.22	98.78
借款成本/%	2.75	2.75	2.75	2.75	2.75
股票成本/%	4.06	2.67	4.55	4.42	4.18
综合资本成本/%	3.99	2.67	4.50	4.39	4.17

7.3　筹资管理综合实训

7.3.1　外部资金需要量预测实训

实训资料

ABC 公司是一个大型生产性企业,此时处于企业的成长期,因业务发展需筹集资金,现在可以得到 ABC 公司 2014 年有关财务资料如表 7-19 所示。

表 7-19　ABC 公司 2014 年相关财务资料

资产	金额/万元	占销售百分比/%	负债及所有者权益	金额/万元	占销售百分比/%
现金	2 000	2	应付费用	5 000	5
应收账款	28 000	28	应付账款	13 000	13
存货	30 000	30	短期借款	12 000	无稳定关系
长期资产	40 000	40	公司债券	15 000	无稳定关系

资产	金额/万元	占销售百分比/%	负债及所有者权益	金额/万元	占销售百分比/%
			实收资本	30 000	无稳定关系
			留存收益	25 000	无稳定关系
合计	100 000		合计	100 000	

公司 2014 年的销售收入为 100 000 万元,销售净利率为 10%,2014 年分配的股利为 5 000 万元,如果 2015 年的销售收入增长率为 10%,假定销售净利率仍为 10%,公司采用的是固定股利支付率政策,公司的目标资金结构,即资产负债率应为 45%。

要求:(1)计算 2015 年的净利润及其应分配的股利。

(2)预测 2015 年需从外部追加的资金。

(3)若不考虑目标资本结构的要求,2015 年所需从外部追加的资金采用发行面值为 1 000 元、票面利率 8%、期限 5 年、每年年末付息、到期还本的债券,若发行时的市场利率为 10%,债券的筹资费率为 2%,所得税税率为 30%,计算债券的发行价格、应发行的债券的总张数以及债券的资金成本。

(4)根据以上计算结果,计算填列该公司 2015 年预计的资产负债表,如表 7-20 所示。

表 7-20　预计资产负债表

2015 年 12 月 31 日　　　　　　　　　　　　单位:万元

资　产	金　额	负债及所有者权益	金　额
现金		应付费用	
应收账款		应付账款	
存货		短期借款	
长期资产		公司债券	
		实收资本	
		留存收益	
合计		合计	

7.3.2　筹资方式的选择实训

1. 银行借款筹资实训

实训资料

CD 集团有限公司(以下简称 CD 集团公司)成立于 1995 年 1 月,注册资本为 3 000 万元,法定代表人章某,注册地址为中国 B 市 H 区 M 路 100 号,组织机构代码 123××××××,贷款证号 198××5,公司基本账户设在 J 行 H 分行,账号 123×××××90000,公司主营信息咨询服务、房屋租赁、酒店管理、贸易等业务。因业务发展需要,公司准备以公司位于 S 市 A 区 N 路 10 号的市值 1 000 万元的房屋向银行抵押申请一年期借款 300 万元,用于购置经营所需日常耗用品。具体贷款事宜法定代表人章某全权委托给财务经理范某处理。范某咨询了 L、M、N 三家银行,三家银行给出的贷款条件分别是:L 银行按贴现法付息,名义利率 8% 放贷;M 银行按收款法付息,名义利率 8.5% 放贷;C 银行名义利率 7.5%,但要求 10% 补偿性余额并贴现付息。董事会要求公司财务部计算各银行贷款实际利率,并作出筹资决策,准备相关资料。如表 7-21 和表 7-22 所示。

表 7-21　银行信贷业务申请书　　　　　　　　　　单位:万元

客户全称				组织机构代码	
贷款证(卡)号		基本账户开户行		账号	
所有制性质		注册时间		注册资本	
法定代表人		电话		国籍	
授权代理人		电话		国籍	
财务主管		电话		传真	
经营范围					
主导产品					
总资产		净资产		是否上市公司	
申请信贷业务品种					
申请金额(币种、大写)		申请期限			
申请原因及用途					
担保方式		□第三方保证　保证人: □抵押　　抵押物: □质押　　质物/权利凭证 □保证金(保证金比例　)			
还款资金来源					

客户声明:
　　我公司特向贵行提出申请,并保证按照贵行的要求提供有关资料,根据合同的约定履行我方义务。

申请人:(公章)
法定代表人(授权代理人):
年　月　日

表 7-22　公司类信贷业务申请提交材料清单

序号	是否需要	材料清单目录	是否提交	序号	是否需要	材料清单目录	是否提交
		基本材料					
		1. 一般客户需提供材料				担保材料	

续表

序号	是否需要	材料清单目录	是否提交	序号	是否需要	材料清单目录	是否提交
		□营业执照(副本及影印件)				□缴存保证金额度的意向性文件	
		□法人代码证书(副本及影印件)				1. 保证方式提供材料	
		□法定代表人身份证明、签字样本(原件及影印件)				□保证意向书(原件)	
		□法定代表人授权委托书、签字样本(原件及影印件)				□经工商行政管理部门年检合格的法人营业执照副本	
		□贷款证(卡)(原件及影印件)				□保证人如为企业法人的分支机构,在提供营业执照副本的同时,提供企业法人的书面授权委托书(原件)	
		□财政部门或会计(审计)事务所核准或年审的近两年及申请前一个月度财务报告(资产负债表、利润表、财务状况变动表或现金流量表和编报说明)(原件);企业成立不足两年的提供与其成立年限相当的财务和会计报表				□法定代表人或其授权代理人的身份证明文件(原件)	
		□税务登记证明				□股份有限公司、有限责任公司、中外合资企业、中外合作企业担任保证人的,须提供董事会(或类似机构)关于同意出具保证担保的文件	
		□有限责任公司、股份有限公司、合资合作企业或承包经营企业的董事会或发包人同意申请信贷的决议、文件或具有同等法律效力的文件或证明				□财政部门或会计(审计)事务所核准或年审的近两年及申请前一个月度财务报告(资产负债表、损益表、财务状况变动表或现金流量表和编报说明)(原件);企业成立不足两年的提供与其成立年限相当的财务和会计报表	
		□公司合同或章程(原件及影印件)				□中国人民银行颁发并年审合格的《贷款证》(原件)	
		2. 建筑安装企业另外需要材料				□税务部门年检合格的税务登记证明(原件)	
		□《资质等级证书》				2. 抵押方式的材料	
		□《承建资格证书》				□县级以上土地管理部门颁发的《国有土地使用证》	
		□《建筑安装企业施工安全资质证》				□《房屋所有权证》、县以上土地管理部门发给的《国有土地使用证》	
		□《工程项目施工安全许可证》				□国有土地使用权出让协议(合同)	
		3. 房地产企业另外需要材料				□建设项目规划许可证	
		□《资质等级证书》				□开工许可证	

序号	是否需要	材料清单目录	是否提交	序号	是否需要	材料清单目录	是否提交
		4. 外贸企业另外需要材料				□建筑许可证	
		□进出口经营权许可证				□机器设备购置发票及其他产权证明	
		□外汇账户批文				□交通工具权属证明、行驶证件	
		□外汇登记证				□抵押人资格证明材料	
		□允许持有外汇限额的批文				□股份有限公司、有限责任公司、中外合资企业、中外合作企业提供抵押物的,须提供董事会(或类似机构)关于同意抵押担保的文件	
		5. 三资企业另外需要材料				□财产共有人出具的同意抵押的文件	
		□外商企业投资登记证书				□抵押人税务登记证明	
		□外汇登记证				□已向其他抵押权人设定抵押权的资料	
		6. 私人客户另外需要				□海关同意被监管商品抵押的证明	
		□借款人身份证明				□抵押物是否涉或被司法机关查封、扣押等情况	
		□借款人稳定收入证明					
		信贷项目材料				3. 质押方式所需材料	
		□项目建议书				□质押财产的权属证明文件	
		□项目核准文件				□权利质押的权利凭证	
		□项目提出的有关背景材料				□出质人资格证明	
		□可研报告及批准文件				□法人:经工商行政管理部门年检合格的企业法人营业执照、事业法人营业执照	
		□自筹资金和其他建设资金生产资金筹措方案及落实资金来源的证明材料					
		□项目前期准备工作完成情况报告				□非法人:经工商行政管理部门年检合格的营业执照、法人授权委托书	
		□开户证明				□自然人:出质人身份证明	
		□申请贴现的汇票				□股份有限公司、有限责任公司、中外合资企业、中外合作企业出质的,须提供董事会(或类似机构)关于同意质押担保的文件	
		□上一次商品交易确已履行的增值税发票和商品发运单据复印件				□财产共有人出具的同意出质的文件	
		□商务合同、订单或意向书				□有权管理机关同意出质的文件(如涉及收费权、经营权等质押的)	
		□《施工许可证》(房地产企业)				其他需要提供的材料	

2. 筹资决策综合实训

实训资料

HG 公司目前的资本来源包括每股面值 1 元的普通股 800 万股和平均利率为 10% 的 3 000 万元债务。该公司现在拟投产一个新产品，该项目需要投资 4 000 万元，预期投产后每年可增加息税前利润 400 万元。该项目备选的筹资方案有三个。

(1) 按 11% 的利率发行债券。

(2) 按面值发行股利率为 12% 的优先股。

(3) 按 20 元/股的价格增发普通股。

该公司目前的息税前盈余为 1 600 万元，公司适用的所得税税率为 40%，证券发行费可忽略不计。

要求：(1) 计算按不同方案筹资后的普通股每股收益(见表 7-23)。

(2) 计算增发普通股和债券筹资的每股(按普通股，下同)收益无差别点，以及增发普通股和优先股筹资的每股收益无差别点。

(3) 计算筹资前的财务杠杆和按三个方案筹资后的财务杠杆。

(4) 根据以上计算结果分析，该公司应当选择哪一种筹资方案？理由是什么？

(5) 如果新产品可提供 1 000 万元或 4 000 万元的新增营业利润，在不考虑财务风险的情况下，公司应选择哪种筹资方案？

表 7-23　各筹资方案普通股每股收益计算表

项　　目	发行债券	发行优先股	增发普通股
息税前利润(万元)			
现有债务利息			
新增债务利息			
税前利润			
所得税			
税后利润			
优先股红利			
普通股收益			
股数(万股)			
每股收益			

参考文献

[1] 陈良华.财务管理[M].2 版.北京：中国税务出版社,2012.

[2] 陈玉菁.财务管理实务与案例[M].北京：中国人民大学出版社,2015.

[3] 丁会仁.财务管理实务操作与典型案例全书[M].北京：中国法制出版社,2012.

[4] 王淑萍,王蓉.财务报告分析[M].4 版.北京：清华大学出版社,2016.

[5] 李亚伟.财务报表分析从入门到精通[M].北京：中国水利水电出版社,2014.

[6] 洪从凤.会计实战演练税法[M].北京：北京理工大学出版社,2013.

[7] 中华会计网校.会计实务操作模拟实训[M].北京：中国商业出版社,2016.

[8] 姚旭.纳税实务[M].北京：中国金融出版社,2012.

[9] 傅文清,付丽莎.纳税会计与纳税申报实训操作[M].2 版.北京：中国人民大学出版社,2013.

[10] 安仲文.纳税实务[M].北京：化学工业出版社,2017.